Theory of Economics

경제학이론

Eviews 활용 계량경제 연습

김 병 우

박영사

머리말

경제이론과 통계학, 즉 응용계량경제학(applied econometrics) 분야를 알기 쉬운 수준으로 학생들에게 전달하고자 하는 것이 이 책의 작은 목표이다. 본 개정판은 경제학원론과 기초 계량경제학을 동시에 공부하려는 학생들에게 기초개념을 이해시키려는 시도에서 집필되었다.

또한, 법경제학 분야가 최근 우리나라에서 중요한 영역으로 부상하고 있다.

본서를 통해 학생들은 경제이론에서 추론되는 경제변수들 간의 관계를 가장 많이 사용되는 통계패키지인 엑셀 또는 EViews(10.0)을 통한 실습으로 쉽게 이해할 수 있다.

본서의 진행에 근간이 되는 원서로 Hill, Griffiths and Lim(2013), Cooter and Ulen(2006) 등을 들 수 있다. 또한, 이준구(2010), 류근관(2013) 등도 본서의 바탕에 큰 도움이 되었다.

독자들과의 피드백을 통해 더 좋은 개정판을 또 낸다는 약속을 하며, 이 글을 마친다.

한국교통대 충주캠퍼스 연구실에서
김 병 우

목차

경제학 및
계량경제학 입문

경제학 및 계량경제학 입문

노벨상 수상자인 루카스(R. Lucas)는 다음과 같은 언급을 한 바 있다.
　　"...경제적 동기는 인류 역사 움직임의 주요 요인(main forces)이다..."

　　경제생활을 떠나서 인간은 하루도 기본생활을 영위할 수 없다. 심지어, 의
식주를 모두 혼자서 해결하는 로빈슨 크루소도 자급자족(autarky) 경제체제에서
경제활동을 수행하는 훌륭한 경제주체이다.
　　현재 한반도는 자본주의(capitalism) 경제체제인 대한민국과 사회주의(socialism)
체제인 북한으로 나뉘어져 경제생활이 영위되고 있다. 이같이 서로 다른 자원배분
기구를 경제체제(economic system)라 부르며 흔히 시장경제(market economy)와 통
제경제(command economy)로 불린다.
　　흔히 일반인에게 오해되는 부분은 경제의 가용자원을 어떤 방식으로 배분
(allocate)하는가를 지칭하는 경제체제가 자본주의(capitalist economy)와 사회주의
로 구분되는데, 이를 마치 정치형태 또는 통치구조와 동일한 대상으로 본다는
데 있다. 따라서, 북한의 정치형태도 형식적으로 '인민' 민주주의 구조를 표방할
수 있으며 '자유' 민주주의를 내세우는 대한민국과 차이를 지닌다.
　　경제체제는 주요한 경제성과(economic performance)인 경제성장에 영향을 미친
다. Weil(2008), Romer(2006)는 정부형태가 성장에 미치는 좋은 자연실험(natural

or quasi-experiment)의 예로 남북한 경제체제를 들고 있다.[1] 시장경제 체제를 선택한 대한민국의 성장이 공산주의 경제체제를 운영한 북한(조선민주주의인민공화국의 국가형태)에 비해 상이한 결과를 도출함을 확인할 수 있다.

▌총국민소득(Gross National Income)

일년간 그 나라 국민의 총 부가가치 생산을 측정하는 GNP에 교역조건 변화를 고려해 국민의 소득수준을 측정하는 거시경제지표이다. 후자를 고려하는 이유는 우리나라 국민이 수출품을 해외에 상대적으로 비싸게 팔수록 우리 국민의 가용소득은 늘어난다는 직관에 기초한다. 세계은행(World Bank)은 이를 고려하여 1인당 GNI를 그 나라 국민의 복지측정에 사용할 것을 권고한다.

▼〈그림 1-1〉우리나라의 국민소득(이준구외, 2010)

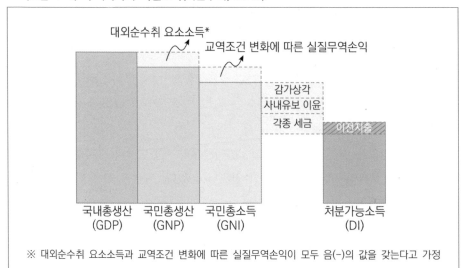

국외순수취 요소소득이 양(+)이며 교역조건 실질손익이 음(-)인 경우

---

1) 경제학은 통제된 실험(controlled experiment)이 어려운 학문분야이다. 따라서, 본서의 상당부분을 차지하고 있듯이 관측자료(observational data)에 대한 실증분석 또는 경제정책(policy), 경제체제 등의 효과를 살펴보는 자연실험(natural experiment, quasi-experiment)에 많이 의존한다.

02 계량경제학이란?

대표적 경제학 국제학술지인 Econometrica에 따르면

"...계량경제학은 ...수학, 통계학, 경제학이론의 ...강력(powerful)한... 세 가지 시각의 단일화(unification)이다."

현대 주류경제학은 미시, 거시, 계량경제학으로 크게 구분된다. 계량경제학의 유용성은 아무리 강조해도 지나치지 않다. 케인즈의 절대소득가설에 따르면 소비지출은 가처분소득의 증가함수이며 한계소비성향은 1보다 작다. 과연 그런가? 추정된 계수가 0.6이라면 얼마나 믿을 만(reliable)한가? 이에 대한 답을 주면 그 결과를 거시경제정책에 활용할 수 있고 거시이론의 개발에 활용할 수 있다. 계량경제학은 Havelmo(1989) 등에 의해 시작되었다.

통계학을 떠나서 현대사회생활을 하루도 영위할 수 없다. 심지어, TV 9시 뉴스 선거지지도 조사를 청취하는 주민들, 신차출시를 준비하는 모 자동차회사의 마케팅부서 직원, 학생들의 한 학기 성적을 처리하는 교수님들 모두에게 통계학은 친절한 친구이다.

또한, 이 책으로 공부하는 학생들이 졸업 후 민간기업 또는 공공기관에 취업하게 되면 맡게 되는 업무 역시 엑셀 소프트웨어, 통계학과 떼려야 뗄 수 없는 관계를 맺게 된다.

경제학을 위한 계량경제학의 가장 중요한 기여는 "얼마나(how much)"의 문제에 답을 줄 수 있는 실증적 근거를 제시하는 데 있다.

▌ 계량경제학 심화

➤ 로그스케일 그래프

대한민국의 GNI와 같이 규모가 큰 시계열은 로그변환으로 다시 그리면 이해하기 쉽다. 전문용어로 GNI가 지수적 성장(exponential growth)을 보이는 경우 수준변수의 그래프는 체증하는 곡선모양을 가지지만 로그스케일로 다시 그리면 직선모양으로 나타나며 y축은 수준(level)변수가 2배되는 단위길이가 동일하도록 그려진다. 예를 들어, <그림 1-2>에서 log(2,500), log(5,000)... 등 축단위

가 동일하지만 <그림 1-2>에서는 축단위가 2,500, 5,000, 10,000... 간의 길이가 동일하도록 그려진다.

➤ 수식을 통한 이해

수준변수: $Y(t) = Y(0)e^{gt}$
로그변수: $\ln Y(t) = [\ln Y(0)] + gt$

중요한 것은 수준은 지수적 형태로 그려지지만 로그변수는 선형함수로 나타난다는 점이다.

➤ 계량경제학에서의 로그변환

로그변환은 1) 탄력성추정에 용이하고 2) 종속변수가 소득분포 등 대수정규적 분포를 지녀 오른쪽으로 꼬리가 치우칠 가능성이 많은 경우 등에 사용된다.

▼ 〈그림 1-2〉 로그스케일 그래프

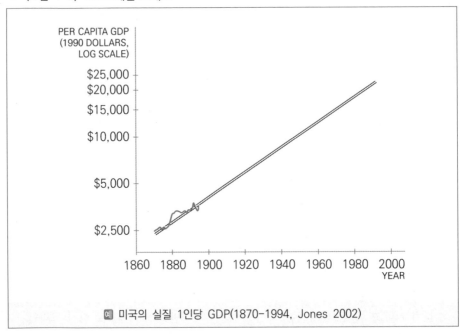

PER CAPITA GDP
(1990 DOLLARS,
LOG SCALE)

예 미국의 실질 1인당 GDP(1870-1994, Jones 2002)

미국의 경제성장률이 100여 년간 매년 1.8%정도로 일정하게 성장해왔다는 사실을 로그스케일 그래프로 그리면 직선의 추세선(trend line)으로 뚜렷이 나타나 이해하기 쉽다.

영국과 비교하면 미국은 약 0.5%정도 성장률이 높은데 이의 대부분은 1900년대 초부터 1950년 기간 중 발생한 사실을 알 수 있다. 미국은 1760년대 독립, 1850년대 남북전쟁을 통한 산업자본 대 농업자본의 승리, 제2차 산업혁명 등을 거쳐 1900년대에 영국을 제치고 세계경제의 중심으로 부상하게 된다(cf. Pax Americana).

이같이 로그스케일 그래프는 특히 경제성장이론에서 유용하게 사용된다. 성장이론에서는 국민의 복지수준을 측정하는 지표의 하나로 1인당 GDP에 많은 관심을 둔다.

▼ 〈그림 1-3〉 수준변수 및 로그스케일 그래프

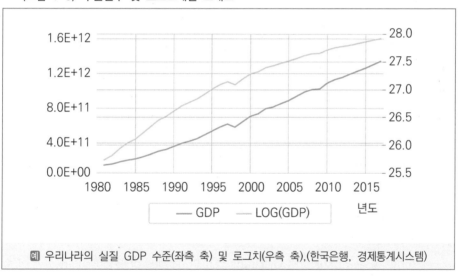

예 우리나라의 실질 GDP 수준(좌측 축) 및 로그치(우측 축),(한국은행, 경제통계시스템)

03 본서의 구성

경제학원론과 기초 계량경제학을 접목시킨 본서는 사용방법에 따라 교양과정, 전공기초, 전공필수, 대학원교재로까지 사용가능하다. 우선 교양경제학은 원문순서로 강의를 진행하되, 통계-계량경제 및 법경제학 부분은 모두 생략가능하다. 다음으로, 본서의 가장 적합한 강의대상은 기초(elementary) 경제통계학, 학부(undergraduate) 계량경제학이다.

계량경제학 강의가 항상 확률-확률분포-회귀분석... 순으로 진행되는 관행을 조금 바꾸어 미시, 거시경제학을 수강한 학생들이 보다 현실감각을 가지고 흥미롭게 계량경제를 공부할 수 있게 하였다.

수준을 학부학생 이상으로 높인 이유는 계량경제를 공부하는 대학원생이나 실무자들이 기존에 알고 있는 사항들을 다시 복습(review)하는 기회를 제공하기 위해서이다.

그밖에, 이 교재의 특징은 1) 주어진 틀에 얽매이기보다는 에세이 형식으로 전개되며 2) 가급적 계량경제의 기초개념을 경제학 기초이론과 연계하여 제시하는 데 있다.

🖋 참고도서: 해외

- Varian H.(2014), Intermediate Microeconomic Analysis, 8thEd., Norton.
- Romer D.(2006), Advanced Macroeconomics, International Edition.
- Jones C.(2013), Introduction to Economic Growth, 3^{nd}Ed. W.W. Norton & Company.
- Hill C. W. Griffiths and G. Lim(2011), Principles of Econometrics, 4th Ed. Wiley.
- Greene W.(2013), Econometric Analysis, 7^{th}Ed. Prentice-Hall International Inc.

✎ 참고도서: 국내

- 이준구(2019), 미시경제학, 7thEd., 법문사.
- 정운찬·김영식(2007), 거시경제론, 8thEd., 율곡출판사.
- 류근관(2010), 통계학, 개정판, 법문사.
- 이준구·이창용(2010), 경제학원론, 4thEd., 법문사.

미시경제이론

미시경제이론

시장 및 개인수요

▶ 선호

$\geq$

일반적으로 소비자가 상품묶음에 대해 느끼는 만족감(happiness)을 숫자 또는 순서로 나타내려 한다. '다다익선', '중간만 해라' 등 우리 주위에 선호와 관련된 이야기는 많이 들을 수 있다.

미시경제학에서는 (사과, 바나나)로 구성된 상품묶음에 대해 소비자가 어떤 상품묶음을 더 선호하는가를 $\geq$의 기호를 사용하여 나타낸다. 이의 목적은 소비자의 선택행위를 선호에 기초한 효용함수를 통해 설명하는 데 있다.

소비자의 선호에 대해 반사성, 완비성, 이행성 등의 공리(axiom)를 상정한다. 이행성이 문제가 되는 경우는 후생경제학 또는 공공선택이론에서 개인의 선호는 이행적인데, 이를 집합한 사회선호는 비일치성을 보이는 경우이다. 이의 예로, 투표의 역설(voting paradox)을 들 수 있다. 그러나, 볼록성의 선호를 개인이 보유하여 단봉선호(single-peaked preference)를 보유하게 되면 이 역설이 없어짐이 알려져 있다. 이는 직접 민주제(direct democracy)하에서의 정치적 균형과 소비자(투표자)의 선호와 관련 있다. 또한, 단조성과 볼록성이 표준적인(well behaved) 선호 표현을 위해 가정된다.

소비자이론에서 개인의 상품묶음에 대한 선호는 그의 선택행위(choice behavior)를 설명하기 위해 상정된다. 이를 효용함수에 반영한다.

▶ 효용

$$u(x1, x2)$$

일반적으로 소비자가 상품묶음(commodity bundle)에 대해 느끼는 만족감(happiness)을 숫자 또는 순서로 나타내려 한다.

$u = u$(사과 1개, 바나나 2개)=30 유틸

여기서의 효용은 일반적으로 서수적(ordinal)인 의미를 지닌다. 즉, 두 상품묶음을 비교해서 그 선호순위를 매기는 데 주로 관심이 있다. 소비자이론이 초기에 개발되었을 당시에는 기수적(cardinal) 효용개념 위주로 분석이 진행되었다.

후생경제학 분야에서 사회적 상태가 변화할 때 개인 간 효용비교(interpersonal utility comparison)를 회피하기 위해 보상의 원칙(principle of compensation)을 사용한다. 이때의 효용은 기수적 효용을 의미한다. 일반적으로 서수적 효용의 개념만으로도 소비자의 행위를 잘 설명하고 예측할 수 있다고 보지만 여러 소비자의 효용을 고려하여 사회전체의 후생(welfare)을 평가할 때는 기수적 효용의 의미가 중요해진다. 이 문제는 불확실성하에서의 소비자(투자자)의 행위를 설명하는 기대효용(expected utility)개념에서도 거론된다.

▶ 무차별곡선

동일한 효용을 주는 상품묶음들의 조합을 그래프로 나타낸 것이다. 선호체계에 단조성(monotonicity)이 성립하면, 예를 들어 x상품을 소비자에게 더 주면 동일한 효용을 얻는 수준집합(level set)이므로 y상품소비는 감소해야 한다. 따라서, 무차별곡선은 일반적으로 우하향하는 모양을 지닌다. 한편, C점에서의 상품묶음 (x, y)보다 약하게 더 선호(weakly preferred)되는 집합을 선호집합(upper contour set)이라 부른다.

▼ 〈그림 2-1〉 소비자 선호와 한계대체율(이준구, 2006)

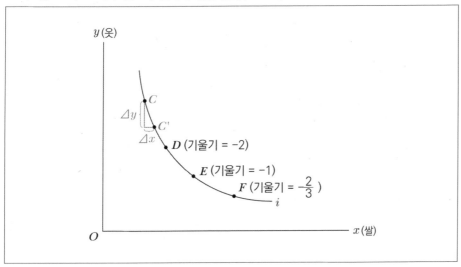

〈그림 2-1〉에서 동일한 효용수준을 유지하면서(on the same level set) x상품을 더 소비하는 경우 희생할 의사가 있는 y상품의 양(또는 비율)은 $\Delta y / \Delta x$로 표시된다. 이 값은 통상 음의 부호를 지니지만 텍스트별로 다르므로 주의해서 보아야 한다. 이 비율은 한계대체율(marginal rate of substitution; marginal willingness to pay)이라는 이름으로 불리며 그림에서 보듯이 x상품 소비가 증가할수록 절댓값이 2, 1, $(\frac{2}{3})$ 등으로 작아진다. 이를 한계대체율 체감의 법칙이라 부르며 뒤에서 소개하는 선호체계의 볼록성(convexity) 또는 효용극대화의 2계조

건과 관련이 있다.

무차별곡선을 잘 이해하면 경제정책 또는 환경변화가 영향을 미치는 현실에 존재하는 상당 부분의 선택행위를 분석하는 데 유용하게 사용된다.

▶ 수요함수

$$Q = D(p)$$

통상 '수요이론' 또는 '소비자이론'이라 불리는 이 절은 소비자의 수요함수(demand)를 도출하는 데 그 목적이 있다.

수요함수란 경제학도가 통상 논의하는 우하향하는 곡선을 의미한다. 즉, 사과의 가격이 100원이면 사과를 3개 수요하고 50원으로 하락하면 5개 수요함을 나타내는 곡선이다. 일반적으로 이같이 가격하락이 수요증가를 가져오는 현상을 수요의 법칙(law of demand)이라 부른다. 이가 성립하기 위한 조건은, 소득이 증가하면 x상품수요가 증가한다는 정상재(normal good) 가정이다.

경제이론은 주로 '논리적으로 일관된(nice) 해(예: 수요함수의 연속성, 단조성)'를 도출하는 것을 목표로 하기 때문에 단조적으로(monotonically) 우하향하는 수요함수를 위해서는 소비자의 사과-쌀 선호 간 볼록성(convexity)이 존재한다고 가정한다. 직관적으로 보면 이는 극단(extremes)보다 평균(averages)이 좋다는 것이다.

볼록성의 가정은 단조감소하는 수요곡선을 도출하는 데도 필요하지만 소비자의 최적조건이 만족시켜야하는 2계조건 충족을 위해서도 필요하다. 대부분의 경제문제를 수요-공급의 틀로 분석할 수 있는데 선호와 수요함수는 이 같은 시장수요(market demand)가 어떻게 도출되는가를 설명할 수 있다.

맥주 시장수요함수 추정

맥주에 대한 시장수요량(Q)은 맥주가격(PB), (대체재인) 타 주류가격(PL), 기타 재화와 서비스가격(PR) 및 소비자의 소득(I) 등에 의해 영향을 받는다. 소비자이론에 부합하는 맥주수요량 관계식은 로그－로그(log－log)형태가 적합하다.

$$\ln(Q) = \beta_1 + \beta_2\ln(PB) + \beta_3\ln(PL) + \beta_4\ln(PR) + \beta_5\ln(I)$$

$$\ln(Q_t) = \beta_1 + \beta_2\ln(\lambda PB_t) + \beta_3\ln(\lambda PL_t) + \beta_4\ln(\lambda PR_t) + \beta_5\ln(\lambda I_t)$$

$$= \beta_1 + \beta_2\ln(PB_t) + \beta_3\ln(PL_t) + \beta_4\ln(PR_t) + \beta_5\ln(I_t)$$

$$+ (\beta_2 + \beta_3 + \beta_4 + \beta_5)\ln(\lambda)$$

맥주 소비자의 최적선택에서 맥주가격을 포함한 다른 상품의 가격과 소득이 λ만큼 동일한 비율로 상승하더라도 예산선(budget line)은 불변이며 따라서, 맥주수요량도 변화하지 않는다.[1] 이 같은 비표본정보(nonsample information)을 표본정보와 함께 사용하면, 수요함수 파라미터 추정의 정확성은 향상될 수 있다.

$$(\beta_2 + \beta_3 + \beta_4 + \beta_5) = 0 \ \leftrightarrow \ \beta_4 = -(\beta_2 + \beta_3 + \beta_5) = 0$$

$$\ln(Q_t) = \beta_1 + \beta_2\ln(\lambda PB_t) + \beta_3\ln(\lambda PL_t) - (\beta_2 + \beta_3 + \beta_5)\ln(\lambda PR_t)$$

$$+ \beta_5\ln(\lambda I_t) + e_t$$

$$= \beta_1 + \beta_2\ln(PB_t/PR_t) + \beta_3\ln(PL_t/PR_t) + \beta_5\ln(I_t/PR_t) + e_t$$

생각해보는 문제

1. 회귀식에서 설명변수 $\ln(PB_t/PR_t)$의 계수가 가지는 의미는 무엇인가?

---

[1] 이는 동차함수(homogeneous function)에 대한 이해를 필요로 한다.

▶ 현시선호(revealed preference)

　　주어진 데이터만으로 소비자의 선호(preference) 또는 효용(utility)을 추정하는 아이디어는 통계 또는 계량경제학의 개념과 관계없이 사무엘슨(1948)에 의해 제시되었다.

　　쉽게 말해, 소비자가 장바구니 A와 B가운데 모두 구매할 수 있는 상황 (bundle B that consumer could have chosen)에서 A를 선택했다면 소비자는 장바구니 A를 더 선호한다고 보자는 것이다. 여기에서, 주목할 사실이 있다. 이러한 논의를 할 수 있으려면 두 바구니 모두 선택가능한 상황에서 소비자가 B를 선택하는 일은 없어야 한다는 것이다. 이를 '현시선호' 원리가 만족시켜야 하는 약공리(weak axiom)이라 한다. 소비자의 행위가 이 공리를 만족시켜야 현시선호 관계를 논의할 수 있다. 현시선호된 데이터로부터 무차별곡선을 도출할 수 있는데 이를 회복가능성(recoverability)이라 한다.

현시선호(벡터표현)　$Q_t \gtrless Q_s$

$P_t Q_t \geq P_t Q_s$

약공리(weak axiom)

$P_t Q_t \geq P_t Q_s$ 이면 절대로 $P_s Q_s \geq P_t Q_t$ 일 수 없다.

즉, $P_s Q_s \leq P_t Q_t$ 이어야 한다.

■ 경제학 심화

　▶ 선호표출실험(stated choice experiment)

$u(Q_{ij,t}) = \beta_1 + \beta_2 \ln(PB_{ij,t})$

$\beta_2 = \beta_0 + \theta \ln(Y)$

Y: 경기상황(business cycle) 지표

맥주에 대한 브랜드(j) 선호는 맥주가격(PB)뿐 아니라 호황−불황 등 경기를 나타내는 지표(Y)에 의해서도 영향을 받을 수 있다. 다만, 그 효과는 가격이 수요량에 미치는 효과를 나타내는 모수(parameter)를 통해 나타난다.

이 같은 분석의 기초가 되는 원시자료(raw data)는 가상적 선택대상을 설정하고 반복선택의 상황하에서 얻어진 것이다.

▶ 계량경제학 기초

경제문제에 대한 통계적 분석의 첫걸음은 '데이터(data)'이다. 항상 계량분석 결과를 보면 데이터가 어떻게 획득되었는가를 보아야 한다.

경제학자 또는 계량경제학자는 연구 시 통제된 실험(controlled experiment) 데이터를 사용하는 경우가 거의 없다. 이 경우의 (독립변수, 종속변수) 데이터 조합은 임의적이지 않고 고정(fixed)되어 있다는 특성을 지닌다.

▌경제학 심화

➤ 콥-더글라스 효용함수

$$u(x, y) = x^a y^{1-a}$$

$$x(p_x, p_y\, m) = am/p_x$$

이 효용함수는 두 상품 간의 대체탄력성이 일정하며 1의 값을 가진다는 특성이 있다. 계량경제학에서는 1의 값을 가지는 탄력성 가정을 완화하기 위해 일반화된(generalized) 콥−더글라스 효용함수를 사용하거나 대체탄력성이 일정하지만 반드시 1의 값을 가지지는 않는 고정 대체탄력성 CES(constant elasticity of substitution) 효용함수를 사용한다.

$$\ln\ u(x, y) = \beta_1 + \beta_2 x + \beta_3 y + \beta_4 (1/2\ln^2 x) + \beta_5 (1/2\ln^2 y) + \beta_6 (\ln x \ln y) + \varepsilon$$

➤ CES 효용함수

$$u(x, y) = (x^\rho + y^\rho)^{1/\rho}$$

$$x(p_x, p_y, m) = p_x^{(\rho/(\rho-1)-1)} m/(p_x^{\rho/(\rho-1)} + p_y^{\rho/(\rho-1)})$$

$\rho = 1$ $\sigma = \infty$ 완전대체재

$\rho = 0$ $\sigma = 1$ 콥−더글라스

$\rho = -\infty$ $\sigma = 0$ 완전보완재

➤ 준선형(quasi-linear) 효용함수

$$u(x, y) = v(x) + y$$

$$x(p_x, p_y, m) = p_y/p_x$$

이 효용함수는 소득이 변화해도 x상품에 대한 수요는 일정하다는 특성을 가진다.

경제학에서 주로 사용되는 관측자료(observed data)의 경우, 데이터 조합은 확률적(random)이라는 성격을 지니며 대표적인 예로 설문조사(survey) 데이터를 들 수 있다. 또 다른 연구방법으로 자연적 실험(natural experiment)을 들 수 있으며 이의 예로 불균형(unbalanced) 패널자료 또는 종적자료(longitudinal data)를 들 수 있다.

계량경제학의 근간을 이루는 (점) 추정방법은 회귀분석이다.[2] 아래 산포도 (scatter diagram)에서 x축은 \$100로 측정한 가계의 주별 소득이고 y축은 \$로 측정한 가계당 주별 식료품 지출액이다. 가우스(Gauss)는 이러한 $x-y$관계에서 두 변수 간 관계를 가장 잘 묘사하는 직선을 추정하는 방법을 연구하였다. 이것이 바로 '보다 많은 점에 보다 가까이' 가도록 직선을 그리는 최소자승법(least squares)이다. 계량경제학에서는 '세로띠'의 개념을 자주 사용한다. 소득 \$2,000 인 가구의 식료품 지출 관측치는 여러 개 존재할 수 있는데 이같이 다양한 y값의 평균을 지출추정치(또는 예측치)로, 퍼진 정도를 RMSE라 부른다.

최소자승법은 데이터의 함수인 오차제곱합(SSE)를 극소화하는 파라미터 추정값 b_i들을 찾아내는 방법이며, 이는 RMSE를 극소화하는 방법과 동일하다. 식에서 알 수 있듯이 오차제곱합은 데이터에 의해 결정되며 파라미터의 함수이다.

$$S(\beta_1, \beta_2) = \sum (y_i - \beta_1 - \beta_2 x_i)^2$$

---

2) 분석을 위한 데이터는 대표적 학부 계량경제학 교재로 사용되는 Hill et al.(2008)의 사이트로부터 다운로드 받아 사용하였다. 이 데이터는 무작위로 40가구의 소득과 식료품 지출을 추출한 것이다.

수요데이터로부터 효용함수 추정

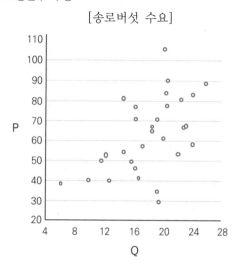

[송로버섯 수요]

버섯수요(truffles)와 버섯가격 간 산포도(scatter diagram)을 보면 좀 의아한 느낌을 가질 수 있다. 수요의 법칙에 따르면 상품가격이 오르면 수요가 감소한 다. 그러나, 이 산포도에는 가격이 하락할수록 수요가 감소하는 양상을 보인다. 송로버섯은 배가 고플 때나 먹는 열등재(inferior goods)인가? 그렇지 않다. 항상 통계분석을 할 때는 데이터 구조를 살펴야 한다. 이는 시계열(time- series) 데이터이며 주어진 데이터로부터 송로수요와 공급곡선을 추정하는 연 립방정식(simultaneous equation) 모형을 적용하는 데이터이다.

우리는 다양한 효용함수로부터 상품에 대한 수요(여기서는 식료품)가 소득의 함수로 나타남을 확인하였다. 식료품을 x로 표현하면(콥－더글라스 효용함수의 경우)

$$x(p_x, p_y, m) = am/p_x$$
$$p_x x(p_x, p_y, m) = am/p_x$$

의 관계가 성립한다.

▼ 〈그림 2-2〉 식료품 지출액 및 소득의 산포도(Hill et al., 2006)

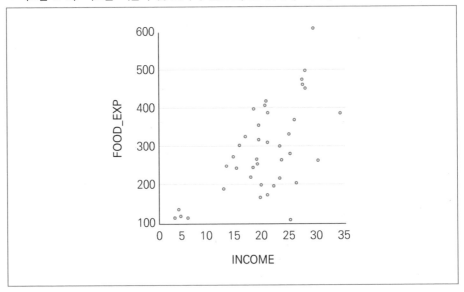

이는 경제모형(economic model)이며 계량경제모형(econometric model)은 현실의 식료품 지출이 이 같은 체계적 부분(systematic part)에다 확률적 부분(random component)을 추가하여 관측된다는 사실을 고려하여 ε라는 확률오차(random error)를 도입한다. 한편, 지출함수에 대한 경제모형은 이제까지 설명한바와 같이 미시경제관점에서 개별 (상품에 대한) 지출액으로 볼 수도 있고 또한, 거시경제관점에서 가계(또는 공동체 community)의 소비지출액에 대한 모형으로 볼 수도

있다.

$$X = p_x x(p_x, p_y, m) = \alpha + \beta m + \varepsilon$$

다음의 표는 실제 횡단면(cross−section) 40개의 데이터를 사용하여 미지의 α와 β를 추정한 것이다. 종속변수인(주별, weekly) 식료품 지출액은 달러($)로 측정되고, 독립변수인 소득은 100달러($100)로 측정된다.

1) 회귀계수(Coefficient)

따라서, 추정된 회귀계수 $\hat{\beta} = b = 10.2$가 의미하는 바는 가계의 소득 100달러 증가가 식료품 지출을 10.2달러 증가시킨다는 것이다. 회귀분석 결과에 대해 주의할 사항이 있다. 회귀분석은 $X = \alpha + \beta m + \varepsilon$이라는 데이터추출 메커니즘 (DGP: data generating process)을 연구자가 설정해놓고 실제 데이터가 이로부터 추출되었으며 주어진 데이터로부터 이미 확정해놓은 DGP상의 파라미터에 대해 통계적 추론(statistical inference)을 행하는 것이다. 통상 이 같은 DGP를 모집단(population) 회귀직선이라 부른다. 중요한 것은, X와 m에 대한 관계는 DGP가 설정되어야 추론이 가능하며 실제 좋은 적합도(goodness of fit)하에서 추론이 이루어졌다 하더라도 X와 m의 진정한 관계는 결코(never) 모를 수 있다는 것이다. 즉, 원래 두 변수 간 관계는 비선형인데 교란항의 우연적인 실현값 (realization)들로 인해 선형 회귀분석의 적합도가 좋을 수 있다.

가끔 이 사실이 실증분석 해석상 간과되는 측면이 있다.

통계사례 Hill, Griffiths and Lim(2008) 공개데이터(2): truffles.dat

(계속)

즉, (예를 들어) 30일간 가격과 거래량을 동시에 수집한 데이터이다. 따라서, 산포도상의 점들 위에 그린 추정곡선은 진정한 수요곡선을 추정한 것이라 볼 수 없다. 30일 동안 소비자의 소득이 증가하고 인건비 등 요소가격이 변화하며 느타리버섯 등 대체재(substitutes)의 가격 또한 변화하므로 점들은 변화하는 수요−공급의 교차점(intersection)만을 표현했을 뿐이다. 거시경제학에서 화폐수요−공급추정에서도 유사한 문제가 발생한다.

이로부터 두 직선을 추정하는 방법은 뒤에서 다룬다.

이 데이터만을 가지고도 효용함수를 구할 수 있는 좋은 방법이 있다. 이를 가지고 소비자의 상품묶음 소비가 효용에 미치는 영향을 예측할 수 있다. 소비자의 효용함수가 콥-더글라스 형태를 지닌다고 하자.

$$u(x, y) = x^a y^{1-a}$$
$$x(p_x, p_y, m) = am/p_x$$

이 경우, 버섯수요는 다음과 같다.
$$x(p_x, p_y, m) = am/p_x$$
y를 소득 중에서 버섯에 지출한 금액 외에 다른 재화에 사용한 총수요라 하고 $p_y = 1$로 두자.
$$y(p_x, p_y, m) = am$$
가격, 수요, 소득 데이터가 있으면 지출비중(share in expenditures)이 계산된다. 이의 평균치로써 효용함수 파라미터를 추정하게 된다. 이렇게 추정된 효용함수는 효용예측, 경제정책 효과 등을 평가하는 데 유용하게 사용된다.

한편, 추정계수가 10.2라는 결과를 두고 소득 \$100 증가가 \$10.2만큼의 식료품 지출을 늘린다고 해석하는 근거는 사실 다음에 설명하는 표준오차의 개념에 있다.

▼ 〈표 2-1〉 식료품 지출에 대한 회귀분석(Hill et al., 2006)

Dependent Variable: FOOD_EXP

Method: Least Squares

Sample: 1 40

Included observations: 40

	Coefficient	Std. Error	t-Statistic	Prob.
C	83.4	43.41016	1.921578	0.0622*
INCOME	10.20964	2.093264	4.877381	0.0000**
R-squared	0.385002	Mean dependent var		283.5735

Adjusted R-squared	0.368818	S.D. dependent var	112.6752
S.E. of regression	89.517	Akaike info criterion	11.87544
Sum squared resid	304505.2	Schwarz criterion	11.95988
Log likelihood	-235.5088	Hannan-Quinn criter.	11.90597
F-statistic	23.78884	Durbin-Watson stat	1.89388
Prob(F-statistic)	0.000019**		

* : 회귀계수 및 통계량이 10% 유의수준에서 통계적으로 유의함
**: 회귀계수 및 통계량이 5% 유의수준에서 통계적으로 유의함

2) 회귀의 표준오차(S.E. of regression)

이제는 이 표를 해석하는 일이 중요하다.

소득의 회귀계수에 퍼진 정도 즉, 표준오차(SE: standard error)가 존재한다. 이상하게 들릴지 모르지만, 표준오차도 한 번($R=1$, R: replication, $N=40$, N: sample)의 회귀분석에서 고정된 상수(또는 모수)를 사용(확인)하는 것이 아니라 주어진 데이터로부터 추정한다.

그러면 INCOME 회귀계수의 표준오차가 2.09로 추정되었다는 것은 무엇을 의미하는가? 이는 회귀분석을 여러 번(예를 들어, $R=100$, R: replication, $N=40$, N: sample) 시행하는 경우, 회귀계수 값은 번번이 다르게 추정될 수 있는데 그 퍼진 정도가 대략 2.09라는 것이다.

이렇게 표준오차를 이해하면 소득의 식료품 지출에 대한 회귀계수 추정치 10.2에 대한 이해가 쉬워진다. 즉,

$$X = p_x x (p_x, p_y, m) = \alpha + \beta m + \varepsilon$$

의 관계에서 β는 미지의 모수(parameter)인데 이에 대한 한 번의 추정에서 10.2를 얻었다는 것이다. 이 값이 얼마나 정확하고 믿을 만한(reliable)지는 잘 모르지만 너무 걱정할 필요는 없다. $\beta \pm 2 \times 2.09$ 범위 내에 추정값이 포함될 확률이 약 95% 정도 된다고 알려져 있다.

약간 다른 시각에서, $10.2 \pm 2 \times 2.09$ 범위 내에 실제 기울기 β가 포함될 확률도 약 95% 정도 된다고 알려져 있다. 이는 구간추정(interval estimation)치의

해석에서 반복추출(repeated sampling)의 개념을 사용하는 것이다. 즉, 동일한 표본 N을 사용하여 100개의 구간추정치를 구하면 실제 파라미터를 포함하는 구간이 약 5개라는 것이다.

▼ 〈그림 2-3〉 기울기계수 추정량(Hill et al., 2011)

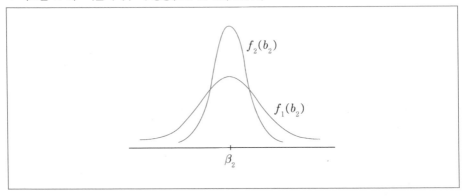

3) 회귀의 표준오차(Std. Error)

본 절에서는 최소자승 추정량(least squares estimator)과 같은 추정량(공식, formula라고 이해하면 됨)이 가지는 특성에 대해 살펴보자.

b_2가 f_1의 분포를 따른다고 보는 경우, b_{21}로 표기하고 f_2의 분포를 따른다고 보는 경우, b_{22}로 표기하자. b_{22}가 효율적인 추정량이라는 것은 $SE(b_{22}) < SE(b_{21})$이라는 것이다. 주의할 사항은, 그렇다고 항상 $\widehat{SE}(b_{22}) < \widehat{SE}(b_{21})$인 것은 아니다.

그런데, 계량경제학에서는 $SE(b_{22}) < SE(b_{21})$라는 사실에 왜 그렇게 집착하는가? 이는 일종의 믿음(beliefs)이다. 표준오차가 작은 추정량일수록 그 추정치가 참값(모수)에 가깝게 실현될 가능성이 높다. 이는 (지식이 모자라는 연구자의 주관적) 믿음이기도 하지만 객관적으로 확률을 계산할 수 있는 근거 있는 믿음이다.

계량경제학에서 OLS와 GLS의 구분사용은 바로 이 추정량의 효율성(efficiency) 기준에 있다. 교란항에 대한 이분산, 계열상관에 대한 정보를 회귀계수 추정 시 사용하면 OLS보다 표준오차가 작아진다. 한편, 최우추정법(maximum likelihood)에 의한 추정은 기본적으로 번거롭기 짝이 없다. 우선, 교란항 또는 확률변수에 대한 확률분포(pdf)를 정확히 알고 있어야 한다. 또한, 주어진 데이터로부터 (로그)우도함수값을 작게 하는 추정량을 계산해야 한다. 이 모든 불편함에도 불구하고 이를 사용하는 근거는 바로 추정량의 효율성에 있다.

4) t-통계량(t-Statistic)

다음으로, t-통계량은 무엇인가? 원래 t-분포는 표준정규분포를 따르는 확률변수를 자유도 m을 지니는 카이제곱 변수를 자유도로 나눈 다음 제곱근을 취한 변수로 나눈 것이다. 회귀분석에서 이를 자주 사용하는 이유는 중심극한정리에 의해 분자부분[(계수추정치－모수)/추정량의 모표준편차]이 점근적으로 표준정규분포를 따르게 되기 때문이다.

연구자는 10.2로 추정된 한계효과의 설명력이 있는가를 검정하고 싶어한다. 즉, $\beta = 0$이라는 귀무가설을 세워놓고 한 번의 Replication에서 주어진 데이터로부터 10.2가 실제 믿을만한 추정치인가를 알고 싶은 것이다. 통계학에서 가설검정(hypothesis test)은 주어진 데이터로부터 모수에 대한 통계적 추론(statistical inference)을 행하는 주요한 도구 중의 하나이다. 그런데, 왜 공식이 z-분포가 아니라 t-분포를 따르는가? 그것은 회귀계수 추정량 b의 표준편차를 몰라서 그의 추정량(분산추정량의 제곱근)을 사용하기 때문이다. 또한, 이렇게 t-분포를 쓰려면 회귀계수 추정량 $(b-\beta)/var(b)$가 표준정규분포를 따라야 하는데 그 보장이 있는가? 이는 중심극한정리에서 도출된다. 식료품 지출 표본에서 표본수가 40이므로 이 표본수를 고정시킨 채 반복시행(R)을 무한히 반복하면 점근적으로 정규분포를 따름(asymptotically distributed)이 알려져 있다. 이가 중심극한정리이다.

t통계량$= (b - \beta) / SE(b)$

여기서 중요한 것은, 통계량에서 β에는 항상 귀무가설하에서의 모수값을 대입한다는 점이다. 여기서는 한계효과(기울기 계수)의 설명력 여부에 있으므로 "설명력이 없다"라는 귀무가설하의 모수값 0을 사용한다.

t통계량$= (b - 0) / SE(b) (= 4.88) \sim t_{(N-2)}$

한편, 유의성에 대한 가설검정은 t-검정으로도 할 수 있지만 구간추정을 한 다음 귀무가설하의 파라미터 값(여기서는 0)이 구간에 속해 있으면 기각하지 않는(fail to reject) 방법이 있다.

5) 관측된 유의수준(Prob., p-값)

회귀계수의 유의성에 대한 가설검정은 계산된 검정통계량의 값과 임계치를 비교하거나 p-값을 (허용하는 1종오류의 크기인) 유의수준(level of significance)과 비교하여 이루어진다.

주로 p-값이라 불리는 Prob. 항은 무엇을 나타내는가? 이는 현재 관측된 (예외적) 사건 또는 이보다 더 극단적인 사건(회귀계수 추정치가 0보다 아주 큰 값으로 실현되는 사건)이 발생할 확률이다. 귀무가설로 회귀계수값이 0이라 두고 t-값을 계산하니 4.88이 계산되었다. 이는 일반적으로 상정하는 임계치(critical value) 2보다 훨씬 큰 값이다. p-값 0.0은 회귀계수가 0이라는 귀무가설을 세워놓고 구한 t 통계량 값 4.88이 귀무가설하에서 나와야 할 값인 0보다 극단적으로(또는 그 이상) 발생할 확률이 0이라는 것이다.

여기서 중요한 것은 어떤 기준을 세워놓고 이 기준을 만족하는 경우, '귀무가설하에서 통계량 또는 p-값을 계산했는데 주어진 데이터 정보로부터 귀무가설을 도저히 받아들이지 못한다.'라는 결론을 내리는 것이다. 이 기준이 바로 유의수준(level of significance, α)이다. 이는 통상 1%, 5%, 10%로 책정된다.

6) 결정계수(R-squared)　　0.385
　　조정된 결정계수(Adjusted R-squared)　　0.368

R스퀘어는 회귀직선의 적합도를 나타내는 지표이다. 기본원리는 다음과 같다. 관측치의 y값이 평균치 $\bar{y}$로부터 변화한 정도를 설명 가능한 부분 R과 설명이 되지 않는 부분 E로 분해하는 작업이 바로 결정계수(coefficient of determination)를 구하는 과정이다.

➤ 1종 오류와 2종 오류

보수적인 의사결정이 필요한 상황에서는(예: 법원) 1종 오류(귀무가설이 참인데도 이를 기각하는 오류)의 확률을 극소화한다.

진취적, 적극적인 의사결정이 필요한 상황(예: 병원, 정치, 행정)에서는 2종 오류(귀무가설이 거짓인데도 이를 기각하지 않는 오류)를 극소화하며 이는 검정력 [power, 1−(2종 오류 확률)]을 크게 하는 방법이다. 검정력은 참값(파라미터)이 귀무가설에서 설정한 값과 같을 때 가장 작다. 이 과정은 불가피하게 1종 오류를 크게 만든다.

▼ 〈그림 2-4〉 설명력을 측정하는 결정계수(류근관, 2014)

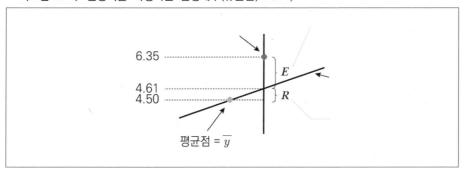

N개의 데이터에서 y값이 평균치에서 멀어진 정도를 x가 평균치에서 멀어진 정도로 많이 설명할수록 이 회귀분석은 성공적이다. 패키지에서 산출되어 나오는 이 값을 잘 해석하는 것이 중요하다.

한편, 결정계수가 적합도를 나타내는 지표로 가지는 단점은 설명변수가 많을수록 그 값이 자동적으로 커진다는 데 있다. 실제로 전혀 설명력이 없는(유의성이 없는) 비관련변수가 추가되어도 그 값이 자동적으로 커지지 않는 다른 지표로 조정된 결정계수(adjusted R^2)가 있다.

$$\overline{R^2} = 1 - SSE/(N-K) \ / \ SST/(K-1)$$

7) 오차제곱합(SSE: Sum Squared Resid)

회귀분석을 하면 관측치별로 잔차(residuals)를 얻을 수 있다. 이 잔차의 제곱 합이 SSE(Sum of Squares due to Error)이다. 이는 회귀분석에서 중요한 정보를 담고 있다.

회귀 모형에 가해지는 제약(restriction)에 대한 가설검정은 다음 원리에 근거한다. 제약을 가한 SSE(R)은 그렇지 않은 경우의 SSE(U)보다 크다. 이 차이가 클수록 주어진 데이터가 귀무가설에서 상정하는 제약을 잘 만족시키지 않는다고 결론내리며 이를 구체화한 것이 F 검정이다. 이 내용은 깊이 음미할 가치가 있다. 귀무가설에서 어떤 파라미터에 대해 상정하고 이 가설하에서의 파라미터 값을 회귀 모형에서의 제약을 가하고 제약하 회귀분석을 시행한다. 만일 이 제약이 (우리가 결코 알 수 없지만) 실제로 틀렸다면 제약하 회귀분석에서의 SSE는 그렇지 않은 경우보다 아주 크게 도출된다는 것이 바로 F 검정의 아이디어이다.

$$F(J, N-K) \sim [(SSE_R - SSE_U)/J]/[SSE_U/(N-K)]$$

다시 반복하면, F 분포는 귀무가설이 맞다는 가정하에서 계산된다. 즉, 제약이 맞는데도 불구하고 SSE(R)이 상대적으로 크게 계산되면 귀무가설을 기각한다는 것이다.

8) F 검정통계량(F-statistic)

여기서 논의하는 것은 K개의 설명변수로 이루어진 중회귀분석(multiple regression)에서 설명변수들이 전체적으로 종속변수를 얼마나 잘 설명하는가를 검정하는 F 검정통계량이다. 즉, 회귀분석의 유의성(significance of regression)을 검정한다.

각 설명변수가 개별적으로는 유의하게 설명력이 없어도 전체적으로는 적합도를 지니는 경우가 있다. 예를 들어, 다중공선성의 경우 설명변수들 간 선형종속 관계가 있어 전체적으로는 종속변수를 잘 설명해도 개별적 효과를 추출하기는 어려운 경우가 있다.

H_0: $\beta_1 = 0$, ..., $\beta_K = 0$

H_1: 적어도 하나의 β_k는 0이 아니다

귀무가설은 모든 설명변수의 회귀계수가 동시에 0이라는 것이다.

$$F = (SST - SSE)/(K-1) \,/\, SSE/(N-K)$$

이 F 검정에서 회귀 모형의 적합도가 없다는 귀무가설 제약을 부과한 제약 회귀분석의 오차제곱합 SSE(R)는 관측치가 평균치로부터 벗어난 거리의 제곱합인 총제곱합 SST가 된다. 이 검정의 원리도 기본적인 F 검정의 경우와 같다. 즉, 설명변수가 전체적으로 설명력이 없을 때 이 제약을 부과한 회귀분석에서의 SSE인 SST가 지나치게 크면 이 제약을 받아들이지 못함을 나타낸다.

9) 정보기준(Akaike info criterion, Schwarz criterion, Hannan-Quinn criterion)

이 정보기준들은 SSE 및 설명변수의 개수의 함수들이다. 이를 극소화하는 모형설정을 선택하면 된다.

10) 로그우도함수(Log Likelihood)

최우추정법 적용 시 로그우도함수 값을 가장 크게 하는 계수추정치를 찾으면 되는데 이때의 함수값이다. 굳이 우도함수에 로그를 취하는 이유는 일반적으로 우도함수가 결합 확률밀도함수(joint pdf)로 이루어져 함수의 곱으로 이루어진 것을 합의 형식으로 전환하여 분석하기 위함이다.

▼ 〈그림 2-5〉 로그우도함수(Hill et al., 2008)

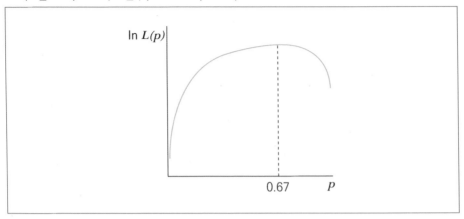

11) 더빈-왓슨 검정통계량(Durbin-Watson stat.)

이를 이해하려면 양의 계열상관(positive serial correlation or autocorrelation) 또는 모멘텀(momentum)에 대한 이해가 필요하다. 잔차로 실현된 확률변수 교란항 간 상관관계가 존재함에도 불구하고 OLS를 적용하게 되면 마찬가지로 표준오차를 실제보다 작게 추정하여 신뢰성을 "과장(overstate)"하는 결과를 초래한다. 이를 해결하기 위해 굳이 GLS를 사용하지 않더라도 Newey−West consistent estimar를 사용하여 정확한(OLS 적용 시 작게 추정되는 것보다 큰) 표준오차 추정량을 얻을 수 있다.

아래 잔차도(residual plot)를 보면 x가 작은 영역에서는 음의 잔차들이 모여 있고(clustered) x가 큰 영역에서는 양의 잔차가 모여 있다. 즉, 이전 잔차 부호를 다음 잔차의 부호가 가질 가능성이 크다.

▼ 〈그림 2-6〉 양의 계열상관 예시(positive serial correlation, 류근관 2014, Hill et al. 2008)

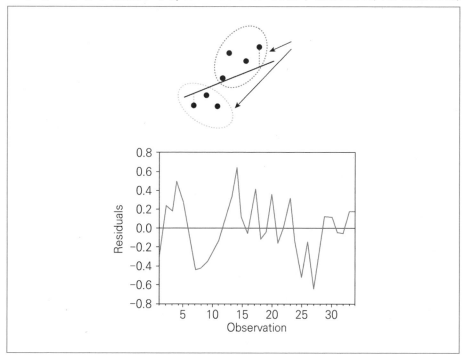

　　주어진 데이터로부터 잔차가 양의 계열상관을 가지는가를 검정하는 통계량은 Durbin-Watson에 의해 개발되었다. (1계)표본 상관계수를 이용하여 d를 계산한 다음 이가 2보다 충분히 작으면(또는, 0에 충분히 가까우면) 양의 계열상관이 있다고 결론 내린다.

$$d \approx 2(1 - r_1)$$

$$H_0 : p = 0$$

$$\Leftrightarrow \ d = 2$$

$$\Leftrightarrow \ r_1 = 0$$

　　현실에서 분석하는 대부분의 시계열 데이터는 자기상관 또는 계열상관 문제를 드러내므로 통계 패키지에서 DW 통계량을 꼭 체크할 필요가 있다. 이 수치가 작아 0에 가까울수록 양의 계열상관을 의심할 수 있다. 자기상관은 중요변수의 누락과 같은 모형설정의 오류(model misspecification)로부터도 발생할 수 있다.

▶ 로그-로그 모형

$$\text{LOG(FOOD\_EXP)} = \alpha + \beta\ \text{LOG(INCOME)} + \varepsilon$$

$$\text{LOG}(y) = \alpha + \beta\ \text{LOG}(x) + \varepsilon$$

이 모형의 장점은 회귀계수 추정치가 바로 탄력성 추정치가 된다는 점이다.

$$\varepsilon_M = (\text{slope}) \times (x/y)$$

탄력성 추정치는 일반적으로 x와 y의 표본평균 값에서 구해진다. 적합도, 정보기준, RMSE 등의 측면에서 로그-로그 모형이 보다 우수하다고 볼 수 있다.

▼ 〈표 2-2〉 로그-로그 모형 추정결과

Dependent Variable: LOG(FOOD_EXP)

	Coefficient	Std. Error	t-Statistic	Prob.
C	3.963567	0.294373	13.46444	0.00**
LOG(INCOME)	0.555881	0.10066	5.522391	0.00**
R−squared	0.44523	Mean dependent var		5.565019
Adjusted R−squared	0.43063	S.D. dependent var		0.424068
S.E. of regression	0.319987	Akaike info criterion		0.607634
Sum squared resid	3.890883	Schwarz criterion		0.692078
Log likelihood	− 10.15268	Hannan−Quinn criter.		0.638166
F−statistic	30.4968	Durbin−Watson stat		1.98242
Prob(F−statistic)	0.000003**			

▶ 선형회귀분석의 기본가정

1. 선형회귀함수는 평균이 0인 교란항을 가진다.

$$E(y \mid x) = \beta_1 + \beta_2 x$$
$$E(e) = 0$$

여기서 중요한 사항은 모회귀직선이 선형이라는 것이다. 수많은 경제변수 간 관계, 예를 들어 소비와 소득 간 관계가 과연 선형인가? 계량경제학의 단순회귀분석에서는 선형이라는 가정하에서 분석을 진행한다. 이를 해결하기 위해 비선형(nonlinear) 회귀분석의 방법을 사용한다. 선형의 가정을 완화하더라도 nonlinear in variables의 경우는 분석방법상 큰 문제가 발생하지 않는다. 변수변환(transformation)을 적절히 사용하면 된다. 문제는 nonlinear in parameters의 경우인데 이 경우는 특별히 개발된 비선형 방법을 사용한다.

다음으로 교란항이 0이라는 가정이 충족되지 않으면 어떤 문제가 생기는가?

실제 회귀직선은 y절편을 지니는데 상수항 없이 회귀분석을 하게 되면 교란항의 평균은 0이 아니게 된다. 또한, 중요변수의 누락 또는 설정오류(specification error)가 존재하는 경우, 가정 1은 성립하지 않게 된다.

모형설정(model specification)은 1) 함수(functional form)의 선택 2) 변수의 선택과 관련된 이슈이다.

2. 교란항은 등분산성을 지니며 서로 다른 교란항 간의 상관관계 즉, 계열상관이 존재하지 않는다.[4]

$$var(y \mid x) = \sigma^2 \quad 등분산성$$
$$cov(e_i, e_j) = cov(y_i, y_j) = 0 \quad 계열상관이 없음$$

---

4) 교란항은 구면성을 지닌다(spherical disturbances)라는 어려운 표현을 쓰기도 한다.

이분산성은 추정된 표준오차에 오류가 발생함으로써 구간추정과 t - 검정을 잘못되게 한다. 즉, 추정량의 모분산이 OLS에 비해 달라짐에도 불구하고 OLS에서의 모분산에 대한 추정치를 구함으로써 항상 추정치의 신뢰성에 대해 "understate"하게 한다. 신뢰성을 과소평가한다는 것은 정확한 구간추정치보다 항상 넓게 구한다는 것을 의미한다.

일반최소자승법(GLS)을 굳이 사용하지 않고서도 올바른 표준오차를 구하는 방법이 White의 Heteroskedasticity - consistent(HC) 추정량이다.

3. 설명변수 x는 확률변수가 아니며(고정됨 fixed, not random) 최소한 두 개 이상의 다른 값을 가진다. 이 가정은 계량경제학에서 큰 의미를 지니며 이 가정이 충족되지 않는 경우의 적절한 추정방법은 일반화된 모멘트 추정법 (GMM)이라는 이름으로 학자들에 의해 많이 개발되었다.

설명변수가 특정한 상황이 발생한 경우 값이 관측되는 확률변수여도 실상 큰 문제는 없다. 그러나, 무엇보다도 심각한 경우는 확률변수인 설명변수가 교란항과 상관관계를 가지는 경우이다.

직관적으로, x가 y에 미치는 한계효과를 추정했는데 이 추정치에 x가 교란항에 미치는 간접효과까지 포함된다는 것이다.

일반적으로 잘 통제된 실험연구(randomized controlled experiment)에서는 설명변수가 반복표본추출에서 고정되었다(fixed)고 볼 수 있다. 경험적 연구(observational study)에서는 (x_i, y_i)를 확률변수로 본다.

회귀분석에서 x가 확률변수가 아니라(not random)고 보면 $E(e|x) = E(e) = 0$의 관계가 성립한다.

횡단면분석에서 발생하는 이 문제에 왜 그렇게 많은 관심을 보이는가? 이는 이 문제를 덮어놓고 분석을 행하면 하지 않은 것만 못한 결과가 초래되기 때문이다. 이를 초래하는 원인으로 중요변수의 누락, 연립방정식, 측정오차 등이 있다.

4. 교란항은 정규분포를 따른다.

이 가정은 좋은 추정량을 얻기 위해 항상 성립할 필요는 없다. 왜냐하면, 통계학에서 아주 유용한 정리(theorem) 즉, 중심극한정리가 있기 때문이다.

한 가지 유의할 사항이 있다.

통계학에서 표본평균을 가지고 모평균을 추정할 때 모분산(또는 모표준편차)을 모르면 추정량 또는 가설검정을 위한 검정통계량으로 t-분포를 사용한다고 알려져 있다.

회귀분석에서 회귀계수가 추정되고 표준오차(또는 교란항의 표준편차)를 모르기 때문에 마찬가지 원리로 t-분포를 통계적 추론에서 사용하는 것처럼 보인다. 이는 잘못된 생각이다. 회귀분석에서 t-검정을 사용하는 것은 기본적으로 교란항이 정규분포를 가진다는 전제조건하에서 이루어진다.

이를 가급적 직관적으로 설명하면 다음과 같다.

표준정규분포를 따르는 변수가 분자에, 카이제곱 분포를 따르는 변수를 자유도로 나눈 뒤 제곱근을 취해서 분모에 있는 경우, t분포를 따르게 된다. 그런데, 분자가 정규분포를 따르려면, 교란항이 정규분포를 따른다는 가정이 반드시 필요하다.

그러나, 어떤 분포를 따르는 확률변수라도 표본수 N이 충분히 큰 경우, 합과 평균이 (근사적으로) 정규분포를 따른다는 중심극한정리에 의해 연구자는 회귀분석에서 (마음 놓고) t-검정을 행할 수 있다.

한 가지 주요한 개념을 염두에 둘 필요가 있다. 평균의 법칙과 중심극한 성리의 구별이 그것이다. 전자는 반복추출이 경험적 히스토그램을 표본분포로 수렴시키는 개념이나 후자는 무한적 반복추출하에서 표본수 증가가 확률 히스토그램 또는 표본분포를 정규분포로 수렴시킨다는 것이다.

다음 그래프는 잔차도를 나타낸다.

▼ 〈그림 2-7〉 잔차도

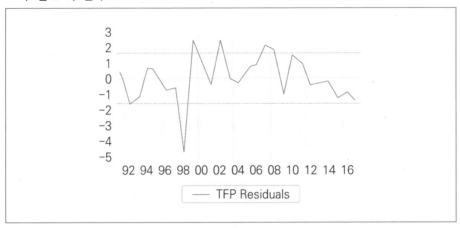

다음 히스토그램은 잔차의 표본평균 및 정규분포에 대한 가설검정 결과를 보여준다.

▼ 〈표 2-3〉 잔차의 표본평균 및 정규분포에 대한 가설검정 예시(Hill et al., 2008)

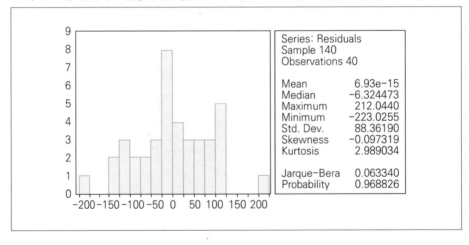

$$JB = (N/6)(S^2 + (K-3)^2/4)$$

왜도(skewness)는 분포의 꼬리가 어디로 늘어졌는가를 측정한다.

잔차도를 보면 대략적으로 꼬리(tail)가 왼쪽으로 치우침(left skewed)을 확인할 수 있다.

첨도(skewness)의 경우 3에 가까운 모습을 보인다.

$$JB = \frac{N}{6}\left(S^2 + \frac{(K-3)^2}{4}\right)$$

왜도란 무엇인가? 히스토그램 또는 표본의 분포가 대칭적이 아니고 꼬리가 치우친 정도를 측정하는 지표인다. 예를 들어, 우리나라 근로소득 분포를 그리면 꼬리가 오른쪽으로 치우치는 모양을 보인다. 이 경우, 평균이 중위값(median)보다 커지는데 이는 몇몇 고소득자(손흥민과 같은 스포츠 스타)가 평균값을 올리기 때문이다.

▶ 이분산성(heteroscedasticity)

우선 이분산이 존재하는가를 검정하고 존재하는 경우 바람직한 추정량을 얻는 방법을 찾는다. 다음 모형은 특정한 이분산의 형태를 상정한다. 보통 우변의 (자연)지수승 형태 또는 로그 잔차 제곱함수형태를 상정한다.

$$\hat{e}_i^2 = \alpha_1 + \alpha_2 z_{i2} + \cdots + \alpha_s z_{is} + v_i$$

잔차 제곱을 설명변수에 대해 회귀분석하여 적합도의 크기를 본다. 적합도가 높으면 설명변수가 잔차 분산(추정치)에 대해 설명력이 있다고 본다.

$$\chi^2(S-1) \sim NR^2$$

결정계수에 표본수를 곱하면 (귀무가설이 참인 경우) 설명변수의 수를 자유도(degree of freedom)로 하는 카이제곱분포를 따른다.

아래 추정결과는 이 LM 또는 Breusch−Pagan−Godfrey 검정결과가 이분산성을 시사한다고 본다.

이분산성을 왜 따지는가? 만일, 이 현상이 존재하는데도 선형(단순)회귀분석을 적용하면 표준오차 추정치가 오류를 지니기 때문이다. 이는 가설검정, 구간추정을 그릇되게 한다.

다음과 같은 (이) 분산추정식을 상장하자.

$$\log \hat{e}_i^2 = \alpha_1 + \alpha_2 z_{i2} + \cdots + \alpha_s z_{is} + v_i$$

White 검정의 아이디어는 LM 검정에서와 같이 잔차 제곱을 설명변수에 대해 회귀분석하되 제곱항(squares)을 추가하는 것이다. 교차항(interaction terms)의 도입여부는 자의적이다.

$$e^2 \leftarrow x_i^2 \ldots$$

▼ 〈표 2-4〉 White 이분산 검정

Dependent Variable: FOOD_EXP

Method: Least Squares

Sample: 1 40

Included observations: 40

Weighting series: INCOME

	Coefficient	Std. Error	t−Statistic	Prob.
C	79.65442	77.87973	1.022788	0.3129
INCOME	10.36872	3.264120	3.176575	0.0030

Heteroskedasticity Test: White

F−statistic	4.307884	Prob. F(2,37)	0.0208
Obs*R−squared NR^2	7.555079	Prob. Chi−Square(2)	0.0229**
Scaled explained SS	6.781072	Prob. Chi−Square(2)	0.0337

Dependent Variable: RESID^2

Method: Least Squares

Sample: 1 40

Included observations: 40

	Coefficient	Std. Error	t-Statistic	Prob.
C	− 2908.783	8100.109	− 0.359104	0.7216
INCOME	291.7457	915.8462	0.318553	0.7519
INCOME^2	11.16529	25.30953	0.441150	0.6617

Dependent Variable: FOOD_EXP

Method: Least Squares

Sample: 1 40

Included observations: 40

White Heteroskedasticity−Consistent Standard Errors & Covariance

	Coefficient	Std. Error	t-Statistic	Prob.
C	83.41600	27.46375	3.037313	0.0043
INCOME	10.20964	1.809077	5.643565	0.0000

이같이 가설검정을 통해 이분산이 존재한다는 것을 확인하였으면 다음으로 GLS를 적용하여 신뢰할만한 표준오차 추정치를 구해야 한다. GLS는 OLS 추정량이 이분산이 존재하는 경우, 추정량의 신뢰도(표준오차)를 부정확하고 잘못 도출하는 단점을 해결하기 위해 교란항 분산이 지니는 정보를 회귀계수 추정 시 사용한다.

$$var(e_i) = \sigma_i^2 = \sigma^2 x_i$$
$$= \sigma^2 x^\gamma \ (\gamma = 1)$$

이는 최소자승추정법 적용 시 잔차제곱에 설명변수 크기에 반비례한($1/x_i$) 가중치(weight)를 주어 SSE를 계산하므로 이 GLS를 특히 가중최소자승법(WLS) 이라 한다.

설명변수 값이 커서 가중치를 적게 받는 것은 교란항의 불확실성이 커기 때문에 그 실현값인 잔차제곱에 대한 가중치를 적게 준다는 의미이다.

한편, 추정량의 신뢰도를 제고하는 표준오차를 위에서와 같이 GLS와 같이 3.26으로 구할 수도 있으나, OLS에 의해서도 이분산에 로버스트(robust)한 표준 오차를 찾을 수 있다.

이를 놓고 보면 OLS는 표준오차 추정에 대해 과소평가(understate)하는 경 향이 있다고 볼 수 있다. 즉, HC s.e.는 표준오차를 작게 평가하는 데 비해, OLS 에서는 항상 이를 크게(신뢰도가 낮다고) 추정하는 경향이 있다. 이 오류는 위에 서와 같은 HC 추정량 대신, 부적절한 다음의 추정량을 사용하기 때문이다.

$$var(b_2) = \frac{\sigma^2}{\displaystyle\sum_{i=1}^{N}(x_i - \overline{x})^2}$$

▶ 중요변수의 누락(omitted variables)

만일, 통화정책의 전달경로(pass through) 과정을 통해 통화량(M)과 단기(명 목)금리(CALL)가 동시에 장기금리에 영향을 미친다면 원래 추정식은 변수누락으 로 인한 편의문제가 발생할 수 있다.

CBOND $= \alpha + \beta$ M $+ \gamma$ CALL $+ \varepsilon$

편의문제가 발생함을 직관적으로 고려해보자.

CBOND $= \alpha + \beta$ M $+ \varepsilon$

만일, 중요변수를 누락하고 단순회귀분석(short regression)을 수행하면 추정 된 회귀계수의 내용은

$$E(b) = \beta + cov(M. \ CALL)/var(M)$$

이 된다. 즉, 통화량이 단기금리에 영향을 미치고(유동성효과에 의해 공분산 추정량이 음이라 보면) 단기금리가 장기금리를 상승시킨다면 음의 편의(bias)를 지닌다.

▼ 〈표 2-5〉 중요변수 누락: 장기금리(CBOND) 추정

Dependent Variable: CBOND 장기금리

Method: Least Squares

Sample (adjusted): 2000M01 2009M10

	Coefficient	Std. Error	t-Statistic	Prob.
C	44.26233	7.075407	6.255799	0.0000
LOG(LF) 통화량	−2.705380	0.502365	−5.385285	0.0000**
R−squared	0.200007	Mean dependent var		6.164831
Adjusted R−squared	0.193111	S.D. dependent var		1.465001
S.E. of regression	1.315967	Akaike info criterion		3.403824
Sum squared resid	200.8852	Schwarz criterion		3.450785
Log likelihood	−198.8256	Hannan−Quinn criter.		3.422892
F−statistic	29.00129	Durbin−Watson stat		0.052535
Prob(F−statistic)	0.000000			

Omitted Variables: CALL 단기금리

F−statistic $= t^2$	19.26978	Prob. F(1,115)	0.0000**
Log likelihood ratio	18.28043	Prob. Chi−Square(1)	0.0000**

Test Equation:

Dependent Variable: CBOND 장기금리

	Coefficient	Std. Error	t-Statistic	Prob.
C	27.38069	7.618340	3.594049	0.0005
LOG(LF)	−1.688390	0.521253	−3.239100	0.0016
CALL	0.622664	0.141845	4.389736	0.0000**
R−squared	0.314818	Mean dependent var		6.164831
Adjusted R−squared	0.302902	S.D. dependent var		1.465001
S.E. of regression	1.223164	Akaike info criterion		3.265855
Sum squared resid	172.0551	Schwarz criterion		3.336296

Log likelihood	− 189.6854	Hannan−Quinn criter.	3.294456
F−statistic	26.41936	Durbin−Watson stat	0.062848
Prob(F−statistic)	0.000000		

$$WAGE = \beta_1 + \beta_2 EDUC + \beta_3 EXPER + \beta_4 EXPER^2 + e$$

$$(\text{시간당 임금}) = \beta_1 + \beta_2(\text{교육년수}) + \beta_3(\text{경력}) + \beta_4(\text{경력})^2 + e$$

일반적으로 시간당 임금을 통해 교육의 수익률 β_2을 추정할 때 통제변수로 연령 또는 경력변수를 추가한다.[5] 경력(EXPER)이 임금에 미치는 효과에 수확체감의 법칙이 작용한다면 2차항을 포함하여야 한다.

▶ 불확실성하에서의 선택

과거에 불확실성(uncertainty)과 위험(risk)을 엄격히 구분하였으나 현재는 그 구분은 그렇게 엄격하지 않다. 불확실성과 관련하여 조건부상품, 기대효용, 보험, 분산투자(위험다변화, diversification), 보험과 주식시장의 위험분산(risk spreading)기능 등을 알 필요가 있다.

최근 행태경제학에서는 이와 관련하여 소수의 법칙(대표성 휴리스틱) 및 손실기피(status quo bias, 부존효과) 등에 대한 논의가 활발하다. 불확실성과 관련된 일상(경제)생활의 대표적 예는 도박(gambling)을 들 수 있다. 고스톱을 칠 때 3점을 따고나서 Go하면 50% 확률로 1만 원을 따고 50% 확률로 5천원을 잃으며 Stop하면 자산(순이득)은 0원이라고 하자.

불확실성하에서 선택행위를 해야 하는 경기자는 첫째, 자산(wealth)의 기대치(평균)를 보는 게 아니라 자산으로부터 발생하는 효용의 기대치를 극대화한다. 즉, 고−스톱 의사결정의 기준은 돈이 아니라 효용이다. 수준이 높은 미시 또는 거시경제학에서 대표적 소비자가 기대효용을 극대화한다는 것은 20세, 30세,...

---

5) 보다 엄밀하게는, 시간당 임금의 로그치를 회귀분석하는 경우에 적용된다.

에 소비로부터 발생하는 효용의 기대치를 극대화하도록 소비수준을 선택한다는 것이다. 즉, 소비자의 관심은 소비의 기대치가 아니라 효용의 기대치에 있다.

둘째, 위험에 대한 태도는 이 같은 기대효용(expected utility)과 자산기대치의 평균 간 차이로 나타난다.

첫째 사항에 대해 살펴보자. 경기자의 관심은 Go하는 경우의 자산기대치 0.5×1만$+0.5 \times (-5천)=2천5백$에 있는 것이 아니라 Go하는 경우의 효용기대치 $0.5 \times u(1만)+0.5 \times u(-5천)$에 관심이 있다는 것이다. 바로 이 기대효용을 Stop에서의 (기대)효용과 비교하여 고−스톱 여부를 결정하는 것이다.

▼ 〈그림 2-8〉 기대효용과 위험프리미엄(이준구, 2010)

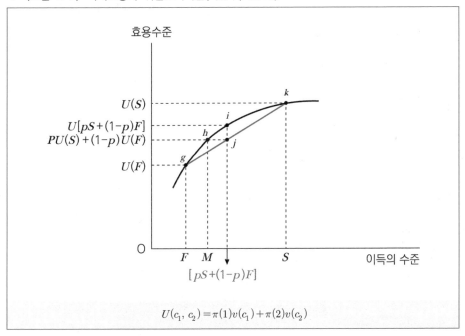

불확실성에 직면한 소비자는 위의 식으로 이루어진 기대효용(expected utility)을 극대화한다. 소비자의 위험(risk)에 대한 태도는 $v(\ )$에 반영되며 이 효용함수를 폰노이만−모겐스턴 효용함수라 부른다. 경우에 따라 U를 이 효용함수로 보는 경우도 있다. 위의 그래프에 나타난 $v(\ )$는 오목(concave)한 모양을 보이며 위험기피적(risk averse)인 선호를 반영한다.

$(1-p)$의 확률로 bad state인 F원이 p의 확률로 good state인 S을 얻고 기 댓값의 효용은 I점으로 표시된다. 기대효용은 j점으로 표시되고 투자자(소비자) 가 불확실성하 선택행위를 할 때 기준은 j점이다.

▶ 평균–분산 모형(mean variance utility)

마코위츠(Marcivitz)의 자산선택 모형, 보몰(Baumol)의 평균–분산 모형, 토 빈(Tobin)의 투기적 화폐수요 이론(거시이론)은 모두 동일한 이론 모형에 기초하 고 있다.

미국의 경우, Treasury Bill(90일물)과 같은 무위험자산과 위험자산인 뮤추 얼펀드를 얼마의 비율로 섞어 투자하는가를 분석할 수 있다. 대표적 위험자산인 뮤츄얼펀드는 시장 포트폴리오로 볼 수 있다. 시장 포트폴리오의 기대수익률과 위험은 마코위츠의 효율적 변경과 무위험자산의 수익률과 위험에 해당하는 점 간 직선(자본시장선)의 접점에서 결정된다.

이 시장포트폴리오의 구성비율은 시장전체의 주식 시가총액 비율과 동일하 며 투자자는 이 비율을 변경하지 않는다(분리가설).

투자자의 효용은 수익률 확률분포에 대한 통계량 즉, 기대수익률과 수익률의 표준편차에만 의존한다고 하자(이 경우는 기대효용 특성과 동일하다).: u[E(r), σ]

그래프의 기울기는 1단위의 위험을 감수하기 위해 받아야 하는 기대수익률 의 증가분 즉, 위험의 가격을 나타낸다.

▼ 〈그림 2-9〉 자본시장선과 포트폴리오선택(이준구, 2010)

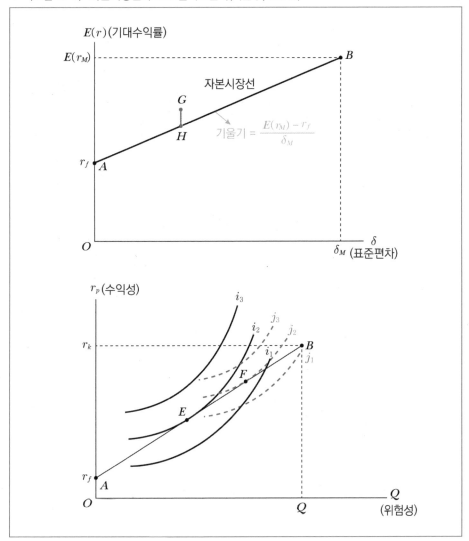

I의 선호체계를 지닌 투자자는 E점을 선택하고 j의 경우 F를 선택한다. 이 점에서는 위험－수익성 간 MRS(한계대체율)가 위험의 가격과 동일하다.

▶ 경매

은행경매, 인터넷쇼핑몰 경매(또는 eBay), 생선, 농산물 등 우리 주위에서 경매방식을 사용하여 물건을 사고파는 경우가 많다.

경매는 상품을 팔 때도 살 때도 사용된다. 메커니즘 디자인이라 불리는 경매방식의 설계는 수입극대화(이윤극대화)와 효율성의 관점에서 논의된다.

경매방식으로는 영국식과 네덜란드식 그리고, 공개 및 봉인방식이 있다. 낙찰자가 지불하는 가격을 기준으로 최고가격과 제2가격으로 나눌 수 있다.

제2가격입찰제(second-price sealed bid auction)는 가장 높은 가격을 부른 구매자에게 상품이 주어지지만 낙찰자가 지불하는 가격은 그 다음으로 높은 가격을 부른 참여자의 가격이 되는 독특한 구조를 지닌다. 이를 시행하는 이유는 승자의 불행을 막으려고 경매참가자들이 일부러 가격을 낮게 부르는 경향이 수입을 줄이는 현상을 방지하는 데 있다.

▶ 이산변수 모형: 제품혁신 성공확률

현실경제에서 발생하는 사건을 수치화하는 것을 코딩이라 한다. 그런데, 이 코딩과정에서 연속적인 확률변수가 아니라 이산적인 경우의 한계효과 분석은 probit 또는 logit 모형을 사용한다.

KIS(2008, STEPI)에서 조사한 데이터에는 해당 기업이 제품혁신(product innovation)을 수행했는가의 여부를 0과 1의 이산변수(discrete data)로 나타낸다.

이를 분석하는 가장 기초적인 Linear probability model(LPM; 선형확률모형)은 R&D 투자금액이 이의 확률에 어떤 영향을 미치는가를 분석한다.

$$y = E(y) + e = p + e$$

$$\frac{dp}{dx} = \beta_2$$

이 모형의 단점은 이분산성(비효율적 추정량, 표준오차의 신뢰성 저하)의 문제이며 이를 해결하기 위해 관측치별 분산추정치를 우선 구한 다음 OLS 분석 시그 정보를 이용하는 FGLS를 사용한다. 또한, 설명변수에 의해 추정되는 확률이 1보다 큰 값을 가질 수도 있다. 셋째, 설명변수가 확률에 미치는 증가율이 이같이 일정한 경우는 현실세계에서 불가능하다.

경제성장 모형에서는 제품혁신의 성공확률 μ가 R&D 지출 n의 증가함수로 표현되도록 가정한다. 특히, 콥-더글라스 형태의 혁신함수를 상정해보자.

한편, 비표본정보(nonsample information)를 사용하는 제약회귀분석을 자주 사용한다. 이 경우, 파라미터 추정의 정확도를 높일 수 있다. 제약이 틀릴 경우 추정치에 편의가 생길 수 있지만 표준오차는 항상 감소하는 특성이 있다. 가장 많이 사용하는 예로 수요함수의 0차 동차성이 있다. 따라서, 수요함수 추정치는 다른 모든 상품(composite good)의 가격으로 모든 설명변수를 나누어 분석하게 된다.

프로빗 모형(Probit Model)은 특정 사건이 발생할(선택행위를 할) 확률이 독립변수의 선형함수값에 대한 누적정규분포값으로 결정되는 모형이다. 즉, 정규분포를 따르는 확률변수가 독립변수의 선형함수값보다 같거나 작을 확률이 우리가 데이터에서 종속변수를 "Yes"(=1)로 관찰할 확률이다.

LPM의 단점을 보완한 이산 종속변수 모형에 대해 살펴보자.

$y = 1$: 지난 3년 동안 상품혁신에 성공(realization)함

$y = 0$: 성공하지 못함

혁신성공 확률을 다음과 같이 표현하자.

$\mathrm{Prob}(Y=1) = F(x, \beta)$

$\mathrm{Prob}(Y=0) = 1 - F(x, \beta)$

이 분석의 예에서

$\mathrm{Prob}(Y=1) = \Phi(\beta' x)$

$= \Phi(\beta 0 + \beta 1 \ln(\sum \mathrm{R\&D}))$

이 확률 모형은 기본적으로 회귀분석 접근방법이다.

$$E(y|x) = F(\beta'x).$$

프로빗 모형에서 한계효과는 다음과 같다.

$$dp/dx = \phi(\beta'x)\beta$$

이산변수 분석에서 항상 유의할 사항은 패키지에서 추정된 계수자체는 부호만 의미를 지니고 한계효과를 구하기 위해서는 설명변수의 선형함수에 대한 정규분포 pdf값을 곱해야 한다는 것이다.

이번에는 잠재변수(latent variable)를 사용한 지수 모형(index model)을 사용한다.

$$y^* = x'\beta$$

x: R&D 투자지출

$$y = 1(y^* > 0)$$

$$y = 0(y^* \leq 0)$$

▼ 〈표 2-6〉 프로빗 모형: 제품혁신 성공확률[6]

Dependent Variable: PRODUCT INNOVATION = 1

Method: ML – Binary Probit (Quadratic hill climbing)

Covariance matrix computed using second derivatives

	Coefficient	Std. Error	z-Statistic	Prob.
RDSUM	8.45E − 05	1.07E − 05	7.93	0.00**
Mean dependent var	0.95	S.D. dependent var		0.19
S.E. of regression	0.39	Akaike info criterion		1.02
Obs with Dep=0	13	Total obs		321
Obs with Dep=1	308			

---

6) 한국기술혁신조사(KIS 2008, STEPI)에서 412개 기업대상 횡단면 자료를 사용하였다.

▼ 〈표 2-7〉 설명변수에 대한 범주별 서술 통계량

Variable	Dep=0	Mean Dep=1	All
RDSUM	11318.85	21234.21	20832.65
Variable	Dep=0	SD Dep=1	All
RDSUM	15703.44	89239.45	87482.77
Observations	13	308	321

▶ poisson model: 특허 데이터에의 응용

특허등록수 또는 출원수와 같은 데이터를 count data(0,1,2,3,...)라 한다. 역시 Poisson regression의 목표는 설명변수가 특정 count가 발생횟수의 기대값에 미치는 영향을 추정하는 데 있다.

우리 경제의 연구개발 투자금액과 특허등록수 간 관계를 포아송분포를 상정한 최우추정이 아닌 OLS에 의해 추정하면 비효율적인 추정치가 도출된다. OLS가 적절치 않은 것은 설명변수의 변화가 종속변수를 정확히 정수 1단위씩 변화시킨다는 관계를 정확히 포착하지 못하기 때문이다.

▼ 〈표 2-8〉 가산자료에 대한 최소자승법(OLS for Count Data: Number of Patents)

Dependent Variable: P

Method: Least Squares

	Coefficient	Std. Error	t-Statistic	Prob.
C	−108794	22038	−4.936	0.0001
LOG(RD)	11953	2051	5.82	0.0000**

특허출원수, 금메달 획득수 등 가산자료(count data)는 포아송분포를 사용하면 효율적인 추정량을 얻을 수 있다.

$$f(x) = \frac{1}{\sqrt{2\pi\sigma^2}} exp\left[\frac{-(x-\mu)^2}{2\sigma^2}\right] \qquad -\infty < x < \infty$$

특허수에 대한 밀도함수(pdf) 및 조건부 평균:

$$f(y) = P(Y=y) = \frac{e^{-\lambda}\lambda^y}{y!} \qquad\qquad y = 0,1,2,\cdots$$

$$E(Y) = \lambda = \exp(\beta_1 + \beta_2 x) = Var(Y)$$

R&D 1% 증가는 특허수 60,764(1.06×2004년 평균특허수: 57,055)개 증가를 가져온다.

■ 계량경제학 심화

➤ 베르누이 분포와 이항분포

농구선수가 자유투를 던져 성공시키는 경우, S 주식가격이 하루 동안 상승하는 경우 확률변수(random variable) X는 1의 값을 가진다. 이 경우 X는 Bernoulli 분포를 따른다고 한다.

$$Pr(x_i = 1) = f(x_i|p) = p^{x_i}(1-p)^{1-x_i}, \quad x_i = 0,1$$

여기서, p는 1번 시도(trial)할 경우의 성공확률이다. 금융이론에서 유명한 효율 시장가설(efficient market hypothesis)에 따르면, 주식시장에서의 유용한 정보 는 가격에 모두 반영되므로 $p = (1/2)$이 된다.

이제는 시도를 n번으로 확장하자. 이 경우, n번의 시도 중 $x = \sum x_i$번 성공할 확률은 다음과 같다.

$$Pr(X=x) = nC_x \ p^x(1-p)^{1-x}$$

이 경우 x는 Binomial distribution을 따른다. 이 확률의 해석에 주의가 요구된다. 직관적으로 하루 동안 주식이 오를 확률이 (1/2)이면 4일중 오를 경우는 2일이 아닌가? 그렇지 않다. 이항분포가 요구하는 확률은 모든 경우의 수를 따지는 것 이다. 4일중 두 번 오를 확률은 모든 경우의 수 중 상상하하, 상하상하, 하상하상, 하하상상, 상하하상, 하상상하의 비율에다 베르누이 확률분포 중 성공을 2번, 실패를 2번 곱해준 결합 확률밀도함수를 다시 곱해준다.

▼ 〈표 2-9〉 가산자료에 대한 포아송 회귀법(Poisson Regression for Count Data)

Dependent Variable: PAT_KOR

Method: ML/QML−Poisson Count (Quadratic hill climbing)

Covariance matrix computed using second derivatives

	Coefficient	Std. Error	z-Statistic	Prob.
C	−2.15	0.02	−81.70	0.0000
LOG(RD)	1.06	0.00	471.7	0.0000**

▼ 통계학 기초: 조건부 확률

	$x=0$(소득구간)	$x=1$	$x-2$	$x=3$	$f(y)$ (주변확률)
$y=0$(도보)	0.05	0.05	0.1	0.2	0.4
$y=1$(운전)	0.05	0.15	0.2	0.2	0.6
$f(x)$	0.1	0.2	0.3	0.4	1

$$P(Y|X) = P(Y, X) / P(X)$$

조건부 확률은 X에 대한 조건 또는 정보가 주어진 경우 Y에 대한 사건이 발생할 확률이다. 결합확률 표 또는 pdf로부터 이를 구하는 방법은 간단하다.

$$P(Y|X) = f(Y, X) / f(X)$$

예를 들어, $X=1$이라는 조건하에 $Y=1$이 될 조건부 확률을 구해보자.

$$P(Y=1|X=1) = P(X=1, Y=1) / P(X=1) = 0.15 / 0.2 = 0.75$$

중요한 것은 조건부 확률의 경우 $X=1$을 만족하는 사건(또는 원소들의 집합)이 새로운 표본공간을 구성한다는 점이다.

$$f(X) = \sum_y f(X, Y)$$

1. 경제모형이란?

2. 최적화원리란?

3. 균형이란?

4. 파레토 개선이란?

5. 지방재정교부금이란 중앙정부가 지방정부에게 재정불균형을 해소하기 위해 자금을 지원하는 것이다. 이에는 무조건부－소득보조, 대응 조건부－가격보조의 두 종류가 있다. 주민은 공공서비스(x) 및 사용재 둘을 소비한다. 이 교부금으로 주민이 예를 들어, 153원의 공공서비스를 83원으로 구입할 수 있는 매칭보조금이 예산선에 미치는 효과를 그려라. 이번에는 반드시 공공서비스에 사용해야 한다는 무대응 조건부 보조금이 예산선에 미치는 영향을 그려라. 무차별곡선의 예를 들고 각 상품소비에 미치는 영향을 비교해보라.

6. 기수적 효용과 서수적 효용의 차이는?

7. 단조성과 볼록성이라는 선호체계에 대한 가정이 지니는 의미는?

8. 한계대체율(MRS)이란?

9. 지출몫이 a와 $(1-a)$인 경우에서의 콥－더글라스 효용함수를 상정하고 이에 대응하는 각각의 수요함수를 도출하라. 두가지 방법이 있다.

   1) MRS와 가격비율이 같은 수요를 구하라.

   2) 예산제약을 재화 2의 수요량에 대입하고 극대화 문제를 도출하라.

   3) 라그랑지 목적함수를 설정하고 이를 극대화하라.

10. 물품세와 소득세부과 선택 시 일정 세수를 달성한다는 조건하에서 어느 조세가 바람직한가?

11. 정상재, 열등재, 사치재, 필수재 등을 구분하라.

12. 19세기 영국에서는 부유층이 가난한 계층에 대해 식품보조를 다음과 같이 해주었다고 하자. 즉, 곡물의 주어진 양을 구매하고 일정량 C를 소비한 다음, 구매가격의 절반가격으로 가난한 계층에 판매한다는 것이다. 이 방식의 허점을 논하라.

▶ 기업이란?

기업은 노동, 자본 등 생산요소를 투입하여 상품을 생산한다.

경제적 자원(resources)이 생산과정(production process)에서 투입(input)으로 사용되면 이를 생산요소(factor of production)라 한다. 자본재(capital goods)는 생산된 생산요소로 본원적 생산요소인 노동과 토지와는 다르다.

자본에는 물적자본(physical capital)과 금융자본(financial capital)이 있다.

미시경제학 생산함수에 사용되는 투입은 플로우 단위이다.

기업의 목표는 이윤극대화이다. 소유와 경영이 분리된 주식회사의 경우, 대리인인 경영자는 자신의 이득을 위해 매출극대화 등의 다른 목표를 추구할 가능성이 있다.

▶ 기업의 범위, 종류

기업은 전통기업(proprietorship), 파트너십(partnership), 주식회사(corporation)로 구분된다.

기업이 자체생산과 시장을 이용하는 것 간 선택("buy or make")에 영향을 미치는 요인은 거래비용(transactions cost)을 결정하는 환경적(environmental) 요인과 인적(human) 요인이 있다. 이 선택의 내용은 개인용 PC를 생산하는 업체가 CPU도 직접 내부에서 생산할 것인가 아니면 외부에서 구입할 것인가의 의사결정이다. 이 문제는 수직적 통합(vertical integration)의 문제와 관련하여 주요 이슈가 된다.

거래비용을 결정하는 요인 중 전자에는 불확실성, 기업수가 있고 후자에는 제한된 합리성(bounded rationality)과 기회주의적 행태(opportunistic behavior)가 있다(Carlton and Perloff, 2005).

만일, 불확실성이 높고 기업수가 작아 독점이라면 기업은 자체생산을 이용한다.

➤ 토빈(J. Tobin)

1. 투자이론 q theory
2. 평균－분산 모형
3. 투기적 화폐수요
4. 부의 소득세제(with Pechman)

➤ 보몰(W. Baumol)

1. 화폐수요
2. 경제성장회귀식
3. 거래적 화폐수요
4. 보몰효과(Baumol effect): 정부지출(Government expenditure)
5. 공공요금: (with Bradford), 한계비용 간 괴리(diverge from MC)

▶ 기업의 생산

$$Y = AK^{\alpha}L^{1-\alpha}$$

미시경제학에서 사용되는 생산요소는 유량(flow) 개념으로 사용되며 거시경제학의 총생산함수(aggregate production function)에서 노동과 자본이 스톡으로 사용됨과 다름을 유의할 필요가 있다.

투입(input)은 비로소 생산과정에 사용됨으로써 생산요소가 된다. 생산함수는 생산가능집합(production possibility set) 중 가장 효율적인 관계를 묘사한다.

여기서 K에 대한 해석에 유의할 필요가 있다. 이는 자본재(capital goods)로서 생산된 생산요소로서의 특징을 지닌다. 때로 금융자본(financial capital)을 밑천(자본금)의 개념으로 사용하기도 하며 물적자본(자본재)과 대조되는 개념이다.

이 생산함수를 통해 이윤극대화 문제를 분석해보자.

$$Y = AK^\alpha L^{1-\alpha} = f(L, K)$$

max $L, K \, pf(L, K) - wL - rK$

이윤극대화 조건은 다음과 같다.[7]

$$pMP(L) = w$$
$$pMP(K) = r$$

여기서 유의할 사항은 w가 명목임금을, r이 자본의 사용자비용(user cost of capital)을 나타내기도 한다는 점이다.

명목 및 실질임금의 구별은 (거시경제학에서의) 노동시장 분석에 유용하고 자본의 사용자 비용은 다음의 관계로 나타난다.

$$r = (i + d)p(K)$$

▶ 사례: 우리나라 IT 부문의 생산함수

우선, IT 부문의 생산함수가 콥-더글라스(Cobb-Douglas) 형태를 띤다고 가정하고 이를 추정하였다. 데이터는 일반적으로 IT로 편제된 산업부문과 관련해 추출하였다(KIET, KOSIS, STEPI).

$$Y = AK^\alpha L^{1-\alpha}$$

---

7) 이는 다시 요소에 대한 수요함수를 의미한다.
$$L(D) = L(w,r,p)$$
$$L(K) = K(w,r,p)$$
요소수요를 분석할 때 다음과 같이 표기하기도 한다.
$$VMP(L) = w$$
$$VMP(K) = r$$

5% 수준에서 대부분의 추정계수가 유의하게 나타나 IT 부문의 생산구조 데이터의 모형 적합도가 높은 것으로 나타났다.

▼ 〈표 2-10〉 생산함수 추정 결과(R&D 지출 Flow)

Dependent Variable: LOG(Y)

Sample (adjusted): 1971 2005

	Coefficient	Std. Error	t-Statistic	Prob.
C	−7.218323	1.504078	−4.799169	0.0000
LOG(L)	0.798391	0.101714	7.849333	0.0000**
LOG(K2)	0.558136	0.093289	5.982855	0.0000**
LOG(RDSTOCK) 연구개발 스톡	0.212775	0.050301	4.230073	0.0002**
AR(1)	0.521312	0.154633	3.371289	0.0021

▼ 〈표 2-11〉 R&D 스톡 Stock

Dependent Variable: LNTFP(총요소생산성)

Method: Least Squares

Sample (adjusted): 2000 2006

Included observations: 7 after adjustments

	Coefficient	Std. Error	t-Statistic	Prob.
C	−3.700336	1.277296	−2.897007	0.0339
LOG(SUM_R_D) R&D Investment (투자 플로우)	0.421776	0.079965	5.274520	0.0033**

▶ IT 생산함수의 규모수익

다음으로, IT 부문의 생산함수가 규모수익불변(constant return to scale)의 생산기술을 보인다는 가설을 검정하였다.

$$Y = AK^\alpha L^{1-\alpha}$$

F 검정결과, 귀무가설은 기각되어 IT부문의 생산구조는 규모수익체증(규모의 경제) 현상을 보이는 것으로 나타났다. 이는 여러 가지 면에서 정책시사점을 제공한다.

첫째, IT 부문에는 고정비용(fixed costs)의 존재로 인해 산출량을 증가시킬수록 평균비용이 하락하는 현상이 나타난다. 따라서, 참여기업의 적정이윤을 보장하는 한 경쟁적인 시장구조로는 자원배분의 효율성을 달성할 수 없다. 이는 불완전경쟁적 시장구조가 불가피함을 보여주며 본 연구의 주요 분석대상인 노동수요에도 독과점적 요소수요기업으로 행동할 가능성이 많음을 시사한다. 이는 구체적으로 다음과 같다. 노동수요는 기업의 노동 한계생산과 한계수입의 곱인 한계수입생산에 의해 결정되는데 불완전경쟁적인 생산물시장에서의 한계수입보다 경쟁적 시장에서의 한계수입 즉, 가격이 더 크므로 불완전경쟁적 기업의 노동수요는 더 작아지는 현상이 나타난다. 생산물시장이 경쟁적인 경우, 기업이 직면하는 수요곡선은 수평선에 가까워 한계수입과 가격이 같아진다.

과점시장에서 기업들은 비용할증에 의한 가격설정(mark-up pricing)을 한다고 알려져 있다. 마진율(m)은 다음과 같이 시장 수요곡선의 탄력성에 의해 결정된다.

$$m^* = 1/(|\varepsilon(y)| - 1)$$

$|\varepsilon(y)| = 11$이면 IT부문의 평균적인 마진율 10%를 얻을 수 있다.

이 경우, $MR \times MP = p[1 - 1/11]MP = 0.9pMP$가 성립한다. 마진율은 다음과 같은 형태로도 나타낼 수 있다.

$$p = (1/[1 - 1/|\varepsilon|])MC$$
$$(p - mc)/p = 1/|\varepsilon|$$

둘째, IT 부문의 생산과정에서는 규모의 경제가 존재하기 때문에 시간경과에 따른 산업의 성장을 분석할 때 R&D투자 등에 따른 기술진보와 규모의 경제 두 효과를 분리해야 하는 통계적 문제에 직면할 수 있다(Greene, 2006). 이 효과는 예를 들어, IT 부문별 패널데이터를 활용함으로써 해결할 수 있다.

▼ 〈표 2-12〉 규모에 대한 수익 분석결과

Wald Test:

Test Statistic	Value	df	Probability
F−statistic	35.16898	(1, 30)	0.0000
Chi−square	35.16898	1	0.0000

Null Hypothesis Summary:

Normalized Restriction (=0)	Value	Std. Err.
−1+C(2)+C(3)+C(4)	0.569302	0.095998

Restrictions are linear in coefficients.

본 연구에서는 IT 산업부문에서 상태공간 모형(state space model)의 일종인 시간변화 임의계수(time varying random coefficient) 모형을 사용하여 관측할 수 없는(unobserved) R&D 효율성 계수를 기간 경과에 따라 추정하였다.[8]

---

8) 요약하면 상태공간 모형은 기대, 측정오차, 항상소득, 비관측인자, 자연실업률 등 관측할 수 없는 변수를 모형화하는 데 많이 사용되고 있다. 이의 장점은 첫째, 관측할 수 없는 변수를 관측할 수 있는 모형으로 통합하여 고려할 수 있게 하며 둘째, 유용한 반복 알고리즘인 칼만 필터를 사용가능하게 해 준다는 데 있다.

> ➤ 상태공간 모형(Kim and Nelson, 2005)

이는 거시이론에서 기대 인플레를 추정하는 데도 사용된다. 상태공간 모형 추정은 기본적으로 최우추정법을 사용하며 이 과정에서 칼만필터가 유용하게 사용된다. 이 필터는 2단계 과정을 거친다. 예측 및 업데이트가 그것이다. 우선, $(t-1)$기까지 정보를 이용해 t기의 파라미터를 추정하고 예측오차에 대한 정보를 추출한다. 이는 파라미터 추정치를 업데이트하는 데 사용한다. 첫째 단계에서 종속변수에 대한 최적 예측치를 조건부로 구하기 위해 파라미터에 대한 최적 추정치를 조건부로 구한다. 업데이트 단계에서는 종속변수 예측치와 예측오차 정보를 사용한다.

$$\beta_{t|t-1} \ \longrightarrow \ y_{t|t-1} \ \longrightarrow \ \beta_{t|t}$$

이같은 모형은 자연실업률, potential GDP, 항상소득, 유보임금 등을 추정하는 데 사용된다. 또한, 파라미터가 시점에 따라 변동하는 것을 허용하는 time−varying parameter 모형에도 사용된다.

▶ 대체탄력성: Trnaslog 생산함수

이번에는 구체적으로 총생산함수의 대체탄력성을 추정한다. 일반적으로 IT산업의 총생산함수를 단순히 콥−더글라스(Cobb−Douglas) 함수로 나타내지만 이 경우, 암묵적으로 대체탄력성이 1(unitary elasticity of substitution)이라 가정하기 때문에 현실적합성이 부족하다.

따라서, 본고에서는 이 같은 암묵적 가정을 완화한 트랜스로그(translog) 생산함수를 사용하여 대체탄력성을 분석한다.

콥−더글러스 생산함수를 일반화한 트랜스로그 생산함수는 다음과 같다.

$$\ln Y = \beta_1 + \beta_2 \ln L + \beta_3 \ln K + \beta_4 (1/2)(\ln^2 L) + \beta_5 (1/2)(\ln^2 K)$$
$$+ \beta_6 \ln L \ln K + \varepsilon$$

1970년부터 2004년까지의 우리나라 국내총생산(GDP; Y), 노동(L) 및 자본(K)투입 등으로 구성된 데이터를 사용하였다. 세부 데이터로

Y: 국내총생산(불변가격 기준)
K: 자본스톡 추계치
L: 노동서비스(취업자수×평균근로시간)

를 각각 사용하였다.

자본스톡은 통계청의 국부(national net assets)조사와 총고정자본형성 통계로부터 다항－벤치마크(polynomial－benchmark) 방법을 통해 구하였다.

자본스톡은 다음과 같이 주어진다(eg. law of motion in growth theory).

$$K_t = I_t + (1 - \delta) K_{t-1}$$

감가상각률 δ은 설비부문과 건설부문의 평균치인 0.068을 사용하였다.

노동(L)의 경우, 취업자수에다 제조업부문 평균 근로시간을 곱하여서 사용하였다.

위 식에서 콥－더글라스 생산함수는 $\beta_4 = \beta_5 = \beta_6 = 0$이라는 제약(restriction)을 부과하면 얻을 수 있다. 실제로 $H_0 : \beta_4 = \beta_5 = \beta_6 = 0$이라는 가설을 Wald 검정을 통해 유의성을 살펴본 결과, 우리 경제의 IT 부문에 단순한 콥－더글라스 생산함수를 적용할 수 있음을 확인할 수 있다.

생산함수 추정결과는 <표 2－13>과 같으며 자본에 대한 회귀계수가 음의 값을 가짐을 확인할 수 있다. 이를 보고 자본의 산출탄력성이 잘못 추정되었다고 생각할 수 있으나 그렇지 않다.

트랜스로그 모형에서 산출의 자본탄력성은 다음과 같다.

$$'\partial \ln Y / \partial \ln K = \beta_3 + \beta_5 (\ln K) + \beta_6 \ln L$$

한편, 추정결과에서 만일 교란항이 계열상관(serially correlated) 현상을 보이면 (통상)최소자승법에 의한 표준오차(standard errors) 추정치는 타당성을 잃게 되며 추정계수는 편의(biased)를 보일 수 있다. 계열상관을 검정하는 Q－통계량을 보면 잔차에 통계적으로 유의한 계열상관이 존재하지 않음을 알 수 있다.

▼ 〈표 2-13〉 트랜스로그(Translog) 생산함수에 대한 추정

Dependent Variable: LOG(Y)

Method: Least Squares

Sample (adjusted): 1990 2006

Included observations: 17 after adjustments

	Coefficient	Std. Error	t-Statistic	Prob.
C	−81.88857	205.4531	−0.398575	0.6978
LOG(L)	−65.00932	22.02304	−2.951878	0.0132**
LOG(K)	57.94434	12.52333	4.626913	0.0007**
(1/2)*LOG(L)*LOG(L)	9.157204	1.781601	5.139875	0.0003**
(1/2)*LOG(K)*LOG(K)	−0.560765	0.163566	−3.428362	0.0056**
LOG(L)*LOG(K)	−3.333097	0.903425	−3.689400	0.0036**

▼ 〈표 2-14〉 IT 부문 규모에 대한 수익 분석결과

Wald Test:

Equation: EQ07

Test Statistic	Value	df	Probability
F−statistic	1.252212	(1, 11)	0.2870
Chi−square	1.252212	1	0.2631

Null Hypothesis Summary:

Normalized Restriction (=0)	Value	Std. Err.
C(4)+C(5)+2*C(6)	1.930247	1.724940

Restrictions are linear in coefficients.

1. $f(x1, x2) = (x1)^2(x2)^2$는 규모수익에 대해 어떤 현상을 보이는가?($t > 1$을 생산요소에 곱해보라)
2. 한계생산체감의 법칙이 적용되지 않으면 전 세계 식량은 1평의 토지에서 생산될 수 있다. 참인가?
3. 단기에서 고정투입요소에 대한 요소가격이 하락하면 이윤은 어떻게 되는가?
4. $pMP(L) > W$이면 이윤극대화를 통해 노동투입을 어떻게 해야 하는가?
5. 이윤을 극대화하는 기업은 항상 비용을 극소화함을 증명하라.
6. $MP(L)/W > MP(K)/r$인 경우 동일한 생산량을 유지하면서 비용극소화를 위해 어떻게 요소투입비율을 변화시켜야 하는가?
7. 현시된 비용극소화이론이란?

03 시장구조 및 게임이론

▶ 경쟁시장

완전경쟁시장은 시장기구가 자원을 효율적으로 배분하는 데 필요한 필수불가결한 '필요충분조건'이다. 이의 구성내용은 다수의 기업(가격수용자), 동질적 상품, 진입장벽(entry barrier)이 없음, 정보의 비대칭성 등 불완전한 정보분포상태의 배제 등을 들 수 있다. 정보의 비대칭성이 원활한 시장기구의 작용을 저해함은 Akerlof(1970)에 의해 제시되었다.

이 시장형태는 마치 물리학의 진공상태(frictionless world)가 이론전개의 기반이 되듯이 미시이론의 확장에 기본 틀이 된다.

▶ 수요-공급 모형: 연립방정식

완전경쟁시장에서는 기업의 공급곡선의 합인 시장공급과 개인 수요곡선의 합인 시장수요의 교차점에서 시장가격이 결정된다.

▼ 〈그림 2-10〉 치킨 수요[9]

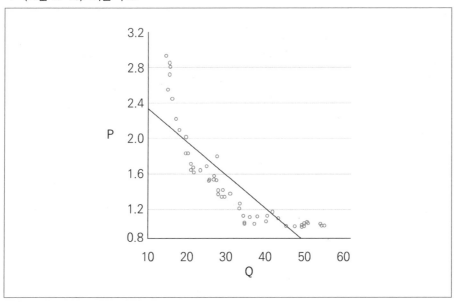

식용치킨(broilers) 거래량과 치킨가격 간 산포도를 보면 이번에는 연도별로 우하향하는 관계가 도출된다. 수요의 법칙에 따르면 상품가격이 오르면 수요가 감소한다. 이 산포도에는 시간경과에 따라 가격이 하락하면서 수요가 증가하는 양상을 보인다. 예를 들어, 치킨생산 시 소요되는 사료(broiler feed)의 가격이 하락하면서 공급곡선이 우측으로 이동(shift in supply curve)하면서 우리가 보는 산포도가 도출된 것으로 짐작할 수 있다. 즉, 공급곡선의 이동(shift)에 따라 수요곡선이 식별(identification)된 것으로 볼 수 있다.

---

9) 데이터는 Hill et al.(2008, p.320 참조)에서 구하였다. 원래 데이터는 McCallum(2006, Economic Inquiry)에서 제공하였다.

우선 치킨 수요함수 방정식을 다음과 같이 설정하자.

$$\ln Q_D = \alpha_1 \ln(P) + \alpha_2 \ln(Y) + \alpha_3 \ln(PB) + \varepsilon_D$$

치킨 수요는 치킨가격 P와 실질(1인당) 소득 Y, 대체재인 소고기 가격(PB)의 함수로 상정된다.

다음으로 치킨 공급함수 방정식은 다음과 같다. 공급량의 시차변수를 도입한 것은 가격변수에 대한 무한시차분포(infinite distributed lag)를 고려하는 것과 같다.

$$\ln Q_S = \beta_1 \ln(P) + \beta_2 \ln(Q_{S-1}) + \varepsilon_S$$

실제 데이터는 1950년부터 2001년까지의 연간(annual) 시계열 데이터로 구성되어 있다($t = 52$).

연구자의 관심은 주어진 데이터로부터 수요-공급 방정식을 추정하는 데 있다.

관련된 이슈는 다음과 같다.

1) 식별(identification)

연립방정식 모형에서 파라미터를 추정하려면 우선 식별이라는 필요조건(order condition)을 만족시켜야 한다. 예를 들어, 수요식의 설명변수가 가격, 공급식에서도 가격뿐이라면 애당초 이 방정식 체계는 추정가능하지 않다.

계량경제학에서 식별의 문제가 중요한 부분은 내생성의 문제가 존재할 때 내생적 설면변수와 도구변수 수 간의 관계, 축약형 VAR 잔차로부터 구조형 VAR의 교란항을 식별하는 문제 등 다양한 형태로 존재한다.

식별조건은 구체적으로, M개의 내생변수($M = 2$, 가격, 거래량)로 이루어진 방정식 체계에서 각 방정식에서 최소한 $M - 1$(1개의 변수)가 없어야 한다는 것이다. 위의 식에서는 각 식에서 수요의 경우, 전기의 공급량, 공급의 경우, 소득과 대체재 가격 변수가 없어 식별이 가능하다.

2) 왜 최소자승법(OLS)이 아닌가?

연립방정식 모형에서 시사하는 변수 간 관계를 나타낸 그림을 영향도표(influence diagram)라 한다.

$$\ln Q_D = \alpha_1 \ln(P) + \alpha_2 \ln(Y) + \alpha_3 \ln(PB) + \varepsilon_D$$
$$\ln Q_S = \beta_1 \ln(P) + \beta_2 \ln(Q_{S-1}) + \varepsilon_S$$
$$외생변수 \ X = Y, \ PB$$

우선, 다음의 공급방정식을 보자.

$$\ln Q_S = \beta_1 \ln(P) + \beta_2 \ln(Q_{S-1}) + \varepsilon_S$$

치킨 공급과 관련한 우호적 충격 $\Delta \varepsilon_S > 0$ (예: 치킨 사육 시 방해되는 폭염의 감소)이 발생하면 균형 가격 P가 하락한다. 이런 관계가 존재하는 상황에도 불구하고 단순회귀분석을 시행해서 β_1을 추정하면 항상 그 추정치 b_1는 과소추정(underestimate)된다. 그 이유는, 치킨 가격상승은 항상 공급충격 감소와 결부되며 가격상승의 실제 한계효과가 공급충격의 감소로 상쇄되어 추정되기 때문이다.

3) 2단계 최소자승법(2SLS)

$$\ln \widehat{P} = \pi_1 \ln(Y) + \pi_2 \ln(PB) + \nu$$

치킨가격 P와 공급방정식 교란항 간 상관관계가 존재하기 때문에 외생변수로 내생변수인 치킨가격 P를 추정한 다음, 이를 공급방정식 추정의 도구변수로 사용한다.

다음으로 치킨 공급함수 방정식을 OLS로 추정한다.

$$\ln Q_S = \beta_1 \ln(\widehat{P}) + \beta_2 \ln(Q_{S-1}) + \varepsilon_S$$

2단계 최소자승법이라는 이름은 이같이 우선 내생성을 지니는 설명변수에 대한 추정량(치)를 구하고 이를 구조식에서 사용하여 교란항 간 상관관계를 제거하는 절차로 이루어짐을 의미한다. 2SLS는 $\hat{P}$을 도구변수로 사용하므로 도구변수법(instrumental variables)의 일종이다.

▼ 〈표 2-15〉 공급함수 추정

Dependent Variable: LOG(QPROD)

Method: Two−Stage Least Squares

Sample (adjusted): 1951 2000

Instrument list: LOG(Y) LOG(PB)

	Coefficient	Std. Error	t-Statistic	Prob.
C	− 2.375480	5.841210	− 0.406676	0.6861
LOG(P)*	0.590403	1.420406	0.415658	0.6796
LOG(QPROD(−1))	1.257602	0.620713	2.026061	0.0485**

Dependent Variable: LOG(Q)

Method: Two−Stage Least Squares

Sample (adjusted): 1960 1999

Instrument list: LOG(PF) LOG(QPROD(−1))

	Coefficient	Std. Error	t-Statistic	Prob.
C	− 1.963438	2.091854	− 0.938612	0.3540
LOG(Y)	0.578935	0.211343	2.739311	0.0094**
LOG(P)*	− 0.731965	0.279016	− 2.623383	0.0126**

▶ 완전경쟁과 지대

원래 토지사용에 대한 대가인 지대결정은 리카도가 그 이론을 제시하였다. 중요한 것은, 지대를 결정하는 것은 곡물가격이지, 마치 비용이 가격을 결정하듯이 지대가 곡물가격을 결정하는 것은 아니라고 주장하였다. 한편, 역사적으로 지주−농민 간 관계는 지대납부보다는 주로 소작(sharecropping)관계를 통해 전개되었다. 이는 이론상으로는 지대가 농민으로 하여금 잔여청구권자(residual claimant)가 되어 지주를 위한 노력수준을 투입하는 데 비해, 지주가 노력수준을 관찰할 수 없어 노력과 산출 간 관계를 확증할 수 없을 때는 양자가 위험을 공유할 수 있기 때문이다.

지대(rent, economic rent)란 주어진 기계에다 근로자를 고용해서 상품을 판매한 경우, 근로자에게 지급한 임금총액을 제외한 나머지 부분이다. 이같이 경제적 지대는 생산요소를 붙잡아두기 위해 필요한 전용수입(transfer revenue)을 초과한 지불금액을 의미한다.

완전경쟁하에서 0의 경제적 이윤(economic profit)을 얻는다는 것은 수입에서 가변비용을 제외한 부분이 경제적 지대로 지불됨을 의미한다.

$$TR(Q^*) = VC(Q^*) + \text{Economic Rent}$$

총수입 = 가변비용 + 경제적 지대

▶ 독점시장

(수입)담배를 제외하면 우리 경제에서 담배는 대표적인 독점상품에 속한다. 이는 정부가 KT&G라는 기업에 전매권(franchise)을 부여하였기 때문에 가능하다. 이같이 전매권, 라이센스(license) 등 독점의 주요 원인은 모두 진입장벽(entry barrier)에서 기인한다.

독점기업의 행위(가격 및 산출량 결정)를 분석하는 기본원리는 직관적으로 다음과 같이 간단하다. 독점기업은 공급곡선이 없으므로 시장수요곡선을 앞에다 갖다 놓고 자신의 이윤을 극대화하는 수요곡선상의 점을 찾게 된다. 이는 단기균형에서 한계수입(MR)과 단기한계비용(SMC)이 교차하는 지점에서 최적산출량 Q_m을 선택하고 가격은 수요곡선상의 E점에서 P_m의 가격을 설정함을 의미한다.

▼ 〈그림 2-11〉 독점시장의 단기균형(이준구, 2010)

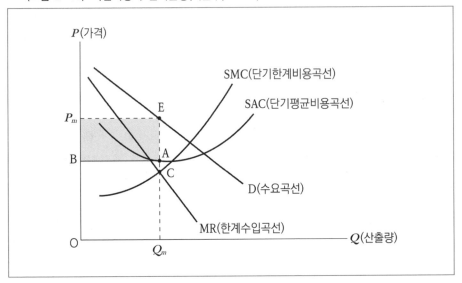

독점기업의 가격 및 산출량 결정은 1) 가격이 한계비용보다 높아 비효율성이 발생하고 2) 항상 수요곡선상에서 탄력성이 1보다 큰 점에서 가격을 책정한다. 첫째 현상의 근거는 한계수입곡선이 수요곡선보다 낮은데 이를 한계비용과 일치시키기 때문이다. 둘째는, 탄력성(의 절대값이) 1보다 커야 한계수입이 양수이어서 양의 값을 가지는 한계비용과 일치하기 때문이다.

독점기업에게는 공급곡선이 없다. 우선, 시장수요곡선을 앞에다 두고 자신에게 가장 유리한 점을 선택할 뿐이고 (시장)가격에 대해 최적인 산출량수준을 나타내는 공급곡선은 존재하지 않는다.

▶ 게임이론: 상호의존적 상황

게임이론은 특히, 과점시장에서와 같이 기업의 수가 몇 안되는 시장구조(market structure)에서 발생하는 기업 간 전략적 상호의존성(strategic interaction)을 분석하는 데 유용하게 사용된다.

가장 단순한 균형개념은 dominant strategy equilibrium이다. 이는 상대방이 어떤 전략을 택하든 간에 자신에게 가장 높은 보수를 가져다주는 전략을 의미한다. 단점으로는, 존재하지 않는 경우가 많다는 것이다. 용의자의 딜레마 게임에서 우월전략균형은 고백(confess, fink, deviate)이 된다. 이 게임의 예로 카르텔 가맹기업이 가격을 협의대로 높은 수준에 유지할 것인지 인하할 것인지를 고려하는 상황을 들 수 있다. 이 예에서는 대신 산출량을 증가시킬지 협의대로 낮은 수준을 유지할 것인지의 상황으로도 고려할 수 있다.

이 같은 단점을 보완하기 위해 Nash 균형 개념을 사용한다. 이는 상대방의 모든 전략에 대해서가 아니라 주어진 전략에 대해서만 자신에게 최적인 전략이다. 이 개념의 단점으로 1) 역시 (순수전략균형의 경우) 존재하지 않는 경우가 있고 2) 반드시 효율적 보수를 얻는 것은 아니며 3) 둘 이상 존재할 수도 있다는 데 있다.

다음 게임의 예는 '조정게임(games of coordination)'과 '혼합전략(mixed strategy)'의 개념을 이해하는 데 유용한 '이성친구 게임(Battle of the Sexes)'이다.

▼ 〈표 2-16〉 이성친구 게임의 균형(순수전략균형)

		여성	
		권투경기	미술관람
남성	권투경기	2,1	0,0
	미술관람	0,0	1,2

두 연인은 데이트장소를 동일한 곳으로 선택하는 것이 모두에게 바람직하지만 특히, 자신이 선호하는 장소를 선택하면 자신만의 효용은 증가한다. 동일한 장소를 선택할 수 있도록 조정(coordination)할 수 있으면 효용은 극대화 된

다. 두 내쉬균형 중 특히 발생가능성이 높은 자연스러운 전략조합을 초점(focal point)이라 부른다(Shelling). 이의 예로 특히, 권투경기장이 남자친구 집에서 가깝다면 (권투,권투) 전략조합이 최종 균형으로 낙찰될 가능성이 많다.

여기서 두 개의 pure strategy 균형과 하나의 mixed strategy 균형(자신의 선호 전략을 $p = \frac{2}{3}$의 확률로 선택)이 존재한다. 혼합전략균형을 구하는 방법을 직관적으로 설명하면 다음과 같다. 남자친구가 권투를 선택하는 확률을 b, 여자친구가 미술을 선택하는 확률을 a라 하자.

▼ 〈표 2-17〉 이성친구 게임의 균형(혼합전략균형)

		여성	
		a	$1-a$
남성	b	(1,2)	(0,0)
	$1-b$	(0,0)	(2,1)

남자의 기대수익은 수익이 발생할 확률로 가중평균함으로써 구할 수 있다.

$E\pi b = 2ba + 0 + 0 + (1-b)(1-a)$

$\Delta E\pi b = (3a-1)\Delta b$

여자의 기대수익도 수익이 발생할 확률로 가중평균함으로써 구할 수 있다.

$E\pi g = 2ba + 0 + 0 + (1-b)(1-a)$

$\Delta E\pi g = (3b-2)\Delta a$

따라서, 혼합전략균형은 (2/3, 1/3)이다.

▶ 반복게임

카르텔 가맹기업 간 가격 또는 수량결정은 용의자의 딜레마 구조를 지닌다. 서로에게 유리한 상황을 위한 전략(deny)을 채택하지 못하고 가격을 인하(confess, implicate, fink)하는 전략을 사용하게 된다. 이를 해소하기 위해서는 반복게임 (repeated game)의 구조를 지니게 하면 된다. 이후의 보복(retaliation)이 두려워 협력하게 된다.

미래의 보복을 협력의 유인으로 사용하는 전략은 처벌전략과 tit for tat 전략이 있다. 전자는 1기에 이탈이 발생하면 2기부터 무조건 보복(confess, 낮은 가격을 매김)하는 것이다. 할인율이 낮다면(미래 수익이 중요하다면) 상대방은 1기에 협력하려는 유인을 지니게 된다.

후자는 2기에만 보복하고 3기부터는 다시 협력한다는 전략이다. 재미있는 점은 2기에 상대방이 어떤 전략을 쓰느냐에 따라 tit for tat 전략을 사용하는 기업의 3기 대응전략이 달라지는데, 독자들이 생각해 보기 바란다.

포크정리(Folk theorem)는 반복게임의 경우 항상 해가 존재함을 보여준다. 이는 정태적 게임의 경우 혼합전략을 허용하면 해가 항상 존재한다는 정리와 대조를 이룬다.

▶ 시장구조와 R&D

시장구조 – 시장행동 – 시장성과(Structure – Conduct – Performance) 접근법은 하버드대학의 Mason과 Bain 등이 제시한 산업조직이론이다. 이 관계를 연립방정식 모형으로 추정할 수 있다.

이와 달리 가격이론(price theory)는 Stigler에 의해 연구되었다. 이 분야는 경합시장, 게임이론 등으로 구성되어 있다.

▼ 〈그림 2-12〉 SCP 접근법

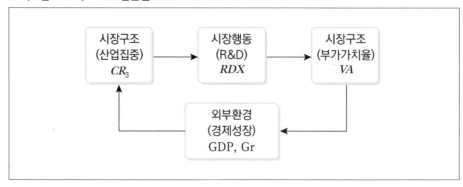

▼ 〈표 2-18〉 SCP 접근법

$$RDX = \alpha_1 + \beta_1 CR_3 + \gamma_1 Gr + \varepsilon$$

$$CR_3 = \alpha_2 + \beta_2 RDX + \varepsilon$$

$$VA = \alpha_3 + \beta_3 CR_3 + \gamma_3 RDX + \varepsilon$$

　다른 부분에도 설명되듯이 연립방정식 모형은 가격에 의해 수요 공급이 동시에 결정되는 모형에서 가격이라는 설명변수가 수요－공급 구조방정식의 교란항과 상관관계를 가지는 내생성의 문제에서 비롯된다.

　3SLS의 방법을 간단히 설명하면 1) OLS를 통해 축약형 방정식의 회귀계수를 구하고 종속변수의 추정치를 구한다. 2) 각 방정식에 대해 2SLS추정치를 구한다. 3) 여기다 일반최소자승법(GLS)을 적용하여 추정치를 구하고 점근적 공분산 행렬을 구한다.

　2SLS 간 차이는 2SLS 추정결과에 대해 다시 교란항 분산, 공분산의 정보를 활용하여 표준오차가 정확한 신뢰성(reliable) 있는 추정치를 구한다는 데 있다.

　시스템 추정방법에는 3SLS외에도 완전정보 최우추정법(FIML), GMM추정법(H3SLS) 등이 있다.

	RDX(3)	CR₃(4)	VA(5)
Constant	0.28^* (0.00)	64.05^* (0.00)	0.13 (0.52)
CR₃	$-8.26e-011$ (0.97)		0.00 (0.55)
VA	-0.02^* (0.00)		
Gr			
RDX	1.00	-61.05^* (0.04)	0.89^* (0.00)
Uncentered R^2	17	.99	.97
df		18	17

주: 1) 5% 유의수준에서 회귀계수가 통계적으로 유의한 경우 *표시
   2) 괄호 안은 P-Value.

▶ 독점기업의 이윤극대화[10]

　　독점기업은 한계수입과 한계비용이 일치하는 수준에서 생산량을 결정한다. 독점기업은 주어진 시장수요를 두고 자신에게 가장 유리한 산출량-가격 조합을 선택한다.

　　독점기업의 총수입과 총비용 데이터가 있으면 이윤극대화 생산량을 추정할 수 있다.

　　48개월(4년)간 한 독점기업의 총수입(TR), 총비용(TC) 및 산출(Q) 데이터를 수집하였다.

　　총수입(TR) $= \alpha_1 Q + \beta_1 Q^2$

　　총비용(TC) $= \alpha_2 Q + \beta_2 Q^2 + \gamma_2$

---

10) 여기서의 데이터는 Hill et al.(2008)에서 구하였다.

독점기업은 한계수입과 한계비용이 일치하는 수준의 산출량을 선택하며, 이는 이윤극대화 산출량이다. 이는 파라미터 추정치로 그 함수의 값을 계산할 수 있다. 중요한 사실은 이같이 파라미터의 함수로 구간추정을 하거나 가설검정을 할 때 사용하는 표준오차는 Delta Method(개별 파라미터 추정치의 표준오차 정보뿐만 아니라 공분산 정보까지 활용)라는 다소 복잡한 방법을 사용해야 한다는 것이다. 파라미터 추정치(확률변수)의 함수로 된 값을 추정할 때는 추정치만 있으면 되지만 표준오차의 경우는 각 표준오차 외에 공분산이 필요하기 때문이다. 가장 단순한 예는 확률변수의 선형함수에 대한 분산을 구할 때 공분산을 사용하는 것이다. 또한, 포트폴리오의 위험을 구할 때 각 자산수익률의 표준편차와 같은 개별 위험을 나타내는 지표 외에 두 자산수익률이 얼마나 같은(또는 다른) 방향으로 움직이는가를 나타내는 공분산(또는 상관계수)을 사용한다.

▼ 〈표 2-20〉 총수입 및 총비용함수 추정 및 가설검정- 2차항

Dependent Variable: TR

Method: Least Squares

Sample: 1 48

	Coefficient	Std. Error	t-Statistic	Prob.
Q	174.2803	4.539887	38.38868	0.0000
Q^2	− 0.502431	0.023543	− 21.34055	0.0000**
R − squared	0.616646	Mean dependent var		13846.88

Dependent Variable: TC

Method: Least Squares

Sample: 1 48

Included observations: 48

	Coefficient	Std. Error	t-Statistic	Prob.
C	2066.083	727.2180	2.841078	0.0067
Q	− 1.578410	9.452449	− 0.166984	0.8681
Q^2	0.227681	0.028891	7.880594	0.0000**
R − squared	0.984138	Mean dependent var		8267.125

Wald Test:

Test Statistic	Value	df	Probability
F−statistic	714.5921	(1, 45)	0.0000**
Chi−square	714.5921	1	0.0000**

Null Hypothesis Summary:

Normalized Restriction (=0)	Value	Std. Err.
−1+C(3)	−0.772319	0.028891

Restrictions are linear in coefficients

가설검정의 기본원리는 다음과 같다.

총비용함수 이차항의 계수가 1이라 두자(귀무가설). 즉, 산출량 1단위(의 제곱)가 총비용을 1원만큼 증가시킨다는 가상적인(hypothetical) 명제를 설정한다.

H_0: $\beta_2 = c$

  $(c = 1)$

이를 검정하기 위한 검정방법을 Wald 검정이라 하며 주로 자유도 1인 카이제곱 검정을 사용한다.

이는 최우추정법 적용 시 사용할 수 있는 점근적으로 동일한 세 방법 중 하나이다.

기본 아이디어는 다음과 같다.

우도비검정(likelihood ratio test)이라는 최우추정(로그−우도함수)을 이용한 방법이 있다. 우리가 로그우도함수의 곡률(curvature)을 안다면 추정량과 파라미터 간 편차 제곱항을 이로 가중평균함으로써 보다 정확한 최우추정량과 귀무가설(제약)하에서의 차이를 계산할 수 있다. 또는 추정량의 분산역수로 가중평균한 것과 동일하다. 이가 Wald 검정의 기본 원리이다. 이 검정통계량은 자유도가 J인 카이제곱 분포를 따른다.

$$LR = 2\left[\ln L(\hat{\theta}) - \ln L(c)\right]$$

$$(1/2)LR(= \left[\ln L(\hat{\theta}) - \ln L(c)\right]) \leftrightarrow \hat{\theta} - c$$

$$W = (\hat{\theta} - c)^2 \ [-d^2 \ln\ L(\theta)/d\theta^2]$$
$$= (\hat{\theta} - c)^2 I(\theta)$$

▼ 〈표 2-21〉 Wald 가설검정의 원리

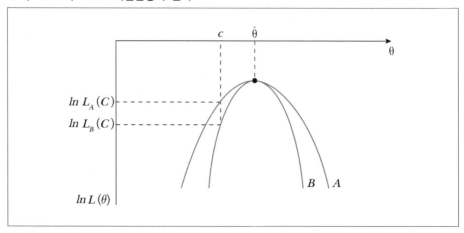

최우추정치와 제약값 간 차이가 클수록 우도비는 커지며 이는 귀무가설을 기각할 수 있는 좋은 근거가 된다. 다만, 로그우도함수의 곡률이 클수록 근거의 확신은 커지므로 로그우도함수의 2계 도함수에 부호를 바꾼 값을 곱해준다.

이 값이 715로 임계치(critical value)보다 계산되므로 회귀계수가 1이라는 귀무가설을 기각한다.

한편, 가설검정 시 검정통계량에는 항상 귀무가설하에서의 파라미터 값(또는 검정통계량의 확률분포)을 사용한다.

총비용함수 이차항의 계수가 1임($\beta_2 = 1$)에도 불구하고 계수가 1이 아니라는 귀무가설을 설정하고 검정통계량에 이를 사용하면 어떤 문제가 생기는가? 즉, 산출량 1단위(의 제곱)이 총비용을 1이 아닌 c원만큼 증가시킨다는 가상적인 (hypothetical) 명제를 설정한다.

H_0: $\beta_2 = c$

   $(c \neq 1)$

$(b2 - c)/\sqrt{var(b2)} \sim N([1-c]/\sqrt{var(b2)}, 1)$

이 경우 이 통계량의 분포는 표준정규분포를 따르지 않게 된다. 즉, 평균이 0이 되지 않아 t 분포의 분자부분이 표준정규분포를 따르지 않게 되어 t - 검정 통계량을 사용하기가 어렵다.

검정통계량은 항상 귀무가설하에서의 확률분포를 따르지만 만일 귀무가설이 사실과 다른 경우, t - 검정을 통한 가설검정이 어렵게 된다.

▶ 가격차별(price_discrimination)

가격차별은 기본적으로 이윤극대화 동기에서 비롯된다. 시골의사가 가난한 환자에게 싼 진료비를 받거나 버스운임에서 경로자를 우대하는 것 모두 이윤동기와 관련이 있다.

그 유형으로 제1급과 제3급을 우선 살펴보자. 독점사업자가 산출량에 대한 소비자의 유보가격을 모두 알고 있으면 10개 소비에 대해 10개째의 지불의사(willingness to pay)를 부과하지 않고 서로 다른 지불의사를 수취함으로써 소비자잉여를 모두 거두어간다.

제3급의 경우가 가장 일반적인 것으로서, 1) 특성(예: 가격탄력성)에 따라 소비자를 다른 집단(유형)으로 구분가능하고 2) 집단 간 재판매(resale)가 불가능하다는 전제조건이 만족되어야 한다.

일반적으로 독점기업의 가격책정은 선형가격설정(linear pricing)이라 불린다. 즉, $T(q) = pq$와 같이 총수입이 산출량 q의 선형함수로 나타난다. 그러나, 자기선택(self - selection) 및 선별(screening)을 특징으로 하는 2급가격차별(second - degree price discrimination)의 경우, 총수입을 구할 때 산출량에 곱해지는 단위당 가격 p가 상수가 아니고 산출량(구매량)의 함수 $p(q)$로 나타나 비선형 가격설정(nonlinear_pricing)이라 불린다. 산업조직이론에서 다루는 비균등 가격설정(nonuniform pricing)의 한 예라 볼 수 있다.

최소효율규모(MES; 기업이 생산품을 최저평균비용으로 생산할 수 있는 조업규모 또는 설비규모)가 시장수요에 비해 상대적으로 큰 경우, 이 산업은 자연독점(natural monopoly)의 성격을 띠게 된다. 이 경우, 여러 기업이 동시에 상품을 생산하는 것보다 한 기업이 생산을 독점하는 것이 효율적이다.

그러나, 이 경우, $MR = MC$의 조건을 만족시키는 시장가격이 너무 높아(한계비용보다 높아) 자원이 비효율적으로 배분되는 문제가 발생한다.

따라서, 정부는 한계비용(MC) 수준에서 기업이 가격을 설정하도록 규제(regulation)를 가하게 된다. 이는 정액(lump sum) 보조금을 정부가 운영하는 자연독점 기업에 지급가능한 상황에서 성립한다. 또는 다른 재원이 충당가능해야 한다.

그러나, 손실(loss)의 문제를 보조금으로 해결할 수 없다면 평균비용(AC) 가격설정을 행하게 된다. 이 경우에는 수익률 규제가 행해지기 때문에 민간기업의 선택행위를 교란시킨다는 문제가 있다.

독점규제는 이 같은 가격규제 이외에도 국유화(government ownership), 민영화(privatizing of public natural monopoly), 전매권 입찰(franchise bidding) 제한적 경쟁도입 등이 있다.

일반적으로, 이 같은 규제가 가져오는 비효율성(inefficiency)을 치유하기 위해 규제완화(deregulation)의 움직임도 있게 된다. 특히, 전력산업 규제완화는 국유화된 자연독점산업인 전력산업에 대해 경쟁촉진을 위해 발전, 송전 및 배전부문을 분리(separation)하는 정책으로 나타났다.

---

11) 본 절은 저자의 박사학위 논문(2003)을 요약한 것이다.

1) 배경 및 전력산업의 특징

전력산업 구조개편을 추진하는 정책당국의 목표는 경쟁적인 전력시장을 운영하여 경제적 효율성을 제고하는 데 있다. 과거 국민의 정부하 우리나라에서는 '전력산업구조개편촉진에관한법률'(2000), '전기사업법'(2001) 등이 발효되어 전력거래소가 설립되었으며 한국전력은 발전부문을 6개 자회사로 분할하였다.[12]

최근까지 선진각국의 전력산업 구조개편 동향을 보면 경쟁도입과 민영화과정에서 사업자의 시장지배력 문제가 발생하고 있다. 영국은 전력산업 구조개편과정에서 화력발전부문을 National Power 및 PowerGen 등 2개의 시장지배적인 기업으로 양분함으로써 이 부문은 과점적인 산업조직으로 재편되었다.

정책당국은 이같은 시장지배력 억제정책의 일환으로 사업자 수를 증가시키거나 포워드거래를 확대시키는 등 거래체계 개선작업을 추진 중에 있다. 전력산업 구조개편에 따라 창설된 전력시장에서 나타날 수 있는 여러 가지의 시장지배력 행사에 대응하는 정책으로는 신규진입촉진 등 사업자 수 증가, 가격상한제, 수요자 입찰, 지배적 발전사업자의 분할 및 설비매각 유도 및 포워드 계약거래의 허용 등 여러 가지가 있다.

망산업은 항공운수, 통신, 교통, 에너지 등 우리 경제의 다양한 분야에서 효율성과 경쟁의 이슈를 야기한다.

전력산업의 특징은 그 생산품인 전력이 저장불가능하고 단기적으로 전력에 대한 수요 및 공급이 전력가격에 대해 비교적 비탄력적이라는 데 있다. 전력산업 중 발전부문은 수력, 유류, LNG, 무연탄, 유연탄 및 원자력 등의 에너지원을 사용하여 전력을 생산한다. 전력산업의 구조조정에 대한 기존 보고서는 가격 및 진입규제가 없는 경쟁적인 발전부문 운영을 바람직한 시장결과로 제시해 왔다.

---

12) 과거 진행된 한전의 구조개편과 관련하여 발전사업부문 분할과정을 보면 한전의 발전부문을 6개회사로 분할하는데 그 방법은 물적분할방식에 의하며 한전이 그대로 보유하게 되는 원자력발전을 제외한 5개 발전회사의 보유 발전소 비중 및 구성이 서로 유사하도록 되어 있다(전력산업구조개편계획, 2000). 또한, 경쟁체제 도입에 따른 공정한 시장경쟁여건을 조성하기 위하여 산업자원부 산하에 규제기관인 '전기위원회'와 '전력시장감시위원회'를 두어 전력시장에 대한 모니터링 및 규제활동을 수행하도록 하였다. 이같은 구조개편은 공공부문 효율성 제고를 지향하는 김대중 정부에 의해 주로 수행되었으나 규제완화(deregulation)에 회의적인 노무현 정부에 의해 전면 중단된 바 있다.

따라서, 최근 발전부문에서의 시장지배력을 진단하고 완화하는 일과 관련된 이슈가 이론적 및 실증적 연구자에 의해 크게 주목받아 왔다.

▼ 〈표 2-22〉 전력산업의 특징(Borenstein, 2002)

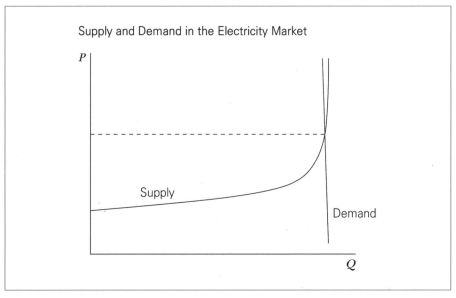

현재 우리나라 발전경쟁형 단계에서의 의무풀시장에서도 풀시장가격의 불안정성을 헤징(hedging)하는 하나의 방법으로 개별 수요·공급자 간의 직접적 쌍무계약거래가 가능한데, 이것이 바로 차액정산계약(CfDs)이다. 따라서 초기 전력시장의 안정화를 위해서는 차액정산거래(CfDs)를 활성화시켜 이용하고 향후 전력거래시장이 정착되어 시장 유동성이 풍부해지면 선물(futures)거래제도를 전력시장에 도입하는 것이 바람직하다. 이는 헤지거래와 단기선물거래 방식 등 선진적인 금융거래기법을 전력시장에 제공하여 합리적인 리스크 대응수단을 사용할 수 있는 환경을 조성함으로써 시장의 효율성을 보장하는 데 크게 기여할 수 있다.

2) 이론적 및 현실적 배경

최근 미국 및 영국에서 전력산업 구조조정이 진행되고 미국에서 전력사업자 간의 합병건수가 증가됨에 따라 과점적 전력시장에서의 발전사업자의 시장지배력(market power)과 관련된 이슈가 크게 주목을 받아 왔다.

이와 같이 전력시장의 시장지배력과 관련된 연구들은 주로 세가지의 접근방법을 사용하여 이 문제를 분석하였다.

첫째, 각 발전사업자는 경쟁사업자의 발전량이 주어진 수준에서 일정하다는 추측하에 행동한다고 가정하는 꾸르노 모형이 있다. 즉, 각 사업자는 경쟁사업자가 일단 어떤 발전량을 정하면 이것을 주어진 것으로 간주하고 자신의 이윤을 극대화하는 발전량을 선택한다고 본다.

둘째, 반복적 상호작용을 통한 암묵적 (가격)담합 모형이 있다. 이는 발전사업자 간의 매일 매일의 상호작용과 입찰가격과 입찰용량의 투명성 및 단기적 진입장벽 등 다른 사업자의 행위를 쉽게 포착할 수 있는 등의 전력시장 특성을 근거로 상당히 높은 마크업을 유지할 수 있는 담합가능성을 분석한다.[13]

셋째, 풀시장에서 나타나는 발전기업의 전략적 행위를 명백하게 모형화하는 다양한 과점 모형이 있다.[14]

차액정산계약은 경쟁적인 전력시장을 설계하는 데 다음과 같은 시사점을 가진다. 전 세계적으로 전력산업의 구조조정 과정에서 규제당국은 전력소매업자와 발전사업자 간의 vesting계약을 의무적으로 부과하여 왔다.[15]

영국을 중심으로 그간 수십개국에서 전력산업 구조조정이 이루어지면서 다음과 같은 이슈에 대해 여러 가지 논쟁과 정책제안이 이루어져 왔다. 그 중에서

---

13) 가격선도 사업자와 추종적 군소사업자의 행위도 암묵적 담합의 일환으로 파악한다. 또한, 헤지계약이 전력시장을 보다 경합적으로 변화시켜 담합의 효과를 억제하는 기능도 분석한다.

14) 이에 속하는 기존 연구들은 과점시장을 모형화하면서 공급함수균형(supply−function equilibrium) 접근방법을 사용하였다. 이 접근방법을 통해 궁극적으로 풀시장에서 실현될 수 있는 입찰공급가격과 발전량 간의 균형달성가능영역(range of equilibria)을 도출할 수 있다.

15) 이는 규제당국에 의해 책정되는 가격과 수량으로 거래되는 의무적 헤지계약이다. 만일 vesting계약 거래량이 각 기업의 기대판매량의 상당부분을 차지하면 각 기업은 낮은 가격으로 입찰에 참여하는 것이 오히려 더 유리할 수 있게 된다는 것이다. 이와 같은 의무적인 헤지계약은 발전사업자의 시장지배력을 억제하는 효과를 가져왔다. 구조개편이 진행된 전력시장에서 시장지배력 행사를 우려하는 규제당국은 충분한 수량의 헤지계약을 민영화된 발전사업자에게 부과함으로써 효과적으로 가격규제를 행할 수 있게 된다(Wolak, 1999).

도 우리나라에 시사하는 바가 큰 중요한 네 가지 이슈를 살펴보면 다음과 같다.

첫째, 영국의 전력산업 구조조정에 대한 평가이다.

일반적인 시각은 에너지산업(특히, 전력) 구조조정이 성공적이었다는 점이다. 이 같은 평가는 실제로 우리나라 공기업 민영화, 구조개편에 상당부분 근거를 제시해왔다.

1990년에 있었던 CEGB(Central Electricity Generating Board)의 분할과정에서 오히려 발전부문을 5개로 분할하는 방안이 더 나은 경제성과를 유도했을 것이라고 주장하면서 이 기회를 이미 상실했다고 보는 Green and Newberry(1992)를 위시해서 대부분의 연구가 영국 전력시장에 시장지배력이 존재한다는 분석결과를 내놓았다. Green(1996)은 수치적 적분(numerical integration)의 방법을 영국의 경우에 적용하여 시장지배력을 완화시키는 정책 중 지배적 기업(National Power, PowerGen)을 분할하는 방안은 정치적으로 불가능하고 진입촉진책은 오히려 후생을 감소시킨다고 주장하면서 경쟁촉진 정책으로 발전설비 매각(divestiture)을 제시하였다. Newberry and Pollitt(1997)은 비용편익분석을 통해 영국구조조정이 충분한 소기의 성과를 거두었다고 보았지만 보다 경쟁적인 운영도 가능하다고 주장하였다. Fehr and Harbord(1993)은 정부에 의한 vesting계약의 부과가 발전사업자들로 하여금 보다 공격적인 입찰을 하도록 하였다고 보았다.

둘째, 미국 캘리포니아 전력난사태에 대한 원인과 정책대응 방안이다.

1996년까지 캘리포니아 전력시장은 지역독점기업에 의한 규제산업이었다. 그 요금은 상당히 높은 수준에서 유지되고 있었다. 그러나, 규제완화(deregulation) 정책은 발전부문을 송배전 부문에서 분리하여 경쟁을 도입하였다. 그럼에도 불구하고 도매시장에서는 가격규제가 행해지는 등 여러 측면에서 규제산업으로 남아있었다.

전력도매시장의 한계비용 또는 공급곡선은 낮은 가동률 수준에서는 수평의 기울기를, 전력생산량이 설비수준에 가까울수록 수직에 가까운 기울기를 지닌다. 이는 규모수익체감(DRS)의 극단적인 현상이라 볼 수 있다.

▼ 〈그림 2-13〉 캘리포니아 전력산업 화력발전 공급곡선(Borenstein, 2002)

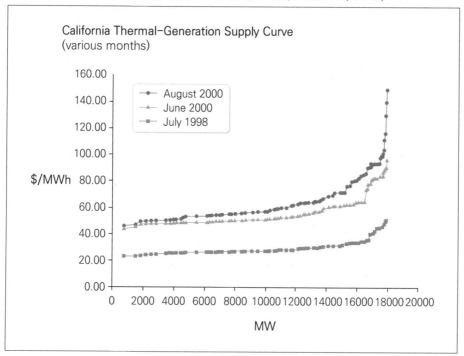

전력수요가 시설용량수준만큼 상승하면(하절기 에어컨 수요 등) 개별 발전사업자는 공급량을 줄여(withholding, 입찰전략) 시장가격을 높일 수 있다. 또한, SO는 수요를 할당(shedding demand, ration customers)해서라도 계통실패를 방지하려 했다.

2000년, 도매시장 가격이 상승하자 전력판매회사(utilities)들은 파산하기 시작했다. 이는 소매가격이 규제에 묶여 인상이 불가능했기 때문이다. 이들은 kWh당 10센트에 전력을 구매해 6센트에 판매할 수밖에 없었다.

이같이 캘리포니아 전력위기는 전력설비의 제한성 외에 소매가격 규제 및 판매회사의 장기계약 체결 금지 등 규제지속에 의해 발생했다고 볼 수 있다. 따라서, 제한된 규제완화가 위기를 불러왔다는 주장은 그리 설득력이 없다(Carlton and Perloff, 2005).

전력거래와 관련하여 선도 및 선물시장이 발달되어 있다. 선물거래는 미래의 거래가격을 현재 약정함으로써 가격변동에 따르는 위험을 회피하는 기능을 제공한다. 배추를 재배하는 농부는 가을에 배추가격이 하락하는 위험을 기피하며 이를 회피하기 위해 미리 (자신의 입장에서) 조금 높은 가격으로 미리 배추를 중개업자에게 판매한다. 이 경우, 농부는 헤져(hedger)이며 기꺼이 위험을 떠맡는 중개업자는 투기자(speculator)이다. 전력이라는 상품의 경우에도 발전사업자는 주로 헤져로 참여하지만 선－현물가격 간 차액을 노리는 투기자로서도 도매시장에 참여한다. 다음 그래프는 전력가격이 하락하는 위험을 회피하기 위해 선물로 미리 전력을 판매한 사업자의 수익을 만기 시 현물가격과 관련하여 보여준다.

▼ 〈그림 2-14〉 전력선물 쇼트포지션으로부터의 수익

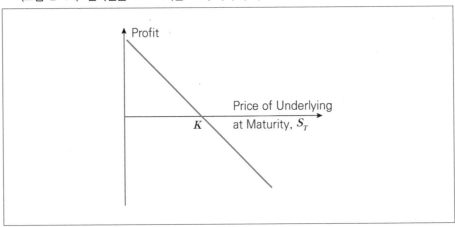

이에 대해 Harvey and Hogan(2001)은 WNS의 주장과 달리 포워드계약에 과다한 기능을 맡길 수 없으며 다만 포워드거래에 가해진 제약을 완화해야 한다고 보았다. 한편, Borenstein(2001)은 공급측면에서의 장기계약 활성화뿐만 아니라 수요측에서의 실시간 가격책정방법을 병행해서 사용할 것을 제시하였다. 불완전경쟁적인 발전시장에서 나타나는 시장지배력 문제를 해소할 수 있는 계약과 관련하여 시장가격을 하락시킬 수 있는 계약허용정책의 효과를 분석적 모형

을 통해 살펴볼 필요가 있다.

> 넷째, 전력산업 구조개편과 관련하여 경쟁을 촉진시키는 다양한 정책 중 어떤 것이 보다 효과적인가에 대한 다양한 논의가 진행되어 왔다.

Green and Newberry(1992)는 영국에서 전력산업 구조개편이 이루어진 1990년 당시를 배경으로 양대 발전회사 National Power와 PowerGen의 복점경쟁 모형을 분석하였다. 그들은 시뮬레이션을 통해 영국 전력풀에 상당한 시장지배력이 존재하며 이는 경쟁자 수를 늘리는 진입정책에 의해 완화시킬 수 있다고 주장하였다.

또한, Green(1996)은 지배적 복점사업자 National Power와 PowerGen가 영국전력시장에서 설비용량의 79%를 보유하고 있어 시장지배력의 문제가 야기될 때 발전설비의 매각, 발전회사의 분할, 신규사업자의 진입촉진 등의 여러 정책이 현물시장가격과 사회적 후생에 미치는 영향을 서로 비교하였다.

1. 기업은 장기에 최적설비규모에 대응한 평균비용의 최저점에서 생산한다. 맞는가?

2. 기업의 비용함수가 $c(q) = 10q^2 + 1000$이면 공급곡선은?

3. 완전경쟁시장을 특징짓는 주요 가정은?

4. 장기에서 어떤 기업도 손실을 보지 않는다. 맞는가?

5. 서울시 택시회사(라이센스)를 필요로 함과 장기에 노동비용과 운영비용을 공제하고서도 양의 이윤을 얻은 것이 관찰되었다. 이는 완전경쟁시장의 가정을 위배하는가?

6. 독점기업의 수요함수가 2의 일정한 수요탄력성을 지니면 독점가격의 한계비용에 대한 마크업은 얼마인가?

7. 물품세(quantity tax) 부과는 독점가격을 동일한 양만큼 상승시킨다. 맞는가?

8. 독점사업자는 $D(p) = 100 - 2p$의 시장수요곡선에 직면한다. 비용함수는 $c(q) = 2q$이다. 최적 산출량과 독점가격을 구하라.

9. 독점기업이 자발적으로 효율적 산출량을 선택하는 경우가 있는가?

10. 선형의 역수요함수 $p(Y) = a - bY$의 시장수요가 있다. 꾸르노 복점균형을 구하라.

11. 과점사업자들이 효율적인 산출량수준을 선택하는가?

12. 반복게임에서 tit-for-tat 전략을 사용한다고 하자. 한 경기자가 협력하는 것을 실수로 이탈전략을 사용하였다. 이후의 결과는? 만일, 전기에서 상대방이 협력전략을 사용한 것을 이탈전략으로 오인하면 어떤가?

13. 두사람의 내쉬게임에서 각자는 무엇에 대해 최적대응(best response) 전략을 선택하는가?

개요

일반적으로 생산요소의 소유를 기준으로 자본가나 노동자 등의 집단 간 분배를 기능적(functional) 소득분배라 부른다. 이에 반해, 일각에서는 소득이 높고 낮은 계층사이에서의 분배라는 관점에서 분석하기 때문에 계층별 소득분배(size distribution of income)라고 부른다.

생산요소시장이 균형을 이루었을 때 각 생산요소는 고용되어 있는 기업의 수입을 증가시키는 만큼 보수로 받게 된다. 이와 같이 각 요소는 한계생산에 상응하는 보수를 받기 때문에 신고전파 분배이론을 한계생산성(marginal productivity)에 입각한 분배이론이라 부른다.

각 경제주체의 최적화행위로부터 경제전체의 총생산물(Y)이 각 생산요소 간 어떻게 분배되는가를 분석하는 것이 신고전파 분배이론의 핵심이다.

대체탄력성: 트랜스로그 생산함수

분석의 편의를 위해 우리 경제의 생산요소는 노동(L)과 자본(K)으로 구성되며 총생산함수(aggregate production function)은 다음과 같다고 하자.

$$Y = F(L,\ K)$$

이를 통해 각 요소의 한계생산(MP: marginal product)을 구할 수 있으며 노동과 자본의 가격 $w,\ r$이 다음과 같이 결정된다.

$$w = MP_L P$$
$$r = MP_K P$$

각 생산요소가 이상의 가격에서 거래된다면 경제전체적으로 노동의 소득은 wL, 자본의 소득은 rK가 되어 노동과 자본으로 분배되는 소득의 상대적 비율은 다음과 같다.

$$wL/rK = MP_L L / MP_K K$$

일반적으로 기업의 이윤극대화를 분석할 때 생산요소 간의 대체탄력성(σ)을 다음과 같이 나타낸다.

$$\sigma = \Delta(K/L)/(K/L) \ / \ \Delta(w/r)/(w/r)$$

이를 이용하면 생산요소의 상대가격이 변화할 때 노동과 자본이 차지하는 소득의 몫이 어떻게 변화하는가를 알 수 있다. 생산기술의 성격에 따라 자본과 노동 간 생산요소의 대체가 얼마나 쉽게 이루어지는가의 정도가 달라지며 대체탄력성은 바로 이 대체가능성(substitutability)의 크기를 표현한다. 즉, 환경변화에 따라 자본−노동의 투입비율 변화가 상대적으로 클수록 대체탄력성은 커지게 된다.[16]

▶ 분배적 정의[17]

사회사상가들은 바람직한 분배를 정의라는 개념과 관련하여 분석해왔다. 분배적 정의(distributive justice)에 대한 본격적 논의는 아리스토텔레스의 '니코마스 윤리학'에서 찾을 수 있다.

정치철학에서 단연코 우위를 보이는 조류는 바로 공리주의(Utilitarianism)이다. 이에 따르면 정부는 사회 모든 구성원의 총효용을 극대화하는 정책을 실시해야 한다. 이는 벤담(J. Bentham)의 '최대다수의 최대행복(the greatest happiness of the greatest number)'이라는 말에 집약적으로 나타나 있다. 이 입장에 있는 사람들은 일반적으로 평등한 분배에 대해 상당히 호의적 입장을 견지한다. 벤담이

---

16) 소득분배론에서 주된 관심이 되는 변수가 노동소득의 상대적 몫(wL/rK)이라는 점을 고려할 때, 본 절에서 분석하는 총생산함수 대체탄력성의 중요성은 재론할 필요가 없다.
17) 본 절은 이준구(2006)에 의존하였다.

한 사회의 행복의 총합을 계산할 때 '모든 사람이 한 몫으로 포함되어야 하며 어느 누구도 한 몫 이상으로 셈해져서는 안 된다(Everybody to count for one, nobody for more than one)'라 주장한 것이 그 예다. 에지워드(Edgeworth)는 보다 구체적인 형태로 평등주의 성향을 지닌 공리주의를 제시하였다. 반면, 공리주의적 정의관이 불균등한 분배의 상태를 정당화시킬 때도 있다. 벤담류의 단순한 공리주의는 개인 효용의 합을 극대화시키는 분배를 지지한다.

그러나, 공리주의가 지닌 많은 단점에도 불구하고 이에 대해 많은 사람들이 귀기울이는 것은 이가 지닌 실용성이나 현실적 호소력이다.

분배적 정의에 대한 두 번째 조류는 자유주의(Liberalism)이다.

철학자 노직(R. Nozick)에 따르면 사람은 목적 그 자체여야만 하며 개인의 권리는 어떤 경우에도 침해되어서는 안 된다. 이 같은 분배정의관은 정당한 권리의 원칙(entitlement principles)에 잘 나타나 있다. 이 원칙은 모든 사람이 정당하게 가질 권리가 있는 것만을 소유하는 분배상태가 정의로운 것이라 본다. 이 같은 생각은 '최소한의 정부(minimal state)'가 정당화될 수 있는 가장 광범한 정부하는 견해를 가지게 한다.

세 번째로 평등주의적 정의관을 들 수 있다.

평등주의는 정의로운 분배는 모든 사람이 물질적 가치, 즉 재산과 소득을 골고루 나누어 가진 상태를 의미한다고 주장한다. 이 같은 평등의 개념을 최소한 생활수준(minimum standard of living)이나 동등한 기회(equal opportunities) 등 보다 탄력적인 개념으로 확장하기도 한다.

네 번째로 롤즈의 최소극대화 원칙을 들 수 있다.

롤즈의 정의관을 자유주의로 보는 경우도 있고(G. Mankiw)[18] 평등주의로 보는 경우도 있으나 본고에서는 독립된 사조로 보기로 한다. 유명한 최소극대화 원칙(maximin principles)은 사회에서 가장 못사는 사람에게 가장 큰 이득이 가도록 기본구조를 구성해야 한다고 주장하며 롤즈의 분배정의관을 집약적으로 나타내고 있다. 평등주의적인 롤즈의 정의관이 선명하게 나타나는 것은 차등의 원

---

18) 그에 따르면, 정부는 '무지의 베일(veil of ignorance)' 뒤의 중립적인 관찰자에 의해 정당하다고 판단되어지는 정책을 실시해야 하며 이러한 주장은 롤즈로 하여금 자유주의자로 간주되게 하는 측면이다.

칙(difference principle)이다. 이로부터 도출되는 최소극대화 원칙에 따르면 복지정책이 가미된 자본주의체제나 민주적 사회주의체제가 모두 정의의 원칙을 실현시키는 데 적합하다고 주장하였다.

롤즈에 의하면 사회적·경제적 불평등은 첫째, 불평등성이 모든 사람에게 이득이 되는 것을 기대할 수 있으며 둘째, 모든 사람에게 기회가 개방된 직위 및 직책과 결부되어서만 존재해야 한다.

이상에서 논의한 분배적 정의에 대한 네 사조를 다음과 같이 사회후생함수(social welfare function)로 나타내보자. 사회를 구성하는 두 개인의 효용수준 U_A, U_B가 주어졌을 때 다음 관계를 통해 사회후생의 수준을 함수값으로 나타내주는 함수를 사회후생함수라 한다.

$$SW = f(U_A + U_B)$$

이 같은 사회후생함수로부터 동일 수준의 사회후생을 주는 U_A, U_B의 조합 즉, 사회무차별곡선(social indifference curve)을 도출할 수 있다. 어떤 분배적 정의관을 나타내는 사회후생함수가 가지는 가치판단의 성격은 사회무차별곡선에 반영되는데 위의 세 사조의 경우를 각각 살펴보기로 한다.

첫째, 공리주의(Utilitarianism)의 경우, 개인의 효용을 단순히 더한 것으로 사회후생을 정의한다(J. Bentham).

$$SW = U_A + U_B$$

이로부터 도출되는 사회무차별곡선은 −1의 기울기를 가지는 우하향하는 직선이 된다.

둘째, 평등주의적(Egalitarian) 정의관의 경우, 높은 효용수준의 개인에게는 낮은 가중치를, 낮은 효용수준의 개인에는 높은 가중치를 부여하게 된다.

이 경우, 사회무차별곡선은 원점에 대해 볼록한 곡선의 모양을 띠게 된다.[19] 평등주의적 경향이 강하면 강할수록 무차별곡선이 원점에 대해 더욱 볼록한 모양을 띠게 되고 극단에 이르면 롤즈적 사회무차별곡선이 된다.

---

19) 이의 예로 $SW = k = U_A \cdot U_B$와 같은 함수형태를 들 수 있다. B와 같은 함수형태를 들 수 있다.

셋째, 롤즈의 최소극대화 원칙의 경우, 사회에서 가장 못사는 개인의 생활 수준을 가능한 개선시키는 것이 재분배정책의 우선과제라고 주장한다. 따라서, 사회후생함수는 다음의 형태를 지닌다.

$$SW = min(U_A, \ U_B)$$

이에 따르면 사회후생은 가장 가난한 개인의 효용수준에 의해 결정되므로 극단적인 평등주의적 가치관을 내포한다고 볼 수 있다. 사회무차별곡선은 L자 모양을 지니게 된다.

▼ 〈그림 2-15〉 분배적 정의와 사회무차별곡선의 형태(이준구, 2010)

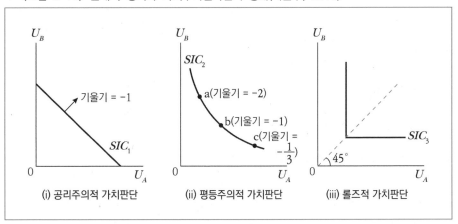

바람직한 배분상태를 평가하는 데는 사회선호(social preference) 또는 사회 후생함수(social welfare function)이 필요하다. 이는 효율성뿐만 아니라 분배의 공평성(equitable distribution)까지 고려하여 사회상태를 평가한다.

앞에서 살펴본 분배적 정의(distributive justice)와 관련하여 사회후생의 관점에서 공평한 분배가 무엇인가를 다음과 같이 나타낼 수 있다(이준구, 2019).

첫째, 평등성(equality)으로 소득이 개인들 간 골고루 나누어져야 한다는 요건이다. 이는 배분을 균등하게 하는 것으로 이것이 공평한 분배의 충분조건이 될 수 있음은 자명하다. 문제는 사회 구성원의 선호가 다른 경우 평등한 분배가 효율적이지 않다는 데 있다. 만일 시장기구를 통한 협상(bargaining, trading)이 이루어진다면 보다 바람직한 배분상태로 변화할 수 있다.

둘째, 정당한 권리(rights)로 개인 모두의 정당한 권리가 보장되어야 한다는 요건이다.

셋째, 공정성(fairness)으로 사회질서가 미리 정해진 규칙에 따라 이루어져야 한다는 요건이다. 일반인이 공정성이라는 가치에 대해 부여하는 중요도는 게임이론에서 중요한 최후통첩 게임(ultimatum game)의 실험에서 잘 드러난다. 마지막으로 100원을 나누는 게임에서 제안자(divider)는 1원만 제안해도 되지만 평균적으로 45원을 수락자(responder)에게 제의(offer)하는 것으로 나타났다. 또한, 수락자도 못마땅하다고 여기는 제의에 대해 16% 정도 거절하는 것으로 나타났다.

후생경제학에서 공정한 분배는 효율성과 부러워하지 않음(no envy)의 두 요건을 갖춘 배분상태로 정의된다.

넷째, 분배상태가 받을만한 자격(deserts)에 상응해야 한다는 요건이다. 이는 에지워스 상자에서 초기배분상태(initial endowment)를 중요시한다는 것으로 해석할 수 있다.

▶ 경제성장의 정형화된 사실(stylized facts)과 소득분배

칼도(Kaldor)는 선진자본주의 경제의 성장과정에서 장기적인 규칙성을 추출하여 정형화된 사실(stylized facts, 정형화된 데이터)을 제시하였는데, 이중 소득분배와 관련 있는 사항은 다음과 같다.

첫째, 1인당 소득(Y/N)이 대체로 일정한 비율로 지속적으로 증가해왔다. 이는 근로계층의 실질임금이 일정한 비율로 상승해온 사실과 관련이 있으며 이 같은 경제성장을 가져온 요인 중에서 기술혁신과 총요소생산성[20]의 기여도를 밝히는 것은 중요한 과제이다.

---

20) 총요소생산성(TFP)은 자본과 노동 투입 이외에 경제성장에 기여하는 기술수준 등을 지칭한다.

둘째, 총소득 중 노동소득과 자본소득이 차지하는 비중은 대체로 일정한 수준을 유지해왔다. 생산요소를 크게 노동과 자본으로 나누면 총소득은 노동소득과 자본소득의 두 요소소득으로 분해되는데 미국경제에서는 장기적으로 노동소득분배율이 (2/3), 자본소득분배율이 (1/3)정도의 추이를 보인다.

▶ 우리 경제의 소득분배 추이

우리 경제는 노동절약적 기술진보(labor−saving technical progress)[21]가 발생해왔다. 이는 단위노동당 자본비율을 나타내는 자본집약도의 증가에서 확인할 수 있다. 본 절에서는 기술혁신, 생산성 향상 및 경제성장 등의 변화가 소득불평등에 미치는 영향을 분석하고 시사점을 도출하고 바람직한 정부의 역할에 대해 생각해 보고자 한다.

우리나라의 자본집약도 추이(K/L, 자료: 통계청)를 보면 2011년 기준으로 약 3에 가까운 값을 지닌다.[22] 우리 경제의 성장과정에서 노동의 상대적 몫[노동소득분배율＝임금/(임금＋이윤)]은 꾸준히 증가해왔지만 최근 감소세도 보이고 있다.

특히 1990년대 중(후)반은 우리나라 소득분배가 개선에서 악화과정으로 전환되는 중요한 시기로 평가되고 있다.

---

21) 노동절약적 기술진보의 경우, 동일한 임금−이자율비율(요소상대가격)에서 노동의 투입이 자본의 투입보다 더 큰 비율로 감소함으로써 생산이 더 자본집약적이 되는 기술진보가 발생한다.

22) Chang and Hornstein(2015).

▼ 〈그림 2-16〉 자본소득분배율 추이: $rK/(wL+rK)$(자료: 통계청)

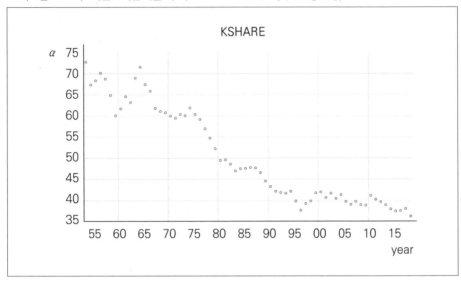

우리나라의 자본분배율은 지속적으로 하락하는 추세를 보이며, 2018년 기준 36.2%로 35%에 가깝다. 1970년부터 2017년까지의 국민계정에서의 연간 시계열 데이터를 사용하면, 우리 경제의 평균 노동소득분배율은 선진국인 미국경제에서의 장기 평균치인 (2/3)(약 0.67)보다 낮은 수준임을 알 수 있다.

반면, 미국경제에서는 장기적으로 노동소득분배율이 66.7%(≈2/3), 자본소득분배율이 33.3%(≈1/3)정도의 추이를 보인다.

한편, 우리나라의 도시가계 열개의 소득범주에 각각 포함되는 가구의 비율 중에서 상위 20% 소득비중대비 하위 40% 비중을 나타내는 십분위분배율(deciles distribution ratio)23)을 통해 가구소득의 불평등도가 이전보다 증가하였는가를 판단한다.24)

---

23) 십분위분배율은 소득계층 최하위 40%가 차지하는 점유비율을 최상위 20%의 점유비율로 나눈 값으로서 그 값이 클수록 더욱 평등한 분배상태를 의미한다.
24) 소득이 완전히 평등하게 분배되어 있으면 이 값은 40%가 되어야 하므로 21%와의 차이로써 불평등도를 짐작할 수 있다.

▼ 〈그림 2-17〉 우리나라 도시가계의 5분위별 점유비율 및 상대적 빈곤율(자료: 통계청)

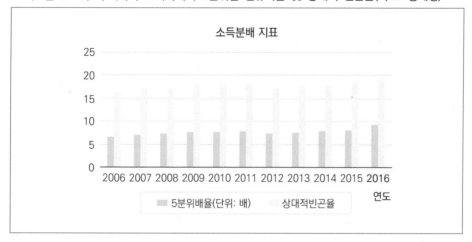

한 사회의 소득불평등도를 지수로 나타내는 지니계수(gini coefficient)[25]의 경우에도 분배상태가 외환위기 이후 급격히 악화되었으며 최근 다시 악화되고 있음을 확인할 수 있다.[26]

▼ 〈그림 2-18〉 지니계수 추이(자료: 통계청)

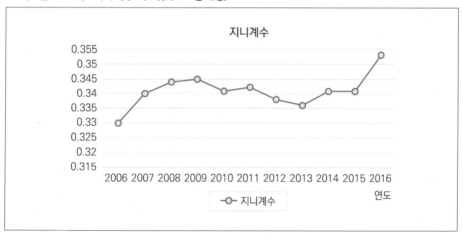

---

25) 지니계수는 흔히 사용하는 불평등도 지수이며 전체인구의 평균소득격차를 평균소득의 일정비율로 나눈 계수이다. 지니계수는 0에서 1까지의 값을 가지며 0에 가까울수록 더욱 평등한 분배를 의미한다. 일반적으로 지니계수가 0.5를 넘으면 상대적으로 불평등한 나라로 간주하고 0.35 이하면 상대적으로 평등한 것으로 간주한다(이정우, 1997).

26) 현재 여기에서 논의하는 불평등도는 '불균등성'을 전제한다는 점을 유의할 필요가 있다.

자본과 노동 등 생산요소의 가격이 어떤 수준으로 결정되면 그것을 공급한 사람의 소득도 함께 결정되며 일반적으로 이를 소득분배라 부른다.

우리 경제는 1960년대부터의 압축성장의 결과, 지식집약적 고도정보화 사회로 전환되었지만 그 과정에서 노동자, 도시빈민 및 농민의 상대적 빈곤감이 확대되었다.[27] 현재 진행되고 있는 고용 및 소득 양극화는 임금구조 및 근로소득 양극화 현상으로 나타난다. 정부가 근로계층의 후생을 고려한다면 최대달성 가능 성장률보다 낮은 성장률이 사회적으로 바람직한 최적성장률이라는 명제 (Alesina and Rodrik, 1994)는 우리 정부의 경제성장정책에 시사하는 바가 많다.

우리 경제는 혁신주도형 경제로 전환하기 위해 다양한 연구개발 정책을 추진하고 있으며 GDP대비 R&D 투자 집약도 측면에서 2017년 4.5% 정도로 세계 상위권 수준의 안정된 성장세를 유지하고 있다.

기술혁신은 향후 미래사회를 변혁시키는 가장 주요한 요인으로 작용할 것으로 전망된다. 이 같은 변화는 모든 사람에게 긍정적인 것으로 나타날 수도 있지만 소득불평등과 같은 상당한 사회적 비용을 수반할 가능성도 있다. R&D 투자는 이것이 집행되고 소득이 증대되는 과정에서 발생하는 자원배분의 변화가 불가피하게 소득의 재분배 효과를 야기하게 된다.[28]

경제가 성장하는 과정에서 어떤 사람은 더 부유해지고 어떤 사람은 더 가난해지는가라는 문제가 기술혁신활동과 어떤 관련이 있는지를 확인하고 만일 불평등이 나타난다면 이를 축소시키기 위한 정책시행이 필요하다.

---

27) 안국신(2005).
28) 기술숙련도나 학력 등 개인적 차원에서의 배경이 근로자의 취업기회나 임금에 영향을 미친다.

▶ 노동수요와 노동공급

대표적 기업은 시간당 임금(hourly wage)이 5,000원이면 왜 하필 7명을 고용하는가? 이는 한계원리(marginal principle)로 설명이 가능하다. 결론부터 이야기하면 추가적인 근로자를 고용해서 증가하는 매출(경제학에서는 이를 항상 총수입 total revenue으로 부름)이 5,000원이 되는 지점이 바로 7명 근로자를 고용할 때이기 때문이다.

한계수입생산(총수입의 증가분×총생산의 증가분)=(가격)(한계생산)

$MRP = pMP = W$

이 이윤극대화 원리를 다시 살펴보자.

$1/p = MP/W$: 돈 1원당의 한계생산

▼ 〈그림 2-19〉 노동의 한계생산가치(이준구외, 2010)

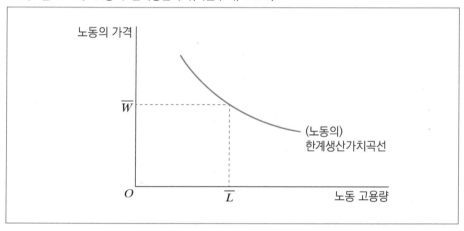

따라서 MP/W는 기업이 근로자를 고용해서 상품을 생산하는 경우, 요소 투입을 위해 지출하는 비용의 생산성을 나타내준다.

$p = W/MP = MC$

유의할 사항은 근로자를 고용하는 경우, 한계비용은 W이지만 상품을 판매하는 경우, 한계비용은 이를 한계생산으로 나누어 줄 필요가 있다.

이제까지 기업이 고용하는 생산요소가 노동 하나뿐이라 가정했는데, 이를 완화하여 노동, 자본과 같이 두가지 생산요소를 고용하는 경우를 살펴보자. 시간당 임금이 하락하는 경우, 직관적으로 기업은 근로자를 더 많이 고용하고 자본도 더 많이 고용할 것으로 기대된다. 임금이 하락하면 기업의(자본 투입이 주어진 상태에서) 한계비용이 하락함에 유의할 필요가 있다. 유의할 사항은 한계비용이 항상 하락하는 것은 아니라는 점에 있다.

다음으로 근로자의 노동공급 선택행위를 살펴보자.

대표적 근로자(또는 가계)는 가용한 시간 부존자원(endowment, $L^* = 14$) 중 얼마만큼을 여가(leisure, L)로 보내고 얼마만큼을 노동(labor)으로 배분할 것인지를 주어진 시간당 임금 W하에서 다음의 예산제약(budget constraint) 하에서 효용을 극대화하는 여가-소비 상품묶음(commodity bundle)을 선택하는 방식으로 결정한다.

$$M + W \times L = W \times L^*$$

소득＋여가＝가용소득(full income) 또는 암묵적 소득(implicit income)

학교 앞 카페에서 아르바이트를 하는 학생은 시간당 임금이 5,000원에서 8,000원으로 상승하면 직관적으로 노동공급을 늘릴 것으로 예상된다. 그러나, 현실적으로 두가지 상반된 효과가 존재한다.

▶ 민서방정식(mincer equation): 임금 결정방정식

$$\ln(WAGE) = \beta_1 + \beta_2 EDUC + \beta_3 EXPER + \gamma(EDUC \times EXPER)$$

근로자의 임금은 교육수준(years of schooling)의 함수이다. 이는 베커의 인적자본이론에서 기인하며 경제성장이론에도 많이 적용된다. 그런데, 임금수준을 설명하기 위해서는 통제변수가 중요하다. 가장 중요한 것은 교육에 관계없이 연령 또는 경력(EXPER)이 증가하면 임금도 증가한다는 것이다. 이 추정방정식은 노동경제학에서 가장 많이 쓰는 식 중의 하나이다.

세 번째 설명변수는 교차항(interaction term)이다.

$$\Delta\ln(WAGE)/\Delta EXPER = \beta_3 + \gamma EDUC$$

즉, 경력이 임금에 미치는 (한계)효과는 교육수준에 의존한다는 것이다.

▶ 여성노동공급: 센서링

여성근로자 3,382명의 근로시간(HRS)을 조사해보면 0으로 응답하는 경우가 많다. 이는 labor force에 참가할 의사가 없는 전업주부(housekeeper)인 경우가 많다. 만일, 895명이 0의 응답을 한 사실을 무시하고 연령, 교육, 자녀수 등이 노동공급에 미치는 영향을 추정하면 편의(bias)를 지니고 비일치적(inconsistent)인 추정량을 얻게 된다.

경제학자들이 이같이 센서링(censored)된 데이터를 분석하는 Tobit 모형의 의미를 논의할 때 전업주부의 특성이 노동공급에 미치는 음($-$)의 효과를 강조하나 오히려, 노동시장에 참여했다는 사실($y > 0$)과 그렇지 않은 사실($y = 0$, limit observations)이 추정에 가져오는 차이를 주목해야 한다. 노동공급에 교육수준이 미치는 영향 추정결과를 비교해보면 TOBIT의 경우 약 89시간으로 참값에 더 가깝다고 유추할 수 있다.

▼ 〈그림 2-20〉 관측치가 존재하는 경우 모회귀직선과 *LS*추정직선(Hill et al., 2008)

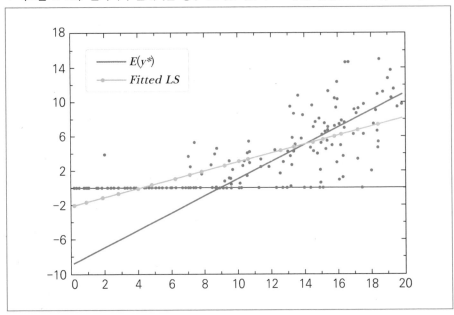

▼ 〈표 2-23〉 데이터 회귀분석(Hill et al., 2008)

Dependent Variable: HRS

Method: ML−Censored Normal (TOBIT) (Quadratic hill climbing)

	Coefficient	Std. Error	z-Statistic	Prob.
C	1174.659	138.0961	8.506104	0.0000**
AGE	− 29.02319	1.925173	− 15.07562	0.0000**
EDU	88.50829	8.176550	10.82465	0.0000**
KID1	− 505.2947	28.45113	− 17.76009	0.0000**
Error Distribution				
SCALE:C(5)	1071.108	16.27532	65.81178	0.0000**

	Coefficient	Std. Error	t-Statistic	Prob.
C	1204.052	106.0083	11.35808	0.0000**
AGE	−19.89006	1.411957	−14.08688	0.0000**
EDU	65.54725	6.115837	10.71762	0.0000**
KID1	−382.3921	20.72064	−18.45464	0.0000**
NONW	117.7769	31.95946	3.685196	0.0002**
F−statistic	0.000000**			

Dependent Variable: HRS

Method: Least Squares

▶ 탐색 및 짝짓기 모형

본 연구는 일자리를 상실한 근로자가 이후 일자리에 취업하기까지 소요되는 시간인 구직기간(search duration)에 영향을 미치는 요인 및 구직이 끝날 확률에 대한 분포의 구조 파라미터를 추정한다.

일반적으로 고용 및 실업 간 변동은 다음 관계에 의해 나타낼 수 있다(Kim, 2010).

▼ 〈그림 2-21〉 탐색 및 짝짓기 모형

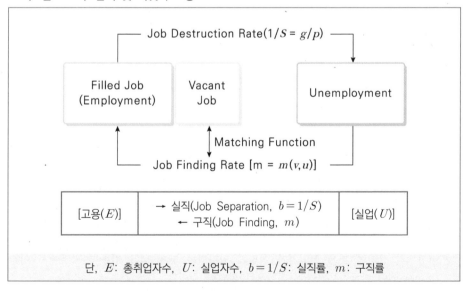

단, E: 총취업자수, U: 실업자수, $b=1/S$: 실직률, m: 구직률

또한, 일반적으로 자연실업률(또는 정상상태 실업률)은 다음 관계에 의해 결정된다.

$$U/(U+E) = 1/[1+(mb)] = 1/[1+(m/S)]$$

노동시장에서의 마찰을 모형화하기 위해 Pissarides(1990), Aghion and Howitt(1998)의 방법론을 따라 근로자와 생산설비 간의 짝짓기 비율 $m(1, \nu)$을 지닌 짝짓기 과정을 살펴보자. 여기서 1은 정규화된 전체 경제활동인구(labor force)를 나타내고 ν는 경제 내 전체 공석수를 나타낸다.[29]

균제상태에서 총 공석수 ν는 일정하게 유지되며 균형실업률은 다음과 같이 결정된다. 첫째, 실업상태로 들어서는 근로자의 규모는 실직률(job separation rate)에 현재 취업중인 근로자의 수$(1-u)$를 곱한 것과 같다. 둘째, 취업상태로 들어서는 근로자의 규모는 짝짓기 비율 즉, 구직률과 같다: $p(\nu) = m(1, \nu)$.[30]

이번에는 근로자가 각 상태(취업, 실업)에서 느끼는 가치를 분석해보자. 취업상태에서의 수익 V_e(return)과 실업상태에서의 수익 V_U이 같아지는 임금수준에서 유보임금(reservation wage)이 결정된다. 근로자는 이보다 높은 임금의 제의(job offer)를 받으면 그 일자리를 수락(accept)하고 그 이하에서는 거절(reject)하게 된다.

---

29) 전체 짝짓기 비율 m은 공석수 ν의 증가함수이지만 평균 짝짓기 비율 (m/ν)은 ν의 감소함수이다.

30) 따라서, 균형에서는 다음 관계가 성립하게 된다.

$(1-u)b = p(v)$

또한, 이를 u에 대해 쓰면 다음과 같다.

$u = 1 - p(v)(1/b)$

b을 실직률(job-separation rate)이라 하고 $p(v)$을 구직률(job-finding rate)이라 하자. 주어진 기간 중 취업자수의 변화 ΔL는 다음과 같다.

$\Delta L = p(v) \times 1 - b(1-u)$

이 식의 첫째항 $p(v)u$는 주어진 기간 동안 구직에 성공한 실업자 수를 나타내고, 두 번째 항 $b(1-u)$은 실직한 고용근로자 수를 나타낸다. 즉, 이 식은 고용근로자 수의 변화가 구직자 수와 실직자 수 간 차이와 같음을 나타낸다.

이상에서 살펴본 것은 실업자가 어떻게 일자리를 찾게 되고 기존 일자리에서 이직(turnover)이 발생하는가를 동태적으로 파악한 것이다.

▶ 자본서비스 시장

기업이 생산과정에서 사용하는 것은 자본서비스이지 자본재가 아니다.

한계수입생산(총수입의 증가분×총생산의 증가분) = (가격)(한계생산)

$$MRP = pMP = R$$

여기서 R는 자본의 사용자비용(user cost of capital)이라 부른다.

R이 도출되는 배경은 다음과 같다. 일반적으로 기업은 자본재(기계)를 임대받아 사용하는 경우는 드물고 직접 소유한 자본재의 (임대에 대한) 기회비용을 도출해서 사용자비용을 계산한다.

이는 다음과 같은 관계를 지닌다.

$$R = [r + d - \Delta p_K / p_K] p_K$$

자본서비스의 사용자비용 = [실질이자율＋감가상각률－(자본재)인플레이션율]
자본재 가격

▶ R&D 및 경제성장이 소득분배에 미치는 영향

쿠즈네츠(Kuznets)는 다수 국가의 1인당 GDP와 소득분배에 대한 횡단면 자료를 사용하여 궁극적으로 1인당 GDP가 증가할수록 불평등이 감소한다는 역U자(inverted U-shaped) 가설을 제시하였다. 경제성장이 소득분배를 악화시킨다는 사실은 숙련편향적 기술진보(skill-biased technical progress)와 관련이 있다. 이를 고려하는 기본적인 슘페테리안 성장 모형(Aghion and Howitt, 1998)을 간략히 살펴보자.[31]

쿠즈네츠(Kuznets)는 궁극적으로 1인당 GDP가 증가할수록 불평등이 감소

---

31) 이 모형의 의미는 경제가 성장하면서 숙련노동의 임금이 (장기균형 수준으로) 상승하면서 A가 지속적으로 증가하므로 (숙련노동) 임금 프리미엄이 지속적으로 상승한다는 것이다. 이 시사점은 뒤에서 살펴볼 쿠즈네츠 역U자 그래프에서 불평등도가 상승하는 기간의 분배변수 결정 메커니즘으로 볼 수 있다.

한다는 역U자(inverted U-shaped) 가설을 제시한 바 있다. 본 연구에서는 1970~2004년간 우리 경제의 1인당 GDP(PERGDP)와 지니계수(GINI) 간 관계를 통해 쿠즈네츠 가설의 타당성을 검증하여 보았다. 산포도를 보면 모양이 타원형이 아니어서 지니계수를 1인당 소득에 대한 선형함수로 적합시키기가 적절치 않다고 판단된다. 따라서, 소득에 대한 이차다항식으로 적합시키는 모형을 사용하였는데 각 회귀계수가 통계적으로 유의한 것으로 나타난다.

쿠즈네츠 가설에 의하면 β_3가 음$(-)$의 부호를 가질 것으로 기대된다.

$$(GINI_t) = \beta_1 + \beta_2 (PERGDP_t) + (\beta_3 (PERGDP_t)^2 + \varepsilon$$

또한, 불평등도의 최대값은 다음 1계조건으로부터 추정할 수 있다.

$$\beta_2 + 2\beta_3 (PERGDP_t) = 0$$

연습문제

1. 생산물 시장에서 경쟁시장에 직면하고 요소시장에서 완전경쟁시장구조에 직면할 때 기업의 노동수요행위를 그래프와 수식으로 보여라.
2. 생산물 시장에서 독점시장에 직면하고 요소시장에서 완전경쟁시장구조에 직면할 때 기업의 노동수요행위를 그래프와 수식으로 보여라.
3. 생산물 시장에서 경쟁시장에 직면하고 요소시장에서 수요독점 시장구조에 직면할 때 기업의 노동수요행위를 그래프와 수식으로 보여라.
4. 생산물 시장에서 독점시장에 직면하고 요소시장에서 수요독점 시장구조에 직면할 때 기업의 노동수요행위를 그래프와 수식으로 보여라.

▶ 효율성(efficiency)

이 절에서 가장 중요한 개념은 파레토 효율성(Pareto efficiency)의 개념이다. 다음과 같은 예를 들어보자.

형과 동생이 '새우과자' 1봉지와 '맛과자' 1봉지를 서로 나눈다고 상정하자. 형은 새우과자를 상대적으로 선호하고 동생은 맛과자를 선호한다고 하자. 형의 상품묶음을 $x1 = (x1^{새}, x1^{맛})$, 동생의 상품묶음을 $x2 = (x2^{새}, x2^{맛})$라 표기하자. 배분(allocation)을 $X = (x1, x2)$로 표시하면 이는 형과 동생이 적절히 과자를 나눈 경우를 나타낸다.

파레토 효율성은 두 사람이 서로를 만족케 하기 위해 과자를 최적상태로 나눈 경우를 나타낸다. 예를 들어, 형이 새우과자 70%, 맛과자 30%, 동생이 30%, 70%로 나누면 두 사람은 주어진 부존자원(initial endowment) 상태하 더 이상 만족스러운 배분상태가 없는 경우인, 파레토 개선(improvement)의 여지가 없는 최적배분상태라는 것이다.

이 최적배분상태에서의 특징은 두 사람의 두 상품에 대한 한계효용의 비율이 같다는 데 있다.

미시경제학의 가장 중요한 테마는 이러한 최적배분상태를 시장 또는 가격의 힘이 자동적으로 달성한다는 명제(theorem)에 있다. 즉, 삼촌이 경매자(auctioneer)의 역할을 하고 두 사람이 삼촌이 부르는 (상대)가격하 자신의 수요량을 카드에 적어내어 경매자가 가격을 조정하는 경우, 최적배분이 달성된다는 것이다.

▶ 교환의 이득

다음의 상자는 2 소비자, 2 상품으로 구성된 에지워스 상자(Edgeworth box)를 나타낸다. 재화의 초기부존(initial endowment)은 I점으로 표시된다. 두 경제주체는 이 점에서 머물러 있기를 원하지 않는다. 왜냐하면 F점과 같은 두 무차별곡선안의 볼록렌즈 영역으로 이동하면 둘 다 더 높은 효용수준을 얻을 수 있기 때문이다.

시장경제(market mechanism)의 장점은 가격기구(price mechanism)가 자동적으로 이 배분상태를 달성하게 해 준다는 데 있다.

▼ 〈그림 2-22〉 에지워스 상자 및 사회후생 측정(이준구, 2010)

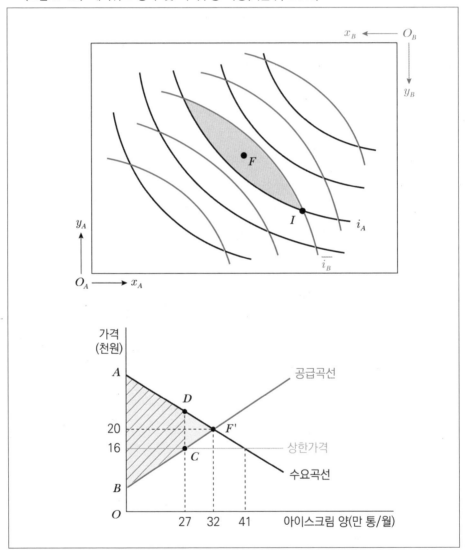

아이스크림에 대한 첫째 소비자의 유보가격(reservation price)은 A원이나 실제로는 이보다 작은 2만 원을 지불한다. 또한 첫째 공급자가 최대한 받아야 할 가격(maximum willingness to accept)은 B이나 시장에서 2만 원에 판다. 시장은 모두에게 이렇게 혜택 또는 잉여(surplus)을 제공한다. 위의 에지워스 상자로 설명하면 두 주체 모두 A, B점에 있는 상태는 I점으로 볼 수 있다. 가격기구(price mechanism)는 서로에게 더 좋은 (파레토개선이 가능한) 배분상태 F점으로 이동할 수 있는 좋은 수단을 제공하는 것이다.

■ 후생경제학의 제1정리

일반경쟁균형은 파레토효율적이다.
1. 시장기구는 효율적 자원배분을 실현한다.
2. 가격기구는 아담 스미스의 보이지 않는 손의 역할을 수행한다.

▼ 〈그림 2-23〉 효용가능곡선 및 효용가능경계의 도출(이준구, 2010)

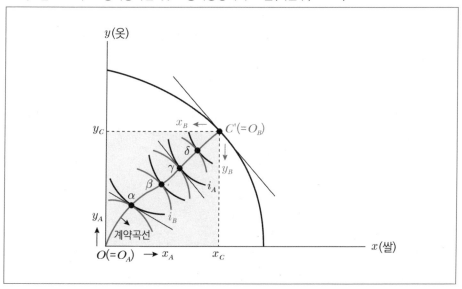

위의 그림은 미시경제학이 시사하는 바를 일목요연하게 정리하고 있다.

첫째, 국민경제는 무엇(what), 어떻게(how), 누구에게(for whom) 등 세 가지 해결해야 하는 목표를 가지고 있다.

가격기구는 what에 대해 x와 y의 상대가격을 통해 해결한다. 즉, 이 상대가격과 한계비용의 비율이 같은 생산가능곡선상에서 경제의 산출량 조합이 결정된다.

how에 대해서는 PPF가 도출되는 과정이 2상품, 2요소의 경우, 에지워스 상자의 계약곡선을 옮겨놓은 것으로 볼 수 있다. 상대가격이 정해지는 순간 산출량 조합이 정해지고 이는 동시에 임금−이자 비율(w/r)이 결정되는 것으로 볼 수 있다.

For whom에 대해서는 what에 의해 PPF상의 한 점이 정해지면 새로운 2상품, 2 소비자의 에지워스 상자가 생성되는 것으로 볼 수 있으며 계약곡선(contract curve, Pareto set)상의 배분은 상대가격에 의해 정해진다. 이는 두 소비자의 선호(preference)와 함께 for whom의 문제를 해결한다.

중요한 것은, 이같이 상대가격, 요소상대가격에 의해 해결되는 세 가지 문제의 결과가 효율적인 데 있다.

▶ 사회후생함수[32]

자원배분의 효율성뿐만 아니라 분배의 공평성까지 고려하여 사회의 후생을 평가하는 사회후생함수(social welfare function)을 고려하자. 사회를 구성하는 두 개인의 효용수준 U_A, U_B가 주어졌을 때 다음 관계를 통해 사회후생의 수준을 함수값으로 나타내주는 함수를 사회후생함수라 한다.

$$SW = f(U_A, U_B)$$

이 같은 사회후생함수로부터 동일 수준의 사회후생을 주는 U_A, U_B의 조합 즉, 사회무차별곡선(social indifference curve)을 도출할 수 있다. 어떤 분배적 정의관을 나타내는 사회후생함수가 가지는 가치판단의 성격은 사회무차별곡선에 반영된다.

---

[32] 이는 이미 분배적 정의부분에서 논의한바 있다.

▶ 공공재(public goods)

▼ 〈그림 2-24〉 비경합성 및 배제불가능성에 따른 상품구분(Jones, 2002)

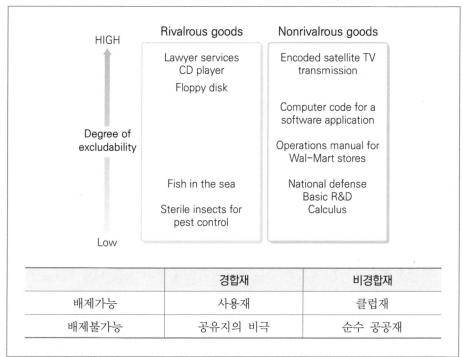

	경합재	비경합재
배제가능	사용재	클럽재
배제불가능	공유지의 비극	순수 공공재

공공재는 비배제성(excudability)과 비경합성(nonrivalous)의 성격을 지니는 재화이며 소비 외부성의 특수한 형태라 볼 수 있다.

순수 공공재는 기초 R&D를 전형적인 예로 들 수 있다. 비전유성(부분적 비배제성)의 특성은 연구자에게 충분한 보상을 주지 못하는 상황을 주어 충분한 R&D 투자가 이루어지지 않게 하는 시장실패(market failure)를 가져온다.

<그림 2-24>의 좌측 하단은 공유자원(common property)을 나타내며 태평양의 어자원, 중세 공유목초지 등을 예로 들 수 있다. 공유자원과 관련한 문제점은 소유권이 확립되지 않아 공유지에 과다한 소가 방목되는 데 있다(Tragedy of Commons, Hardin 1968). 이를 해결하기 위해 정부의 규칙(rule) 또는 민간 소유권의 확립(establishment of property right)이 필요하다. 이 분야의 공로로 Coase(1960) 및 Ostrom(1990)이 노벨경제학상을 수상하였다.

우측 상단은 클럽재(club goods)를 예로 들 수 있으며 인코딩된 인공위성 TV, 헬스클럽, 교통혼잡이 문제되는 고속도로 등이 있다.

▶ 외부성

환경정책과 관련하여 그 문제의 근원은 오염을 방출하는 자가 아무런 대가 없이 타인에게 효용감소 또는 비용증가를 유발한다는 데 있다.

환경정책의 영향(편익)을 평가하는 방법으로 1) 지불의사접근법(WTP) 2) 헤도닉가격접근법 3) 조건부가치평가법 등이 있는데 두 번째 방법에 대해 살펴보자.

주택가격(PRICE)은 주택의 특성(예: 넓이 SQRT)에 의해 결정된다고 볼 수 있다.

$$PRICE = \beta_1 + \beta_2 SQFT + e$$

환경정책의 편익을 평가할 때는 마찬가지로 환경의 질을 나타내는 (더미)변수의 효과를 그 편익의 시장가치로 간주할 수 있다.

첫 번째 방법, 즉 관개사업으로 인한 하천정비가 지역주민에게 주는 쾌적함($q1$)을 지출함수로 표현할 수 있다.

$$V = E(p, q0, u0) - E(p, q1, u0)$$

이는 보상변화(compensating variation)로 불리는 지출의 차이를 편익의 시장가치로 보는 것이다. 이는 효용을 원래상태로 되돌리기 위해 얼마나 빼앗아(take away)오는가를 나타낸다.

세 번째 방법, CV(contingent valuation)는 현재 무형적 편익의 가치측정에 다양하게 사용된다. 주로 설문(survey)에 의해 예컨대, 대기정화사업으로 개선된 청정공기에 대해 얼마나 추가적 세금을 부담하겠는가를 물어서 평가한다. 즉, 비사용가치(non use value)와 존재가치(existence value)를 평가하는 데는 이 방법이 가장 우수하다고 알려져 있다. 그 예로 올림픽게임에서의 금메달로 인한 자부심(사실의 존재 그 자체) 등을 들 수 있다.

1. 파레토 효율적인 배분에서 그렇지 않은 경우보다 효용이 줄어들 수 있은가?
2. 경쟁균형이 주어진 경제에 대해 바람직할수도 있고 그렇지 않을수도 있다. 설명하라(생산을 도입한 일반균형을 고려).

06 법경제이론33)

법경제이론(law and economics)은 주로 19C 반 트러스트(Anti-trust)법에서 출발하여 현재까지 활발한 연구가 이루어지고 있다.

선진자본주의(또는 독점자본주의) 국가인 미국이 자국의 국제경쟁력을 강화시킬 가능성이 있는 트러스트 내지 독점에 대해 그토록 엄격한 태도를 취하는 점은 아이러니컬하다.34)

현재 법경제학의 주된 관심분야는 재산권, 지적재산권, 범죄와 형벌, 불법행위, 소송법 등으로 볼 수 있다.35)

자연법(law of nature) 사상에 기원을 둔 영미의 보통법(common law)은 재판관(courts)이 따라야 하는 판례(precedent)를 주로 수립하였다. 이에는 계약, 불법행위, 범죄 및 재산권에 대한 규정이 많이 포함되어 있다. 한편, 프랑스 나폴레

---

33) 본 절은 주로 Cooter and Ulen(2008)에 근거한다.

34) 우리 사회는 크게 보아 법치주의(rule of law)가 지배하는 사회이다. 이 책으로 공부하는 학생들도 사회에 진출하면 곧바로 법률문제에 마주치게 된다. 취업을 해서 급여를 받으면 소득세(income tax)가 급여명세서에서 공제된 것을 확인할 수 있는데 근거가 뭐냐고 항변해봤자 아무런 소용이 없다. 이는 법률에 명시된 사항이기 때문이다. 운전을 하다 접촉사고가 난 경우, 가지고 있는 재산을 자녀에게 상속하기로 결정한 경우, 아파트를 새로 구입하기로 한 경우, 심지어 새로 산 CD 플레이어를 환불(refund)하기로 결정한 경우도 모두 법률문제와 관련된다.

35) 한편, 경제성장이론분야에서 제도(institutions)를 연구하던 학자들이 성장과 법률전통 (legal origin) 간 관계에 대해 연구의 초점을 맞추기 시작했으며 대표적인 학자로 Levine(1997), La Porta et al.(1998) 등을 들 수 있다.

옹 법전에 기반을 둔 시민법(civil law)은 성문법 주의, 공법 위주의 법률운용 등의 특색을 지닌다.

또한, 법률체계는 실물부문의 성장을 뒷받침하는 금융제도(financial structure)의 특성과도 관련이 있다.[36] 영미의 보통법 전통은 채권 및 주식시장을 중심으로 자금이 거래되는 시장중심 금융제도(market-based financial system)를 야기하였으며 프랑스의 시민법(civil law)전통은 은행 등 금융중개기관(financial intermediaries) 중심으로 자금이 거래되는 은행중심 금융제도(bank-based financial system)로 진행되었다. 우리 금융시스템도 후자중심에서 최근 전자로 그 중심이 옮겨가고 있다. 한국의 경우, 일제강점으로 독일의 시민법을 주로 받아들였으나, 해방 후 미국의 보통법(특히, 상법) 요소도 많이 흡수되어 일률적으로 법체계(legal origin)를 논의하기 어려운 실정이다.

경제성장이론에서 법률전통과 성장 간의 관계를 연구하는 것은 법률제도가 산업에 대한 진입규제, 투자자의 권리보호 및 부채조달 시스템 등에 영향을 미치기 때문이다. 또한 상이한 법률전통은 파산절차, 재산권 보호, 기업창업, 기업가 정신 고취 등에 상이한 영향을 미치게 된다.

▶ 민법학 기초

갑과 을 간 토지매매계약을 체결하면 곧바로 (법률행위에 의한 채권적) 권리의무관계가 발생한다. 이를 법률관계라 한다. 민법은 이 법률행위의 요건 및 효과 그리고, 법률관계에 분석의 초점을 맞춘다.

> 갑(매수인, 채무자) - 매매계약(법률행위) - 을(매도인, 채권자)

---

36) Levine(1997)은 특히 법률환경이 특히 금융발전에 미치는 영향을 분석하였다. 채권자 보호, 파산절차, 금융중개기관의 투명성, 계약이행에 우호적인 법률환경일수록 경제성장에 긍정적인 영향을 미친다. Levine et al.(2000)은 금융발전이 성장과 수렴에 미치는 영향을 분석하면서 금융발전 변수의 내생성에 주목하고 이와 상관관계를 가지는 법률전통을 도구변수로 사용하였다. 한편, 법률체계는 법치주의(rule of law) 정도와 성장 간 관계에도 관련이 있다(Weil, 2008).

▶ 물권이란?

갑과 을 간 토지매매계약을 체결하면 곧바로 (법률행위에 의해) 권리의무관계가 발생한다. 그 권리의 내용은 재산권 즉, 물권과 채권이다. 물권은 동산, 부동산에 대한 점유(possess, occupy), 소유(own), 지상·지역·전세권(이상 용익물권), 유치·질·저당권(mortgage)(이상 담보물권) 등으로 분류된다.

▶ 법계와 경제성장

성장과 관련된 법계(legal origin) 특성을 법경제이론 분야인 재산권, 지적재산권, 계약, 불법행위, 민사소송법, 경제법, 상법 등으로 나누어 고찰할 수 있다.

현대 세계 각국의 법률은 대륙법과 영미법이라는 두 가지 상이한 법률전통이 병존하고 있다. 이는 지구상에 존재하는 각국의 법을 계통적으로 분류한 것으로 흔히 법계(법의 계통)라 부르며, 이는 인간에게 혈통이 있는 것에 비유할 수 있다.

대륙법계는 독일·프랑스를 중심으로 한 유럽대륙 여러 나라의 법군을 포함한 것이며, 우리나라와 중국·일본도 이 법계에 속한다. 그리고 영국과 미국 및 그 밖에 영국법의 영향을 받은 과거의 식민지의 법으로 이루어지는 법계를 영미법계라 한다. 대륙법계는 로마 법계와 게르만 법계를 근간으로 하고, 시민법(civil Law; 성문법)을 중심으로 하며 이론적인 면이 우수한 데 반하여, 영미법계는 판례법과 같은 보통법(common Law; 불문법)을 중심으로 하고 실제적인 면에서 우월하다. 한국법도 미국을 통하여 영미법계의 법제도에 강한 영향을 받고 있다.

대륙법계는 독일과 프랑스로 대표되는 법계로서 로마법계와 게르만법계에 뿌리를 두고 있다. 대륙법계는 영미법계의 불문법주의와는 달리 성문법 중심으로 되어 있으며, 추상적인 규범화와 체계화가 잘 이루어져 있다.[37]

---

37) 로마법은 기원 전 753년 도시국가의 형태로 시작한 로마의 초기부터 기원 후 6세기 중엽에 유스티니아누스(Justinianus) 동로마황제가 대입법사업으로 '로마법대전'을 완성하기에 이르기까지의 1300년에 걸쳐 생성·발전된 법이다. 로마경제의 근간이 노예노동에 의한 농장운영에 있다고 보면 로마법 전통이 (역사적으로) 반 성장적 특성을 지녔다

나폴레옹은 집권 후에 이를 수습하기 위해 법학자들을 모아서 나폴레옹 법전(code napoleon)을 제정하였다. 이때에 참고한 것이 유스티니아누스 황제가 제정한 로마법대전이며, 그 내용은 시민법체제로 이루어졌다. 이후 나폴레옹의 전쟁을 통해 유럽 전역에 이 법제도를 전파하게 되었는데, 나폴레옹의 몰락 이후에도 이 시민법적 전통(civil law tradition)이 남게 된 것이다. 나폴레옹 법전은 로마법을 계승하여 사유재산권 보장, 유언자 처분범위 확대 등을 통해 지주와 자본가의 권리를 보호하였다. 금융부문에서는 인플레 수습, 프랑스 은행 설립, 지방은행 설립 등으로 자본의 원활한 동원을 촉진시켰다(김종현, 2007). 그럼에도 불구하고 기본적으로 노예제 재건, 권위주의 산업질서, 노동자 결사금지법 등 반동적 성격을 지녔음을 부인할 수 없다. 이는 근대 유럽절대국가가 봉건반동의 성격을 지님과 일맥상통한다.

영미법계(anglo-american law)는 영국과 미국을 중심으로 하는 법계로 대륙법계에 대립된다. 영미법은 법질서의 조직화·일반화보다는 구체적인 사실을 존중하고, 개개 사건의 판례로 이루어진 판례법 중심으로 되어 있다. 따라서 영미법은 구체적 사건에 대하여 내린 법원 판결에 대하여 법적 구속력을 인정하고 (선례구속의 원칙), 그것을 제1차적 법원(法源)으로 하는 판례법주의를 특징으로 하고 있다.[38]

영미법계는 보통법(common law)과 형평법(equity law)의 이원적 법체계로 대립되어 이 양자의 조화에 의하여 발전되어 왔다는 사실이 대륙법과 다른 특징이다. 즉, 보통법과 형평법은 각기 다른 법원에 의해서 발달되어 온 판례법이지만, 형평법은 보통법의 엄격성을 완화시키기 위하여 생긴 보통법의 추가 또는 보충법이라고 할 수 있다. 보통법과 형평법은 동일한 법원에 의하여 적용되었으

고 볼 수 있으나, 구체적 비교는 4~5C 게르만 민족 이동에 따른 중세 봉건제(프랑크 왕국)하 경제성장과 이루어질 필요가 있다. 게르만법(Germanic Law, Germanisches Recht)은 게르만 민족의 고법(古法)을 가리킨다.

38) 영국법은 보통법 법원과 판례법의 보급에 공헌한 일종의 법률학교인 법조원(Inns of Court) 및 순회법원의 활동에 의하여 강화되었으며, 보통법 법원(통상법원)에서 취급된 일반 국내법인 보통법(common law)은 오늘날에 이르기까지 영국법의 주요부분이 되고 있다. 보통법은 계속성과 강인성 이외에 배심제와 법지상주의(Rule of Law) 및 선례구속주의를 특색으로 한다. 또 보통법은 불문법인 판례법체계형식을 취하여 초기에 대판례집인 '연서(年書)'는 보통법의 가장 중요한 법원으로 되어 있었다.

며, 이 양자가 저촉될 경우에는 형평법이 우선 적용되었다.

미국은 보통법과 형평법 등의 영국법을 많이 계수하였으며, 특히 1750년부터 1776년의 독립선언에 이르는 동안에는 보통법이 도입되었다. 대륙법계의 성문법의 영향으로 법전편찬이 활발해지고, 미국인의 진취적인 성격과 정치·경제적 여건에 따라 미국법은 독자적인 법을 서서히 발전시켜 나갔다.

한편 입법부 우위의 영국에 대하여 사법부 우위의 미국에서는 판례법의 확립과 정비가 촉진되었으며, 19세기 후반에 들어가서는 연방과 각 주법원의 수많은 판례를 조직화한 판례집(National Reporter System, 1880; American Reports, 1870~1887)이 발간되었다.[39]

▶ 재산권 및 지적재산권

법경제학 영역에서 가장 중요한 부분은 재산권법(law of property right)으로 볼 수 있고 그 중에서도 가장 많이 읽힌 학술지는 Coase 정리가 소개된 Coase (1960)라 볼 수 있다.

재산권이 확립되기만 하면 그 배분상태에 관계없이 당사자 간 자발적인 협

---

39) 대륙법계의 시민법적 요소와 영미법계의 보통법인 요소는 아래와 같은 부분들에서 차이점을 갖게 하며, 오늘날 각국의 경제성장에 격차를 갖게 하는 배경을 이룬다고 보여진다.
첫째, 법적용이나 이해관계의 조정을 이루고자 할 때에 시민법은 문제해결을 위해 법전에 집착하며 명문규정의 문구를 해석하는 집중한다.
그러나 보통법은 선례나 사회도덕적인 관념, 또는 정책의 기조를 이루는 측면에 근거하여 정당화시킨다. 변화무쌍한 경제환경의 변화와 이해관계자들의 다양성은 법전 안에서 찾아볼 수 없기에 시민법적인 해결방식에 한계성을 갖게 한다.
둘째, 시민법하에의 판사는 주도적으로 질문하고 논쟁의 방향을 이끌게 되며(직권주의 절차) 변호사는 스스로의 주장을 펼치기보다는 판사의 질문에 대답하는 방식을 취하게 되어, 이러한 경우 재판은 주로 진실을 찾는 일에 초점이 맞추어지게 된다.
반면에 보통법에서는 분쟁 당사자의 주장이 그들을 대신하는 당사자들에 의해 이루어진다. 판사는 오히려 변호사들이 소송과정에 증거제시를 함에 있어서 규칙을 따르도록 하고 감시하는 중립적인 심판관의 역할을 하게 한다. 진실게임에 집착하다보면 보다 나은 해결방안이 있음에도 불구하고 명분에 잡혀서 그러한 효율적인 방법을 취할 수 없도록 하는 경직성을 갖게 한다.

상(bargaining)에 의해 효율적인 자원배분을 달성할 수 있다는 것이다. 이같이 제한된 자원을 효율적으로 사용하는 것을 촉진하기 위해 법률제도(legal system)가 필요하다고 볼 수 있다.[40]

지적재산권법(IPR: law of intellectual property right) 영역에서는 특허법이 가장 중요하다.

일반적으로 17C 잉글랜드에서 최초로 특허에 독점권을 부여하여 현대 특허제도의 기원이 되었다고 보고 있다(Machlup).[41]

<그림 2-25>는 특허지속기간에 따른 비용과 편익을 나타낸다.

현재 한국의 특허기간은 20년으로 되어있다. 이 기간이 길수록 장점(편익)과 단점(비용)이 동시에 존재한다. 첫째, 기간의 확대는 독점이윤의 증대를 가져온다. 이는 기술혁신에 대한 인센티브 증대 요인으로 작용한다. 둘째, 기간이 짧을수록 독점에서 발생하는 비효율성(eg. 후생삼각형)이 감소한다. 또한, 생산된 지식의 확산(dissemination)이 촉진되어 지식의 파급(spillover)이 증대된다.

이 두가지 상반된 효과를 잘 조정하는 기간이 최적 특허기간이며 Nordhaus (1969)에 의해 연구된 바 있다.

---

40) 단, 코즈정리가 성립하기 위해서는 일정 조건이 만족되어야 한다. 즉, 거래비용이 작아야 한다는 것이다. 거래비용(transactions cost)은 탐색(search), 협상(negotiation), 이행(enforce)비용으로 이루어져 있다. 이 거래비용 개념은 화폐의 기능을 설명할 때 물물교환(barter)에서 화폐교환(monetary exchange)으로의 이행이 거래비용을 절감시킨다는 사실에서도 강조된다.

41) 우선, 특허의 우선권을 배분하는 메커니즘으로 대륙법계는 선출원주의(first to file rule)를 채택하며 미국, 캐나다는 선발명주의(first to invent rule)를 채택하고 있다. 후자 즉, 선발명주의의 장점은 출원절차에 매이지 않고 공정하게 기술혁신을 달성할 수 있다는 데 있다(김정홍, 2005).
또한, 미국의 경우, 공동 R&D에 대해 최초로 합리의 원칙(rule of reason)을 적용한 바 있어 대륙법계 계통인 일본이 공동연구에 수반되는 불공정한 거래를 세부적으로 정의하고 있는 상황과 차이가 있다. 대륙법계 계통인 후자의 단점은, 비록 독과점화 경향의 존재에도 불구하고 공동 R&D가 사회편익을 증진시킬 수 있는 경우가 많지만 불공정 거래에 해당되게 하는 명문규정의 존재 때문에 미시행되는 경우가 많을 수 있다는 데 있다.

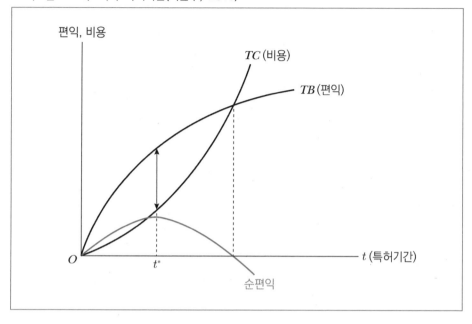

계약법

계약의 이행(enforcement)에 대해 위반(breach)이 발생할 경우 구제방법으로 기대손실(expected damage) 및 신뢰손실(reliance damage)의 두 원칙이 있다(이준구, 2019).

▼ 〈표 2-24〉 게임모형-계약법

promisee(낙약자) principal		promisor(청약자) agent	
		이행 낮은 이행비용	위반 높은 이행비용
	낮은 신뢰투자	(0.5, 0.5)	(−0.1, 1.0)
	높은 신뢰투자	(0.6, 0.5)	(−2.0, 1.0)

	promisor(청약자) agent	
promisee(낙약자) principal	이행 낮은 이행비용	위반 높은 이행비용 기대손실(배상) $=2.6=0.6+1+1$
낮은 신뢰투자	(0.5, 0.5)	(0.5, -0.5)
높은 신뢰투자 투자금액 $I=1$	(0.6, 0.5)	(0.6, -1.6)

신뢰손실의 경우, 배상액은 1이 된다.

기대손실의 경우, 청약자(agent)는 불이행시 상당히 많은 배상을 해야 하므로 이행이 비효율적인데도 계약을 이행하는 경우가 많이 발생한다.

반면, 신뢰손실의 경우, 낙약자(promisee)가 부담한 약간의 신뢰투자(reliable investment)만 부담하면 되므로 이행이 효율적인데도 불이행하는 경우가 많이 나타난다.

법계와 계약법 간 관계에 대해 각 특성을 살펴보면 계약성립 시 불이행에 대비한 벌칙조항의 실행에 대해 보통법계는 유동화 손실(liquidated damage) 규정을 장려하는 반면 시민법계에서는 벌금(penalty)에 우호적인 입장을 나타내는 경향이 존재한다. 유동화 손실이란 실제 손실을 초과하지 않는 즉, 손실에 대한 사전적 추정치를 초과하지 않는 손실을 명문화(stipulate)시킴을 의미한다. 반면, 벌금조항은 실제 손실을 초과하는 불이행의 비용을 규정한다고 볼 수 있다 (Cooter and Ulen, 2003).[42]

---

42) 단편적이나마, 이를 두고 보면 보통법계가 계약의 효율적 불이행(efficient breach)을 유도할 가능성이 높음을 시사한다고 볼 수 있다. 기업 간 계약의 효율적 불이행의 가능성은 경제성장에 긍정적으로 작용할 가능성이 많다.

　　자동차 운전을 하다 사고가 나면 (인적 손실이 없는 경우) 민사소송 절차를 밟게 되는데 이가 바로 영미의 불법행위법(tort law)이다. 우리나라에서는 민법 중 채권법에서 이를 상세하게 다루고 있다.

　　운전자는 주의비용(precaution cost)과 기대사고비용(expected accident cost)의 합을 극소화하는 최적 주의수준을 선택한다.

$$E(SC) = wx + P(x)A$$

▼ 〈그림 2-26〉 그래프에 의한 불법행위법 이해(Cooter and Ulen, 2008)

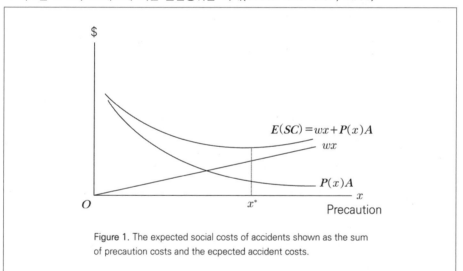

Figure 1. The expected social costs of accidents shown as the sum of precaution costs and the ecpected accident costs.

　　가해자가 책임을 지는 기준으로 보면 다음 세 가지 유형의 책임원칙이 있다.

1. 무책임 원칙(no liability)

　　이 경우 운전자는 사고에 대해 책임을 지지 않기 때문에 최소한의 주의 수준을 선택해 비효율적인 상황이 야기될 수 있다.

2. 엄격책임원칙(strict liability)

　　운전자의 과실 유무와 관계없이 책임을 져야 하는 상황에서는 기대책임

(expected liability)과 기대 사회비용이 일치하므로 운전자는 자발적으로 최적주의수준 x^*을 선택하는 효율적인 상황이 나타난다.

3. 과실책임원칙(negligence liability)

이 경우 운전자는 법규에서 정해진 주의수준 이하(x_0)에서는 기대사고비용만큼, 그 이상에서는 주의비용만큼이 기대책임비용이 되므로 최적 주의수준 x^*을 자발적으로 선택하게 된다. 우리 민법 750조에서 시행되는 불법행위는 바로 이를 적용하고 있다.

두 법계의 불법행위에 대한 규정도 상이하다. 특히 사고(accidents)발생시 주의(precaution) 의무가 누구에게 있는가에 대한 책임(liability)원칙에 대해 특히, 미국법은 유명한 핸드판사(Hand rule) 공식을 사용한다.[43]

▶ 범죄와 형벌(형법)

보통법계의 경우, 민사소송(civil case)에 있어 원고(plaintiff)가 증거충분(preponderance of evidence)을 입증해야하나 형사소송(criminal case)의 경우, 검사(prosecutor)가 합리적 의심(beyond reasonable doubt) 사건을 증명해야 한다. 이같이 형사사건 기소에 대해 다소 까다로운 기준을 부여한다.

합리적으로 범죄수준을 결정하는 기본 모형을 살펴보자.

순이득(NET PAYOFF) $= f(x) - p(x)A$

   $f(x)$: 범죄가 주는 (금전적, 비금전적) 이득

   $p(x)$: 발각되어 처벌받을 확률

   A : 처벌의 양(양형, 벌금 등)

---

43) 즉, 기업 간 거래 시 불의의 사고가 발생한 경우 가해자(injurer)와 피해자(victim) 중 누구에게 태만(negligence)책임이 있는가를 판단할 때, 핸드판사는 가해자의 (추가) 주의노력에 따른 한계비용이 사고피해액 기대치보다 작으면, 가해자에게 태만책임이 있다고 판결내리게 된다. 이의 장점은 재판관으로 하여금 사회적으로 효율적인 주의수준을 발견가능하게 했다는 점에 있으며, 이 역시 경제성장에 간접적으로 기여할 수 있는 요인이 된다.

사회가 해결해야 할 과제는 이 둘을 합친 TC(총비용)를 극소화하는 범죄수준을 결정하도록 형사정책을 실시해야 한다는 점이다.[44]

법률전통에 따른 범죄율 차이와 예를 들어, 자본유치 및 성장 간 관계에서 어느 법계가 범죄율 하락에 더 기여하는지는 향후 전문가들의 연구에서 이루어질 필요가 있다.

▼ 〈표 2-25〉 범죄발생(자료: 형사정책연구원)

	2007			
	살인범 (십만 명당)	수감인원 합계 (명)	인구 10만 명당 수감 인원 (십만 명당)	2007년 여성수감 인원비율 (%)
한국	2.2	45,882	97	5
중국	2.1	1,548,498	118	5
일본	0.5	79,055	62	6
캐나다	1.9	34,096	107	5
멕시코	13	214,450	196	5
미국	5.6	2,186,230	738	9
오스트리아	0.8	8,766	105	5
벨라루스	8.3	41,583	426	8
벨기에	1.5	9,597	91	4
보스니아- 헤르체고비나		1,526	59	3
불가리아	3.1	11,436	148	3
크로아티아	1.8	3,594	81	5

---

44) 한편, 시민법계의 경우, 판사와 검사 간 밀접한 관계를 장려한다. 이는 판결의 오류를 줄이고 법정사건 처리에서 시간을 절약하는 데 목적이 있다. 형사소송의 경우, 1종 오류(type 1 error; 피고가 무죄라는 귀무가설이 맞는데도 이를 기각해 유죄판결을 내리는 경우)를 줄이는 데 초점을 맞춘다. 물론, 2종 오류(type 2 error; 피고가 유죄인데도 무죄판결을 내리는 오류) 간 상충관계에서 오는 피해를 방지하기 위해 노력하지만 주로 피고(defendant)의 보호에 중점을 둔다.
위 표를 보면, 이 같은 논거와는 달리 오히려 영미의 보통법계 하에서 수감비율이 더 큼을 볼 수 있다.

체코	2.2	18,950	185	5
덴마크	0.8	4,198	77	5
에스토니아	6.8	4,463	333	4
핀란드	2.8	3,954	75	6
프랑스	1.6	52,009	85	4
독일	1	78,581	95	5
그리스	0.8	9,984	90	6
헝가리	2.1	15,720	156	6
아이슬란드	1	119	40	6
아일랜드	0.9	3,080	72	4
이탈리아	1.2	61,721	104	5
라트비아	8.6	6,676	292	6
리투아니아	9.4	8,124	240	3
룩셈부르크	0.9	768	167	5
마케도니아	2.3	2,026	99	2
몰타	1.8	352	86	4
몰도바	6.7	8,876	247	5
네덜란드	1	21,013	128	9
노르웨이	0.8	3,048	66	5
폴란드	1.6	87,901	230	3
포르투갈	1.8	12,870	121	7
루마니아	2.4	35,429	164	5
러시아	19.9	869,814	611	7
슬로바키아	2.3	8,493	158	5
슬로베니아	1.5	1,301	65	4
스페인	1.2	64,215	145	8
스웨덴	2.4	7,450	82	5
스위스	2.9	6,111	83	5
우크라이나	7.4	165,716	356	6
영국	2.1	88,458	124	6

이집트	0.4	61,845	87	4
에티오피아		65,000	92	
가봉		2,750	212	
감비아		450	32	1
가나		12,736	55	2

연습문제

1. 공유지의 비극(tragedy of commons)을 방지할 수 있는 수단 둘은?
2. 코즈정리란 무엇이고 코즈정리에서 부존효과(endowment effect)란 무엇인가?

07 금융이론

▶ 금융이란?

소비자는 소비시점을 재배분(reallocation)함으로써 효용수준을 높일 수 있다. 이를 가능하게 하는 사회기구가 금융시장이다. 아래 그림에서 소비자는 현재소비와 미래소비 간 선택을 통해 초기 부존자원(endowment)하에서보다 더 높은 효용수준을 누릴 수 있다. 또한, 자금의 가격이라 볼 수 있는 이자율(또는 미래소비의 가격)이 변화하면, 시점 간 소비의 재배분을 통해 더 높은 효용수준을 누릴 수 있다.

▼ 〈그림 2-27〉 시점 간 효용극대화(이준구, 2010)

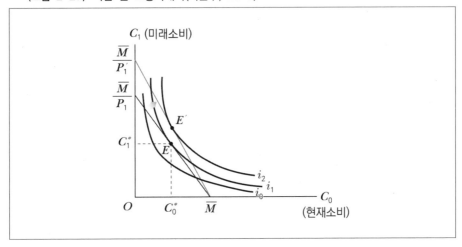

예를 들어, 이자율이 상승 또는 미래소비가격이 하락하면 소비자가 더 많은 미래소비를 선택하는 것을 들 수 있다.

▶ 금융시장

독자들은 간접금융시장 즉, 금융중개기관(은행)을 통한 금융거래에는 익숙해도 직접금융시장(채권 및 주식의 발행, 유통)에는 낯선 느낌을 가질 수 있다.

금융시장은 금융시스템을 구성하는 요소로서 경제의 여유자금을 매개한다.

▶ 재테크

독자들은 향후 임금소득, 이윤소득 등을 잘 증식하기 위해서 두 가지 시장에서의 특징과 거래방법 등을 알 필요가 있다. 은행에 대해 익숙하다고 생각하는 사람들도 실상 다양한 상품에 대해 잘 이해하지 못하는 경우가 많다.

우리나라의 통화지표(measure of money)를 보여주는 표(한국은행, 조사통계월보)를 보면 간접적으로 우리나라의 금융상품을 개략적으로 이해할 수 있다. 우선 요구불예금과 저축예금(예적금)은 일반인에게 익숙한 금융자산이다. 시장형은 양도성예금증서(CD)와 환매조건부채권(RP) 등을 포함한다. 실적배당형은 수익증권(은행이 운용하는 펀드를 우리나라에서는 이렇게 부른다), 가계 또는 기업금전신탁 등이 있다.

보험계약자들이 매달 지불하는 보험금(premium, 보험료) 및 금융기관이 아닌 기관이 발행한 금융자산도 유용한 재테크 수단이다.

▶ 파생금융(derivatives)

이미 시장조직이론에서 보았듯이 파생상품은 에너지거래에도 활발히 이용되고 있다.

대표적인 금융상품으로 선도, 선물 및 옵션 등을 들 수 있다.

가상적으로, D발전은 10월 1일 1개월물(maturity) 1MWh만큼을 전력선물(futures)로 매도(short position)한다고 상정하자. kWh당 100원으로 선물을 이용해 미리 파는 이유는 앞으로 한국전력거래소(KPX)에서 거래되는 도매전력가격이 하락하는 게 두렵기 때문이다.

이 경우, 발전회사는 헤지(hedge)의 목적으로 선물을 이용하고 이를 구매하는 사람은 투기(speculation)의 목적으로 롱포지션을 취한다.

만일, 11월 1일 전력가격이 90원이 되면 발전회사는 10원의 이득을 본다. 즉, 현물(spot)시장에서 90원을 주고 전력을 구매한 다음 자신의 계약을 이행하면 된다.

이 같은 설명은 사실 장외시장(OTC)에서 거래되는 선도(forward) 거래에 적용되는 상황이라 할 수 있다.

왜냐하면, 거래소(exchange)에서 거래되는 선물은 계약이행이 필요 없고 만기에 차액만 정산(settlement)만 하면 되기 때문이다(cf. CfDs 차액정산거래). 더군다나 거래소는 만기가 가까워옴에 따라 전력가격이 200원으로 오르면 발전회사가 계약불이행할 가능성이 있음을 알고 아예 일일정산(market-to-market settlement)을 수행한다. 즉, 10월 2일 선물가격이 110원이 되면 발전회사의 계좌로 단위당 10원을 입금해준다. 이를 위해 증거금제도(margin requirement)를 시행하며 전력선물에 참여하기 위해 보유해야 하는 최소한의 증거금을 유지증거금(maintenance margin)이라 한다. 만일, 전력선물가격이 30원으로 하락하여 발전회사의 증거금이 유지증거금 이하로 줄어들면 추가로 증거금을 부담해야 하는데 이를 추가증거금이라 하고 거래소(결제소, clearinghouse)가 납부금을 요구하는 것을 증거금요구(margin call)이라 한다.

연습문제

1. 이자율이 20%이고 20년 후에 1원을 받는다면 이의 현재가치는?
2. 한 자산이 내년에 11원에 판매된다. 이와 유사한 자산이 10%의 수익률을 제공하면 원래자산의 현재(시장)가격은?
3. 폰 – 노이만 모겐스턴 효용함수란?
4. 위험의 가격(price of risk)을 자본시장선과 관련하여 설명하라.

---

08 정보 및 행태경제이론

▶ 비대칭적 정보

완전경쟁시장의 가정 중 가장 중요한 것은 다수의 공급자 또는, 시장(market)규모에 비해 기업의 수가 많아 각 기업이 가격수용자(price taker)로 행동한다는 것이다.

이 절에서 분석하는 정보경제학(information economics)에서는 다른 가정 즉, 판매자와 구매자가 상품(품질)에 대해 완전한 정보를 공유한다는 가정을 완화한다.

두 측의 정보가 비대칭적으로 분포되어 있는 경우, 주인 – 대리인 문제(principal – agent problem)의 문제가 발생하며 이는 구체적으로 역선택(adverse –

selction)과 도덕적 해이(moral hazard)의 시장실패 현상으로 나타난다.

현실 경제에서 발견할 수 있는 역선택의 대표적인 예는 중고차시장에서 찾을 수 있다. 좋은 차와 나쁜 차가 반반씩 섞여 있으리라 짐작하는 소비자가 정작 차를 구매하고 보면 나쁜 차(lemon)일 가능성이 많다. 도덕적 해이의 경우, 생명 보험(life insurance)의 예를 들 수 있다. 아내와 자녀의 미래를 위해 보험에 가입한 가장은 오히려 평소에 좋아하는 술을 더 많이 마시게 된다. 심지어, 보험금 (insurance money)을 노리고 아내는 남편을 살해하는 음($-$)의 주의수준(negative precaution)을 선택하기도 한다.

비대칭적 정보의 시장성과에 대한 영향은 효율적인 시장작동(efficient functioning)을 저해하는 데 그 심각성이 있다. 역선택은 시장 자체를 사라지게 해서 거래가 일어나지 않게 되거나 품질이 좋은 상품이 시장에서 사라지게 하는 외부불경제(negative externalities)를 가져온다. 도덕적 해이는 경제주체가 행할 최적 주의수준(optimal taking care or precaution)만큼 주의수준이 이루어지지 않게 한다.

경제주체는 이 같은 부작용에 대처하는 방안을 다음과 같이 고려한다. 역선택의 경우, 정보를 가진 측은 신호(signaling)를, 가지지 못한 측은 선별(screening)이라는 방법을 사용한다. 도덕적 해이의 경우, 특히 보험시장에서 공동보험 (coinsurance) 또는 기초공제(initial deduction) 등을 사용한다. 특히, 신호발생은 교육시장에 적용될 수 있다.

▌ 도덕적 해이

1. 노동시장: 효율임금, 인센티브, 경영자
2. 금융시장: 기업투자, 금융중개기관(벤처캐피탈)
3. 관료: 관료 모형
4. 보험시장: 생명보험, 화재보험
5. 상품시장: PL, 브랜드, 명성(reputation)

연습문제

1. 인센티브 시스템으로 자주 예로 드는 지대(rent), 노동임금(wage labor), 취사선택(take it or leave it), 소작(sharecropping) 중 어떤 시스템이 대리인으로 하여금 잔여청구권자(residual claimant)로 만들어 효율적인 선택을 가능하게 하는가?

▶ 행태경제이론

미시경제이론은 경제주체들이 가장 바람직한 배분을 선택한다는 최적화(optimization) 원리와 가격이 균형수준으로 조정된다는 균형(equilibrium) 원리에 의해 사람들의 실제 선택행위를 설명한다.

최근 대두된 행태경제이론(behavioral economics)는 첫째 원리의 근간이 되는 "소비자가 합리적(rational)"이라는 가정에 회의를 둔다. 이 이론이 현실경제에서 중요한 이유는 무엇보다 금융시장에서 나타나는 특이현상(anomaly)을 설명할 수 있기 때문이다.

트버스키와 카네만(Tversky and Kahneman)은 심리학에서의 이론을 사용해서 주먹구구(heuristics), 편향(cognitive bias) 및 특이현상(anomaly) 등을 설명한다.

무엇보다도 금융시장과 관련이 되는 부분은 대표성 휴리스틱(representativeness), 현상유지 편향(the status quo), 소수의 법칙(law of small numbers), 손실기피(loss aversion) 등이다.

대표성 휴리스틱은 소수의 법칙이라고 불리기도 한다. H 선수가 오디션에서 7개의 자유투를 연속적으로 성공시키자 감독이 그의 자유투 성공률은 100% 라 속단해버리는 현상이다. S 주식의 가격이 5일 연속 상승하면, 투자자는 이 주식이 성장주라 속단해 버린다.

현상유지 편향은 손실기피(loss aversion)현상과 관련이 있다. 일반적으로 미시경제학에서 투자자는 위험기피(risk aversion)현상을 보인다고 알려져 있다. 즉 S 주식 수익률의 퍼진 정도가 큰 경우를 싫어한다는 것이다. 그러나, 행태이론에서는 S 주식소유자는 위험보다 손실을 보는 것을 극단적으로 꺼린다고 본다. 심지어 자본이득에 대한 조세(tax)를 고려하면 손실을 보는 것이 유리한 경우도 있는 경우에도 손실기피 현상을 보인다. 그러나, S 주식 소유자가 투자자문가 (financial advisers)를 고용하면 이러한 편향현상은 사라질 수 있다.

거시경제이론

거시경제이론

▶ 집계변수(economic aggregates)의 측정

　　거시경제학에서 경제변수는 모두 집계변수(aggregate variable)이다. 국민경제 내에 사과와 라면 산업이 존재한다고 하면, 국내총생산 GDP는 이들의 생산량을 각각 가격을 곱한 화폐가치로 표현하게 된다.

▼ 〈표 3-1〉 국민계정과 국민소득

국민소득 측정						
국내총생산 GDP						
국민총생산 GNP						대외순수취 요소소득 NFI
국민총소득 GNI					교역조건 변화에 따른 무역손익	
처분가능 소득 DI				간접세 감가상각 유보이윤 (보조금 등 이전지출)		

▶ 경기변동(business fluctuations)

GDP 추세를 제거한 순환변동치(cycle)로부터 (예를 들어) 1997~98년 기간 중 외환위기에 따른 불황(recession)을 확인할 수 있다.

경기변동에서 중요한 것은 거시변수들이 GDP와 같이 움직이는 동조성(comovement)이다. 같은 방향으로 또는 반대방향으로 움직이든 동조성은 중요하다.

이는 표본 상관계수로 측정하며 양의 부호이면 경기순응적(procyclical), 음의 부호이면 경기역행적(countercyclical)이라 부른다. 데이터를 보면 물가(P), 실질이자율($i - \pi$), 정부지출이 경기역행적인 것으로 나타난다. 물가의 경우, 우리경제의 거시경제 충격이 주로 공급충격임을 시사한다. 또한, 실질이자율의 경우, 명목이자율은 최소한 비순응적(acyclical) 또는 경기순응적(procyclical)을 시사한다. 이는 경기호황으로 인한 화폐수요 증대 또는 화폐공급 증대의 피셔효과에서 기인한 것으로 보인다.

■ 계량경제학 심화

▶ 시계열 데이터에 대한 추세제거(detrending)

GDP 데이터에 존재하는 순환변동치(cyclical component)를 추출하면 비선형(nonlinear) 추세분이 얻어진다.

Hodrick−Prescott 필터는 거시경제학 집계변수 데이터로부터 부드러운 장기 추세분을 추출하는 데 사용된다. Hodrick and Prescott은 미국 경기변동을 분석하는 데 이 기법을 사용하였으며 거시경제학에서 가장 많이 사용되는 실물경기변동(RBC) 분석 시에도 사용된다.

HP filter는 실제 데이터 y로부터 부드러운 추세 s를 추출하는데 그 원리는 s 주위로부터 y가 퍼진 정도를 극소화하는 데 있다. 단, s의 2계차분(the second difference)에 대해 페널티를 부여한다. HP filter는 다음 목적함수를 극소화한다.

$$\sum (y_t - s_t)^2 + \lambda \sum [s_{t+1} - s_t) - (s_t - s_{t-1})]^2$$

페널티 파라미터는 λ이다.

마지막으로, 정부지출 증가가 반대로 움직이는 것은 1) 호황－흑자재정과 같이 경기조절정책을 시행하였거나 2) 적자재정－구축효과 등의 다양한 경로를 생각해 볼 수 있다.

다음으로 경기변동의 특징은 진폭, 및 진동수로도 나타낸다. 진폭(amplitude)은 추세로부터 호황이냐 불황이냐를 막론하고 최대편차를 나타낸다. 이는 변동성이라고도 불리며 추세로부터의 차이를 %로 나타낸다. 진동수(frequency)는 1년간 발생하는 최고점(정점, peak)의 수이며, 특히 시계열 거시계량경제학에서 중요하게 다루어진다(frequency domain vs. time domain).

▶ 계절조정(seasonally adjusted)

거시계량경제학(macroeconometrics)에서는 계절조정(seasonally adjusted) 데이터를 많이 사용한다.

$$C = \alpha + \beta_1 \ Y (+\beta_2 \ D_1 + \beta_3 \ D_2 + \beta_4 \ D_3) + \varepsilon$$
$$C = \beta_1 \ Y (+\beta_2 \ D_1 + \beta_3 \ D_2 + \beta_4 \ D_3) + \beta_5 \ D_4 + \varepsilon$$

이 두 회귀분석은 계절조정된 소비와 소득을 회귀분석하여 얻은 한계소비성향 추정치와 같은 계수추정치 b_1를 얻게 한다.

이 경우, 계절조정된 소비와 소득으로 회귀분석하는 경우와

$$C = \alpha + \beta_2 \ D_1 + \beta_3 \ D_2 + \beta_4 \ D_3 + \beta_5 \ D_4 + \varepsilon_1$$
$$Y = \alpha + \beta_2 \ D_1 + \beta_3 \ D_2 + \beta_4 \ D_3 + \beta_5 \ D_4 + \varepsilon_2$$

의 잔차를 서로 얻어 회귀분석하는 결과가 같다(partial regression).

▶ 거시변수(GDP)의 지속성(persistence)

$$y_t = \alpha + \delta t + y_{t-1} + v_t$$
$$\triangle y_t = \alpha + \gamma y_{t-1} + \lambda t + v_t$$

GDP의 지속성이라 함은 실제치가 추세보다 위에 있을 때 그러한 경향이 당분간 유지되는 현상을 의미한다. 경기예측이 가능한 것은 바로 이러한 경기변동의 특성에서 기인한다.

거시변수의 지속성은 계량경제학에서 단위근 또는 안정성과 관련해 중요한 이슈를 제공한다.

첫째 식에서 우변의 시차변수 계수가 1이므로 y는 불안정적인 특성을 보인다. 즉, 새로운 충격이 오면 이 충격은 항구적(permanent)인 영향을 미치게 되고 추세로 돌아오는 경향(trend stationary: 용어만 안정성이란 표현을 쓰지만 불안정성을 나타냄, 단, 그렇다고 반드시 $I(1)$은 아님)을 보이지 않는다.

DF 단위근 검정은 H0: $\gamma = 0$라는 귀무가설을 H1: $\gamma < 0$에 대해 검정하는 것이고 기각하는 경우, 추세안정적이라 판단한다. 반면, 기각하지 못하는 경우 불안정적 시계열로 본다.

시계열 변수 y가 지속성을 지닌다는 것은 바로 후자를 의미하는 것이다.

▼ 〈표 3-2〉 1인당 GDP에 대한 단위근검정(Korea, PWT 9, 2017)

Null Hypothesis: Y has a unit root

Exogenous: Constant

Lag Length: 0 (Automatic−based on SIC,   maxlag=9)

		t−Statistic	Prob.*
Augmented Dickey−Fuller test statistic		0.515607	0.9850
Test critical values:	1% level	− 3.626784	
	5% level	− 2.945842	

*MacKinnon (1996) one−sided p−values.

Augmented Dickey−Fuller Test Equation

Dependent Variable: D(Y)

Variable	Coefficient	Std. Error	t−Statistic	Prob.
$y(-1)$	0.004713	0.009142	0.515607	0.6095
C	550.7497	144.2525	3.817956	0.0005**

▶ 랜덤워크가설

$$y_t = y_{t-1} + v_t$$

계량경제학에서 불안정적 시계열은 흔히 임의보행을 따른다는 표현을 쓴다.

일반적으로 GDP, 인플레이션, 금리 등의 데이터는 무작위적으로 위 또는 아래로 움직이며 평균치로 되돌아가는(mean reversion) 성향을 보이지 않는다. 또한 변수의 t시점과 s시점 간 공분산은 거리뿐만 아니라 시점 t에 의존하는 특성을 지닌다. 마지막으로, 단위근을 가진다라는 표현도 많이 쓴다.

이는 충격에 항구적 성격(permanent component)이 있음을 의미한다.

금융이론에서는 이 같은 무작위보행 가설을 예측불능 가설이라 부르기도 한다. 이 가설을 검정하는 방법은 IID가정(independently identically distributed)을 각각 경우에 따라 나누어 보는 것으로 구성된다.

▶ 총생산함수 추정: 트랜스로그 함수

일반적으로 거시경제의 총생산함수를 단순히 콥－더글라스(Cobb－Douglas) 함수로 나타내지만 이 경우, 암묵적으로 대체탄력성이 1(unitary elasticity of substitution)이라 가정하기 때문에 현실적합성이 부족하다.

따라서, 본고에서는 이 같은 암묵적 가정을 완화한 트랜스로그(translog) 생산함수를 사용하여 대체탄력성을 분석한다.

콥－더글라스 생산함수를 일반화한 트랜스로그 생산함수는 다음과 같다.

$$\ln Y = \beta_1 + \beta_2 \ln L + \beta_3 \ln K + \beta_4 (1/2)(\ln^2 L) + \beta_6 (1/2)(\ln^2 K) + \beta_6 \ln L \ln K + \varepsilon$$

1970년부터 2004년까지의 우리나라 국내총생산(GDP; Y), 노동(L) 및 자본(K)투입 등으로 구성된 데이터를 사용하였다.

세부 데이터로

Y: 국내총생산(불변가격 기준)

K: 자본스톡 추계치

L: 노동서비스(취업자수×평균근로시간)

를 각각 사용하였다.

자본스톡은 통계청의 국부(national net assets)조사와 총고정자본형성 통계로부터 다항－벤치마크(polynomial－benchmark) 방법을 통해 구하였다.

자본스톡은 다음과 같이 주어진다.

$$Kt = It + (1 - \delta) Kt - 1$$

감가상각률 δ은 설비부문과 건설부문의 평균치인 0.068을 사용하였다.

노동(L)의 경우, 취업자수에다 제조업부문 평균 근로시간을 곱하여서 사용하였다.

위 식에서 콥－더글라스 생산함수는 $\beta_4 = \beta_5 = \beta_6 = 0$이라는 제약(restriction)을 부과하면 얻을 수 있다. 실제로 $H_o : \beta_4 = \beta_5 = \beta_6 = 0$이라는 가설을 Wald 검정을 통해 유의성을 살펴본 결과, 우리 경제에 단순한 콥－더글라스 생산함수를 적용할 수 없음을 확인할 수 있다.[1]

콥－더글라스 모형에 대한 가설의 F 통계량은 6.130으로 계산되었고 p－value가 0.00으로 나타나 콥－더글라스 모형이 적절하다는 가정을 기각할 수 있었다.[2]

한편, 추정결과에서 만일, 교란항이 계열상관(serially correlated) 현상을 보이면

---

1) 추정결과를 보면 전년도 GDP를 제외하고는 통계적으로 유의한 변수가 없어 Wald 검정결과의 타당성에 의문을 제기할 수 있다. 그러나, 분석의 관심이 개별 회귀계수의 유의성이나 크기가 아니라 일부 회귀계수들이 동시에 0인가이므로 콥－더글라스 생산함수에 대한 가설검정 결과는 그대로 타당성을 지닌다. 트랜스로그 생산함수에 대한 회귀분석 결과를 보면, 회귀분석의 유의성(즉, 모든 회귀계수가 동시에 0)을 검정하는 F－검정통계량의 값이 아주 크게 유의하게 도출되었으며 GDP의 로그치로 측정된 회귀직선의 RMSE도 상당히 낮은 값을 지닌다.
2) 생산함수 추정결과는 <표 3－3>과 같으며 자본에 대한 회귀계수가 음의 값을 가짐을 확인할 수 있다. 이를 보고 자본의 산출탄력성이 잘못 추정되었다고 생각할 수 있으나 그렇지 않다. 트랜스로그 모형에서 산출의 자본탄력성은 다음과 같다.
$\partial \ln Y / \partial \ln K = \beta_3 + \beta_5 (\ln K) + \beta_6 \ln L$

(통상)최소자승법에 의한 표준오차(standard errors) 추정치는 타당성을 잃게 되며 추정계수는 편의(biased)를 보일 수 있다. 계열상관을 검정하는 Q-통계량을 보면 잔차에 통계적으로 유의한 계열상관이 존재하지 않음을 알 수 있다.

▼ 〈표 3-3〉 트랜스로그 생산함수 추정[3]

Dependent Variable: LNGDP

Method: Least Squares

Sample (adjusted): 1971 2004

Included observations: 34 after adjustments

Variable	Coefficient	Std. Error	t-Statistic	Prob.
C	−8.598478	155.9701	−0.055129	0.9564
LNLH	7.333909	28.83734	0.254320	0.8012
LNK	−6.902414	6.291561	−1.097091	0.2823
(1/2)*LN2LH	−1.085688	2.679709	−0.405151	0.6886
(1/2)*LN2K	−0.153857	0.141192	−1.089706	0.2855
LNLHLNK	0.654498	0.596066	1.098029	0.2819
LNGDP(−1)	0.702534	0.121335	5.790024	0.0000*

▼ 〈표 3-4〉 콥 - 더글라스 생산함수에 대한 검정

Wald Test:

Test Statistic	Value	df	Probability
F − statistic	6.128481	(3, 27)	0.0026*
Chi − square	18.38544	3	0.0004*

이상 트랜스로그 생산함수 분석을 통해 우리 경제 총생산함수의 대체탄력성이 1이 아님을 확인할 수 있다.

---

3) 회귀계수 또는 검정통계량이 5% 유의수준에서 통계적으로 유의한 경우 p-값에 *를 표시하였다.

▶ 대체탄력성: CES 생산함수

이번에는 구체적으로 총생산함수의 대체탄력성을 추정한다.

분석을 위해 다음과 같은 CES 생산함수(constant elasticity of substitution production function)를 가정한다. 생산요소 간의 대체탄력성이 항상 일정한 값을 가지는 경우 보통 CES 생산함수라 부른다.

$$Y = \nu[\delta K^{-p} + (1-\delta)L^{-p}]^{-(\nu/p)} \qquad (\nu > 0, \ 0 < \delta < 1, \ p > -1)$$

생산요소 간의 대체탄력성(σ)은 매개변수 ρ와 $\sigma = 1/(1+\rho)$의 관계를 가진다. 이렇게 구한 대체탄력성 추정치는 1.46의 값을 가진다.[4]

이 관계를 이용하면 우리 경제에서 기술혁신활동에 의해 생산요소의 상대가격이 변화할 때 노동과 자본소득의 상대적 몫이 어떻게 변화할 것인지 알 수 있다.

CES 생산함수 추정

이 식을 $\rho = 0$ 근방에서 테일러 근사를 시키면 다음 관계를 얻을 수 있다.

$$\ln Y = \ln\nu - (\nu/p)\ln[\delta K^{-p} + (1-\delta)L^{-p}] + \epsilon$$

$$= \beta_1 x_1 + \beta_2 x_2 + \beta_3 x_3 + \beta_4 x_4 + \epsilon'$$

$$x_1 = 1$$

$$x_2 = \ln K$$

$$x_3 = \ln L$$

$$x_4 = -(1/2)[\ln^2(K/L)]$$

---

[4] 임양택(2005)의 경우, 우리나라 제조업을 대상으로 구조전환점(break point)을 설정하고 순요소증가형 CES생산함수를 간접적으로 추정하여 대체탄력성을 추정한 결과, 1973~1980년의 경우, 0.2150의 값을 1981~1987년의 경우, 1.7793의 값을 얻어 본고의 결과와 대조를 보이고 있다. 한편, 신태영(2005, mimeo)은 공적분분석을 우리나라 경제에 적용한 결과, 국민경제 수준에서 총생산함수의 대체탄력성이 1보다 작다는 결론을 도출하였다.

각 변수의 변환관계는 다음과 같다.

$$\nu = e^{\beta_1}$$

$$\delta = \beta_2 / (\beta_2 + \beta_3)$$

$$v = \beta_2 + \beta_3$$

$$p = \beta_4 (\beta_2 + \beta_3) / (\beta_2 \beta_3)$$

각 β에 대한 추정치는 최소자승법을 통해 얻을 수 있다.

$\sigma = 1.46$인 경우, 생산요소 가격비율(w/r)이 1% 하락하는 경우, 요소투입비율(L/K)이 1.46% 증가하게 된다. 이는 상대적 몫을 $(w/r)(L/K)$로 분해한 상황에서 양자를 곱한 값은 원래보다 더 커지게 되어 노동 상대가격의 하락이 노동의 상대적 몫을 더 크게 함을 의미한다.[5]

대체탄력성이 가지는 의미는 다음과 같다. 대체탄력성이 1.46과 같이 비교적 큰 경우, 노동의 상대가격이 하락하면 생산기술상의 특성 때문에 자본을 용이하게 노동으로 대체할 수 있게 된다. 결국 (w/r)의 하락은 노동에게 귀속되는 소득의 몫을 더 크게 만들게 된다.

반대의 경우, 즉 생산요소 가격비율(w/r)이 1% 상승하는 경우 노동을 용이하게 자본으로 대체할 수 있게 된다. 결국 (w/r)의 상승은 노동에게 귀속되는 소득의 몫을 더 작게 만들게 된다.

기술혁신을 통한 (요소 비중립적) 기술진보가 이루어지는 경우, 대체탄력성이 일정하다고 가정하는 CES 생산함수를 통한 분석결과의 타당성에 의문을 제기할 수 있다. 그러나, 기술진보를 통해 요소집약도가 변화하는 것과 대체탄력성이 일정한 것과는 아무런 모순관계가 없음을 유의할 필요가 있다.

---

5) 계열상관(serial correlation)문제를 고려한 1계 자기회귀(AR) 모형을 통해 대체탄력성을 추정하면 1.37로 다소 낮은 값을 얻지만 분석상 큰 문제는 없어 이하에서는 OLS추정치 1.46을 그대로 사용하였다.

▼ 〈표 3-5〉 CES 생산함수에 대한 추정

Dependent Variable: LNGDP

Method: Least Squares

Sample: 1970 2004

Included observations: 35

Variable	Coefficient	Std. Error	t-Statistic	Prob.
C	−10.74699	1.550470	−6.931440	0.0000*
LNK	0.540609	0.024698	21.88888	0.0000*
LNLH	1.187200	0.125236	9.479675	0.0000*
−(1/2)*(LNDIFKLH)*(LNDIFKLH)	−0.117460	0.042844	−2.741574	0.0101*

▼ 〈표 3-6〉 CES 생산함수에 대한 추정결과

B1	−10.747
B2	0.541
B3	1.187
B4	−0.117
γ(GAMMA)	0.000
δ(DELTA)	0.313
v(NU)	1.728
ρ(LOW)	−0.316
$1/(1+\rho)$	1.462

▶ 기술진보와 노동/자본의 상대적 몫

위의 CES 생산함수에서 Hicks에 따른 기술편의(technological bias)는 다음과 같다.

$$B(t) = d(\ln RTS) / dt = \partial(MP_K / MP_L)/\partial t = (MP_{Kt}/MP_K) - (MP_{Lt}/MP_L)$$

단, t = 기술변화를 나타내는 시간,

RTS = 한계기술대체율(marginal rate of technical substitution)

비용극소화를 달성하는 균형점에서 다음의 관계가 성립한다.

$$RTS_{L,\,K} = MP_L / MP_K = (1 - \delta)/\delta * (K/L)^{(1/\sigma)} = w/r$$

한계기술대체율은 산출량에 아무런 변화도 가져오지 않는 투입요소 간 교환비율을 나타낸다. 예를 들어, RTS가 3이라면, 노동 1단위를 줄이고 자본 3단위를 추가적으로 투입해도 생산량에 아무 변화가 없음을 의미한다. 이는 다시 노동의 한계생산(MP)이 자본의 한계생산보다 3배나 크다는 말이 된다.

한계기술대체율 추이와 자본집약도 변화를 통해 대체탄력성(σ)이 1보다 큰 상황에서 노동절약적 기술진보[$B(t) > 0$]가 발생해왔음을 확인할 수 있다.

▼ 〈그림 3-1〉 노동소득분배율 추이: $wL/rK = (w/r)(L/K)$

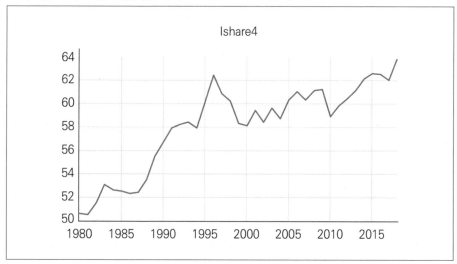

1968년부터 2004년까지의 국민계정에서의 연간 시계열 데이터를 사용한 결과, (평균) 노동소득 분배율은 0.384로 계산되었다.[6] (최근 한국은행은 약 30% 정도를 사용한다.)

노동소득분배율＝52.766%

자본소득분배율＝47.234%

▼ 〈그림 3-2〉 총요소생산성 추이

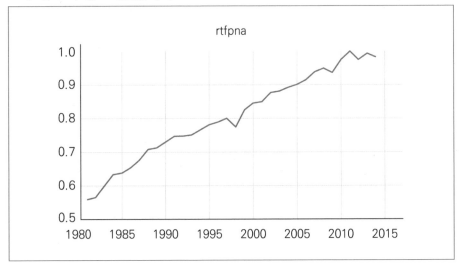

---

6) 이렇게 구한 노동소득분배율로 계산한 Denison(1967) 방식의 총요소생산성을 표시한 것이 그림 〈3-2〉에 나타나 있다.

▶ 총요소생산성(total factor productivity)

총요소생산성(total factor productivity)을 사용하여 기술진보를 측정한 대표적인 연구방법으로 Denison(1967)의 성장회계(growth accounting) 방식을 들 수 있다. 그는 총요소생산성(TFP)을 다음과 같이 잔차형태로 계산하였다. 여기서 총요소생산성은 노동이나 자본으로 설명되지 않는 실질소득의 증가분을 의미한다.

$$\ln A = \ln Y - \alpha \ln K - (1 - \alpha) \ln L$$

Y: 부가가치

K: 자본스톡

L: 취업자수

$(1 - \alpha)$: 노동소득분배율

총요소생산성 증가율과 R&D집약도 간의 관계식은 콥－더글라스 생산함수에 기초하여 Grilliches(1984)가 처음 제시하였으며 그는 총요소생산성을 다음과 같이 증가율 형태로 계산하였다.

$$(\Delta A / A) = (\Delta Y / Y) - \alpha (\Delta K / K) - (1 - \alpha)(\Delta L / L)$$

그리고, R&D투자와 생산성 간의 관계를 다음 식을 통해 추정하였다.

$$(\Delta A / A) = \alpha + \beta (R D / Y)$$

이를 통해, R&D집약도의 총요소생산성 증가율에 대한 추정치로 0.17～0.34라는 추정결과를 내놓았다.

신태영(2006, 연구개발투자의 경제성장 및 분배에 미치는 영향)은 우리나라 R&D투자 효율성이 0.182로 OECD 평균수준을 보인다고 주장하였다. 즉, 71년～89년의 0.137에서 90년～04년의 0.187로 효율성(탄력성)이 크게 개선되는 추세에 있다는 것이다.

▼ 〈표 3-7〉 R&D투자와 경제성장

> 1. 총요소생산성 증대를 통한 성장률 확대
>
> $(\Delta A / A)_t = \alpha + \beta (\Delta RD / RD)_t$
>
> 2. 생산성증가율을 증가시키는 두 가지 정책 존재
>
>   1) R&D 투자의 효율성 β 상승
>
>   2) R&D 투자규모 (또는 증가율 $\Delta RD / RD$) 확대

▶ 정부 R&D와 고용: VAR

1970년부터 2005년까지의 R&D 투자(RDSTOCK), 정부 IT부문 R&D 투자(ITGRD), 취업자수(L), 월평균 근로시간(HOUR) 및 총요소생산성(LNTFP2)으로 구성된 데이터를 사용하여 R&D활동이 고용에 미치는 영향에 대한 분석을 하였다. R&D 투자지출(NRD) 충격이 고용에 미치는 충격반응함수(impulse response function)를 구하기 위해 다음과 같은 벡터자기회귀(VAR: vector autoregressive)모형을 설정하였다.

$$x_t = a_1 + \sum_{i=1}^{2} \beta_{1i} x_{t-i} + \sum_{i=1}^{2} \gamma_{1i} y_{t-i} + \sum_{i=1}^{2} \delta_{1i} z_{t-i} + \epsilon_{1t}$$

$$y_t = a_1 + \sum_{i=1}^{2} \beta_{2i} x_{t-i} + \sum_{i=1}^{2} \gamma_{2i} y_{t-i} + \sum_{i=1}^{2} \delta_{2i} z_{t-i} + \epsilon_{2t}$$

$$z_t = a_2 + \sum_{i=1}^{2} \beta_{3i} x_{t-i} + \sum_{i=1}^{2} \gamma_{3i} y_{t-i} + \sum_{i=1}^{2} \delta_{3i} z_{t-i} + \epsilon_{3t}$$

단, x = R&D투자(RDSTOCK, 또는 ITGRD),

y = 고용(L 또는 HOUR), z = 생산성(LNTFP)

1) log(RDSTOCK: 지식스톡) → log(L: 고용)

IT부문에서 (일반) R&D 투자(RDSTOCK)가 취업자수(L)에 미치는 충격반응함수를 보면, 긍정적인 추정결과가 도출된다. R&D 1표준편차 충격에 대해 고용은 0.3 정도의 정의 반응을 보이다 그 효과가 점진적으로 사라진다.

▼ 〈그림 3-3〉 Response of LOG(L) to LOG(RDSTOCK)

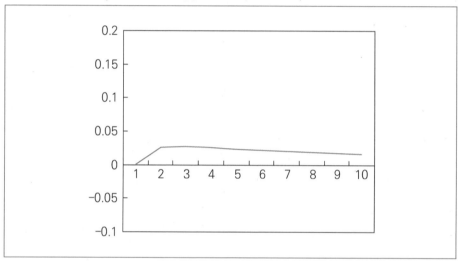

2) log(RDSTOCK: 지식스톡) → log(HOUR: 평균 근로시간)

IT부문에서 (일반) R&D 투자(RDSTOCK)가 월평균 근로시간(HOUR)에 미치는 충격반응함수를 보면, 그 효과는 거의 나타나지 않는다.

3) log(GRD: 정부 R&D) → log(L: 고용)

IT부문에서 정부 R&D 투자(ITGRD)가 고용(L)에 미치는 충격반응함수를 보면, 그 효과는 초기에는 긍정적이지만 시간이 경과할수록 부정적인 효과가 나타난다. 그러다가, 상당한 기간이 경과한 후에 그 효과는 소멸한다.

▼ 〈그림 3-4〉 Response of LOG(L) to LOG(ITGRD)

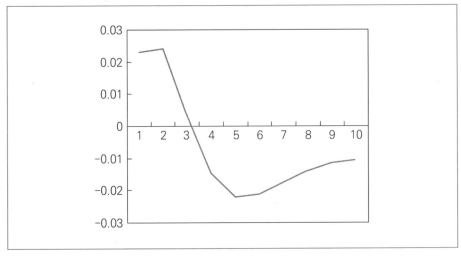

4) log(GRD: 정부 R&D) → log(HOUR: 평균 근로시간)

IT부문에서 정부 R&D 투자(ITGRD)가 월평균 근로시간(HOUR)에 미치는 충격반응함수를 보면, 긍정적인 추정결과가 도출된다. R&D 1표준편차 충격에 대해 근로시간(노동공급)은 0.04 정도의 정의 반응을 보이다 그 효과가 점진적으로 사라진다.

▼ 〈그림 3-5〉 Response of LOG(HOUR) to LOG(ITGRD)

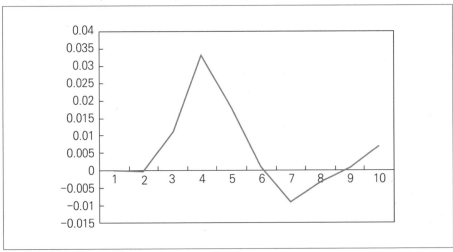

▶ 정부 R&D와 고용: 구조적 VAR

TFP 충격이 고용에 미치는 영향을 알아보기 위해 충격반응함수 분석을 실시하였다. 이를 위해 우리는 시계열 변수 간의 원인관계를 조사하는 구조적 VAR(structural VAR) 모델을 설정하였다. VAR의 시차 길이는 로그−최우도값(log likelihood), 최우도비율(likelihood ratio) 또는 정보 기준(information criteria)에 의해 결정된다. 대부분의 기준은 최적 시차 길이가 2기로 나타난다.

VAR 모델을 다음과 나타낼 수 있다.

$$xt = \alpha(1) + \beta(1)xt - 1 + \theta(1)yt - 1 + \beta(2)xt - 2 + \theta(2)yt - 1 + et$$
$$yt = \alpha(2) + \beta(3)xt - 1 + \theta(3)yt - 1 + \beta(4)xt - 2 + \theta(4)yt - 2 + et$$

x: TFP

y: employment

위의 형태의 VAR 모델은 matrix 형태로 다음과 같이 쉽게 나타낼 수 있다.

$$Y_t = CY_{t-1} + V_t$$

충격반응(impulse response)의 실제 움직임(real dynamics)은 복잡하게 구성되어 있다. 우리는 관측불가능한 데이터로부터 정확한 충격(shock)을 식별해 내야 한다(Hill et al., 2008). 이러한 복잡성이 식별문제를 일으킨다.

보다 정확하게, 구조적 형태(structural form)로 나타내면 $BY_t = AY_t - 1 + E_t$ 가 된다. 여기서 B가 단위행렬이 아닌 경우, V를 구성하는 요소들은 E의 구성요소의 가중평균이 된다. 우리는 고용에 미치는 충격이 장기의 TFP에 영향을 미치지 않게 하기 위하여 장기 제약식을 부과한다.

▶ 상대적 몫에 대한 시계열분석: 벡터오차수정(VEC) 모형

안정적인 시계열변수 간 동태적 상호관계를 나타내는 것이 VAR 모형이라면 불안정적 시계열 즉, $I(1)$ 변수에 대해서는 벡터오차수정 모형(error correction)을 사용한다.

장기금리(회사채)와 단기금리(콜금리) 간 장기 균형관계 즉, 공적분관계가 존재하면 장기금리 y는 단기금리 x로부터 벗어난 정도에 따라 변화한다. 즉, 공적분 오차(cointegrating error)가 양이면 장기금리는 감소한다. $\alpha 11$을 오차수정계수 (error correction coefficient)라 하며 모형의 안정성(stability)을 위해 $(-1 < \alpha 11 \leq 0)$ 의 조건을 부과한다.

아래 모형에는 금리변화가 오직 공적분 오차만의 함수라 보지만 일반적으로 다른 설명변수 또는 내생변수의 차분도 사용된다.

$$\triangle y_t = a_{10} + a_{11}(y_{t-1} - \beta_0 - \beta_1 x_{t-1}) + v_t^y$$

$$\triangle x_t = a_{20} + a_{21}(y_{t-1} - \beta_0 - \beta_1 x_{t-1}) + v_t^x$$

1970년부터 2004년까지의 우리 경제의 R&D 투자(RD), 자본(K) 및 총요소생산성(TFP)으로 구성된 데이터를 사용하여 R&D활동이 생산성에 미치는 영향에 대해 분석하였다. R&D 투자지출(RD) 충격이 생산성, 나아가 노동/자본 소득의 상대적 몫에 미치는 충격반응함수(impulse response function)[7]를 구하기 위해 다음과 같은 벡터오차수정(VEC: vector error correction) 모형[8]을 설정하였다.

이를 통해 본고에서는 R&D 투자, 생산성, 노동소득 분배율, 자본－노동비

---

7) 충격반응함수는 한 변수의 충격이 다른 변수에 시차를 두고 미치는 영향을 나타내는 승수(multiplier)의 궤적을 나타내는 함수 또는 그래프이다.

8) 오차수정 모형은 종속변수가 공적분관계에 있는 설명변수의 변동 및 균형에서의 이탈치에 대한 조정분에 의해 변동함을 나타내는 시계열 모형이다. 여기서 중요한 것은 종속변수에서 장기 균형관계에 있는 변수 간 균형에서의 오차(equilibrium error)에 대해 일정부분 조정이 이루어진다고 파악하는 것이다. 예를 들어 총요소생산성과 노동소득 분배율(종속변수) 간 공적분 관계가 있을 때 두 변수 간 장기적 균형관계의 이탈치의 일정부분에 대해 시차를 두고 노동소득분배율에 오차수정(error correction)이 이루어 진다고 파악한다.

율 및 한계대체율 변수 간의 인과적 관계를 실증적으로 분석한다.[9] 앞에서 분석한 (CES) 생산함수 모형 내에서 각 데이터의 시계열 특성을 이용하여 다변수 간 공적분(multivariate cointegration) 관계를 검정하게 된다.[10] 일반적으로, 불안정한 (nonstationary) 시계열 변수의 선형결합으로 구성된 잔차항이 안정적(stationary) 시계열일 경우, 변수 간 장기적 균형관계 즉, 공적분 관계가 있다고 불려진다.[11]

$$\Delta x_t = \alpha_1 + \sum_{k=1}^{r} \theta_{1k} \nu_{k,t-p} + \sum_{i=1}^{n} \beta_{1i} \Delta x_{t-i} + \sum_{i=1}^{n} \gamma_{1i} \Delta y_{t-i}$$
$$+ \sum_{i=1}^{n} \delta_{1i} \Delta z_{t-i} + \sum_{i=1}^{n} \xi_{1i} \Delta A_{t-i} + \varepsilon_{1t}$$

$$\Delta y_t = \alpha_2 + \sum_{k=1}^{r} \theta_{2k} \nu_{k,t-p} + \sum_{i=1}^{n} \beta_{2i} \Delta x_{t-i} + \sum_{i=1}^{n} \gamma_{2i} \Delta y_{t-i}$$
$$+ \sum_{i=1}^{n} \delta_{2i} \Delta z_{t-i} + \sum_{i=1}^{n} \xi_{2i} \Delta A_{t-i} + \varepsilon_{2t}$$

$$\Delta z_t = \alpha_3 + \sum_{k=1}^{r} \theta_{3k} \nu_{k,t-p} + \sum_{i=1}^{n} \beta_{3i} \Delta x_{t-i} + \sum_{i=1}^{n} \gamma_{3i} \Delta y_{t-i}$$
$$+ \sum_{i=1}^{n} \delta_{3i} \Delta z_{t-i} + \sum_{i=1}^{n} \xi_{3i} \Delta A_{t-i} + \varepsilon_{3t}$$

$$\Delta A_t = \alpha_4 + \sum_{k=1}^{r} \theta_{4k} \nu_{k,t-p} + \sum_{i=1}^{n} \beta_{4i} \Delta x_{t-i} + \sum_{i=1}^{n} \gamma_{4i} \Delta y_{t-i}$$
$$+ \sum_{i=1}^{n} \delta_{4i} \Delta z_{t-i} + \sum_{i=1}^{n} \xi_{4i} \Delta A_{t-i} + \varepsilon_{4t}$$

9) VEC 모형에서의 시차는 두가지의 정보기준 AIC 및 SC를 적용한 결과 SC의 값이 lags=3의 경우에 가장 낮게 나타나 $n=3$의 시차를 사용한다.

10) 이하에서 시행되는 공적분 검정에서 일반적으로 1. No intercept, No trend 2. Intercept, No trend 3. Linear trend, Intercept, No trend 4. Linear trend, Intercept, Trend 5. Quadratic trend, Intercept, Trend 등 5가지의 경우를 Johansen(1995)의 모형설정 검정법을 사용한다. 본 모형에서는 "5. Quadratic trend, Intercept, Trend"의 경우가 데이터에 적합한 것으로 나타난다.

11) 직관적으로 설명하면 한 시계열 변수에 발생한 충격의 영향이 시차를 두고 소멸하지 않고 항구적(permanent)인 경우, 이 시계열은 불안정하다고 표현한다. 또한, 두 불안정한 시계열의 선형결합이 안정적이면 두 시계열은 공적분 관계 즉, 장기적 균형관계에 있다고 나타낸다.

$$\Delta l_t = \alpha_5 + \sum_{k=1}^{r} \theta_{5k} \nu_{k,t-p} + \sum_{i=1}^{n} \beta_{5i} \Delta x_{t-i} + \sum_{i=1}^{n} \gamma_{5i} \Delta y_{t-i}$$

$$+ \sum_{i=1}^{n} \delta_{5i} \Delta z_{t-i} + \sum_{i=1}^{n} \xi_{5i} \Delta A_{t-i} + \varepsilon_{5t}$$

단, x = R&D투자(RD), y = 한계대체율(MRT), z = 자본/노동비율
(KRATIO), A = 생산성(TFP), l = 노동분배율(LSHARE)

Δ는 차분을, r은 공적분 벡터의 수를, θ_{ik}는 조정계수를, $\nu_{k,t-p}$는 공적분 벡터를 각각 나타낸다. 한편, VEC 모형을 구축하기 위해서는 변수 간 순위 (ordering)을 결정하는 변수 간 인과관계(causality)를 알 필요가 있다. Granger(1969) 와 Sims(1972)에 따르면, 다음 회귀식에서 x_i의 시차변수들이 설명력을 가질 때 x가 y를 Granger—cause한다고 볼 수 있다.

$$y_t = \alpha_2 + \sum_{i=1}^{n} \beta_i x_{t-i} + \sum_{i=1}^{n} \gamma_i y_{t-i} + \varepsilon_t$$

이는 다음의 귀무가설이 F—검정에 의해 기각되는 경우 성립한다.

H_0: $\beta_1 = \beta_2 \ldots = \beta_n = 0$

한편, 연립방정식 모형에서의 변수의 외생성(exogeneity)은 인과관계와 밀접히 연관되어 있다.

우선, 약외생성(weakly exogenous)은 $f(y|x)$와 $f(x)$로도 $f(x,y)$를 설명할 수 있는 경우이고 사전결정(predetermined)은 $x(t)$와 $e(t+s)$가 관계가 없다는 것이다. 강외생성(strongly exogenous)은 약외생성(weakly exogenous)에다 y로부터 x로의 그랜저 인과관계가 없다는 조건으로 표현된다.

1. 거시경제학에서 많이 사용하는 IS곡선과 MP곡선이 있다. 전자는 생산물시
   장의 균형을 가져오는 (실질)이자율과 국민소득 간 관계를, 후자는 인플레
   이션과 소득수준에 따라 실질이자율을 결정하는 중앙은행의 이자율결정방
   식을 가정하여 화폐시장의 균형을 가져오는 이자율과 소득 간 관계를 나
   타낸다.
   1) 조세증가
   2) 정부지출 증가
   3) 화폐수요 감소
   4) 투자수요의 이자율탄력성 증가
   등의 변화가 두 곡선에 미치는 영향을 실증분석을 통해 예상해보시오.

02 / 총수요와 총공급

▶ 총수요와 총공급

거시경제학에서는 균형산출과 물가 역시 수요−공급의 원리에 의해 결정되
나, 그 원리는 미시경제학에서의 경우와 다르다.

여기서의 수량은 대표상품 즉, GDP이고 가격은 전반적인 (평균) 물가수준
(price level)이다.

총수요는 상품에 대한 수요와 화폐시장의 균형에 의해 결정된다. 물가는 실
질화폐수요, 그리고 실질이자율을 통해 총수요량에 영향을 미친다. 공급측면에
서 물가는 실질임금을 변화시켜 기업이 공급하고자 하는 의사에 영향을 미친다.

▼ 〈그림 3-6〉 생산물시장 및 화폐시장의 동시균형(Krugman and Obsfelt, 2010)

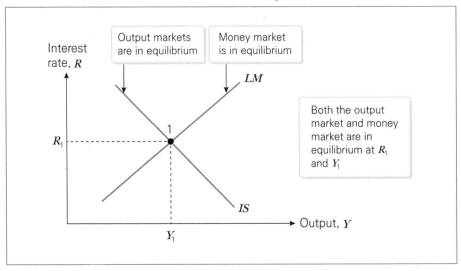

수요측면에서의 균형은 물가가 주어진(또는 총공급이 언제든 준비되어 거의 수평인) 상태에서 상품시장에서의 수요와 화폐시장에서의 균형을 나타내는 말이다.

IS곡선은 유명한 Keynes cross에서 결정된다. 즉, 총지출(물가가 고정된 상황에서의 총수요, planned expenditure)과 국민소득−총지출 평면에서의 45도선이 만나는 곳에서 수요측면에서의 균형이 결정되고 이자율과 이 상품시장에서의 균형국민소득 간 우하향하는 관계가 IS(Investment−saving)곡선이다. LM곡선은 실질 통화공급과 수요가 균형을 이루는 국민소득과 실질이자율 간의 우상향하는 관계이다. 한편, MP곡선은 중앙은행이 실질이자율을 실질국민소득과 인플레이션의 상황에 따라 결정한다고 보는 화폐시장 균형관계이다(Romer, 2006).

▶ 개방경제(open economy)

환율과 국제무역은 총수요를 통해 경기변동에 영향을 미친다. 환율은 순수출(경상수지)을 통해 고용과 물가에 영향을 미칠 수 있다.

외환시장이 균형을 이루려면 순수출과 순자본유입의 합이 0이 되어야 한다.

$$CF(i - i^*) = 0$$

즉, 순자본유입(capital and financial inflow, 자본수지 흑자)이 0인 경우, 경상수지가 균형이어야 외환시장의 균형이 달성된다.

▶ 케인즈의 총공급

케인즈 유효수요(effective demand)이론의 핵심을 살펴보자. 세이(Say) 등 고전파 경제학자들이 노동시장의 일시적 불균형은 임금의 신축적 조정(complete nominal adjustment; 초과수요가 발생하면 임금이 상승한다는 왈라스적 조정과정을 상정)에 의해 바로 해소되기 때문에 장기적인 실업(unemployment)은 발생할 수 없다고 주장하였다.

이에 대해 1929년부터의 미국대공황(great depression)을 목격한 케인즈는 명목임금의 불완전한 조정도 중요하지만 문제의 핵심은 상품시장에 있다고 보았다. 즉, 상품이 (소득감소로) 적게 팔려 물가가 하락하면 노동수요가 감소할 수밖에 없고 이는 만성적인 실업을 가져온다는 것이다. 실업은 노동시장에서 문제가 발생한다기보다는 상품시장에서 그 충격이 온다는 것이다.

▼ 〈그림 3-7〉 명목임금 경직성과 노동시장(정운찬외, 2018)

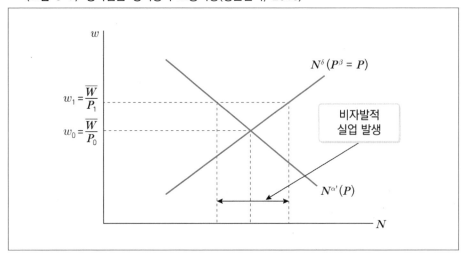

케인즈는 여러 가지 이유로 명목임금이 하방경직성(donward nominal rigidity)을 지닌다고 보았다.

$$W = \overline{W}$$

이 경우, 고용은 오직 노동수요곡선상에서 결정되며 이를 결정하는 것은 상품시장(또는 유효수요)으로부터 전달되는 물가수준이다. 즉, 호황이 와서 물가가 상승하면 (판매가격 대비) 실질임금이 하락하여 노동수요곡선상에서 더 많은 노동을 고용한다는 것이다. 이 같은 원리를 거시경제학에서 short-side rule이라 부른다.

거시경제의 총생산함수는 단기적으로 다음과 같다.

$$Y = F(L, \overline{K})$$

기업의 이윤극대화 조건은 근로자 고용으로부터 얻는 한계생산이 실질임금과 같아지는 정도까지 노동을 고용하는 것이다.

$$F'(L) = W/P$$

명목임금 경직성(nominal rigidity)

1. 노조 Unions

2. (임금 삭감보다) 해고 선호(bias toward layoffs by firms)

3. 중첩임금결정(staggered contracts)

실질임금 경직성(real wage rigidity)

1. 효율임금

2. 내부자 – 외부자 모형(insider – outsider)

3. 암묵적 계약(implicit contracts)

▶ 가격경직성

케인즈 경제학에서는 명목임금 또는 물가수준에 대해 경직성(nominal rigidity, incomplete adjustment, nominal imperfection)을 가정한다. 가격경직성을 가정하면 수요충격이 산출에 미치는 영향을 설명할 수 있다.

새케인지언(new Keynesian)들은 가격경직성에 대해 미시경제적 기초(microeconomic foundation)를 제공하였다(Mankiew). 즉, 가격을 변경하는 데 따른 포장 및 카탈로그 변경, 단골손님 상실 등의 메뉴비용이 든다는 것이다.

<그림 3-8>을 보면, 불황(음의 수요충격)이 오면 독점적 기업의 최적 가격설정수준은 P_1으로 변화한다. 그러나, 가격변화에 대해 조정비용(menu cost)이 존재하면, 이 기업은 그냥 가격을 P_0으로 유지하고 대신 산출을 y_2 수준으로 대폭 축소한다. 이같이 수요충격이 산출에 미칠 수 있는 큰 영향을 설명한다.

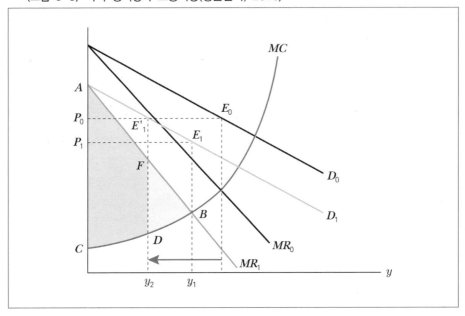

▶ 신고전학파(new classical macroeconomics)

수요충격이 단기적으로 산출량을 변화시킬 수 있다는 아이디어는 케인즈 (1936)의 명목임금 경직성(nominal rigidity)의 가정에서 비롯되었다.

그러나, 현재 거시경제학의 주요 조류를 이루는 신고전학파(new classical macroeconomics)에서는 민간 경제주체가 예측하지 못한 총수요 변동(shock; 충격)이 발생한 경우에만 단기적으로 산출(GDP; output)이 영향을 받는다고 본다.

다수의 자영업자(예: 중소기업가)가 존재하는 경제의 경우, 소유자 자신의 노동을 투입해서 상품을 생산하는 경제를 상정하자. 이 경우, 기업가의 주된 관심은 자신 상품의 상대가격, 즉 전체 평균가격대비 자신 상품의 가격비율(또는 차이)이다.

기업은 pi 즉, 개별가격만 관측가능하다. 그러나, $pi = p + (pi - p)$의 관계와 같이 기업은 pi만으로는 일반물가수준과 상대가격 간 차이를 구별해낼 수 없다.

합리적 기대를 도입하면 $E[pi - p \mid pi]$를 통해 공급결정을 내리게 된다

(certainty equivalent). 따라서, 민간이 예상하지 못하는 상대가격 변화 또는 통화량 변화만 공급에 영향을 미칠 수 있다. 예상한 통화량 변화가 물가를 통해 국민소득, 투자 등 실질변수에 영향을 미칠 수 없다는 '화폐의 중립성(neutrality of money)'이 단기에서도 성립하는 것이다.

▶ 실물경기변동이론

신고전학파의 대표적 경기변동이론이다. 기본적으로 실물부문(기술충격)에서 거시경제의 충격이 온다는 것으로, 이는 고용, 국민소득 등 실물부문에 영향을 미치는 경로로 노동공급의 시점 간 대체(intertemporal substitution) 등의 전파기구(propagation mechanism)등을 상정한다.

전통적으로 동태적 거시경제현상은 두 가지의 상이한 접근방법에 의해 분석되어 왔다.

하나는 인구성장, 기술진보 및 자본축적을 중요시하는 성장 모형 접근법이고 다른 하나는 소비 및 투자지출의 상호작용을 중요시하는 케인지안 거시경제 모형 접근방법이다.

이 같은 전통적인 접근방법과 비교할 때, 실물경기변동(RBC)이론은 다소 상이한 접근방법을 취하고 있다. 이론적 핵심은 여전히 Solow(1956), Cass and Coopmans(1965)의 신고전파 성장 모형이 주종을 이루지만 생산성의 임의적 충격(random shocks)이 생산기술에 영향을 미치도록 성장 모형을 확률적 모형(stochastic model)으로 전환시켰다.

경기순환의 원인을 규명하거나 외생적 충격이 경기순환에 미치는 영향을 분석하는 것은 거시경제학의 중요한 과제이다. 이 같은 과제를 해결하기 위하여 Blanchard and Quah(1989)는 실질GDP의 변동요인을 실질GDP에 영구적 영향을 미치는 공급충격(또는 기술충격)과 일시적 영향을 미치는 수요충격으로 구분하였으며 Gali(1998)는 이를 더욱 수정·보완시켰다.[12]

---

12) 최근 RBC 모형을 한국경제에 적용한 연구로 정용승(2001), 전종규(2001), 김영식 외 (2004) 등이 있다.
   정용승(2001)은 Watson(1993)의 방법을 이용하여 실물경기변동론이 우리 경제의 경기

여기서 사용하는 모형은 일반적인 RBC 모형에서 사용하는 것이다.[13] 이 모형은 램지(Ramsey) 거시경제 모형을 이산기간(discrete-time)의 경우에 적용한 것이다.

분석의 대상이 되는 경제는 다수의 동질적인 가격수용적 기업 및 가계로 구성되어 있다. 램지 모형에서와 마찬가지로 가계는 무한히 생존(infinitely lived)하는 것으로 가정한다.

생산함수:

$$Y_t = F(K_t, A_t L_t) = K_t{}^a (A_t L_t)^{1-a}$$

$\quad A_t$: 기술(수준)

산출은 소비(C), 투자(I), 및 정부지출(G)로 구성된다. 매기 자본의 δ만큼은 감가상각된다. 따라서 ($t+1$)기의 자본스톡은 다음과 같이 결정된다.

기술의 경우, 추세(trend) 성장을 나타내기 위해 어떠한 충격도 없는 경우, $\ln A_t = A_0 + gt$의 관계가 성립한다고 가정한다(g: 기술진보율). 기술(수준)은 임의 교란항(random disturbances)에 의해 영향을 받게 된다.

$$\ln A_t = A_0 + gt + Ah_t{}^{[14]} \qquad (Ah_t\text{: 1계 자기회귀과정, } g\text{: 기술진보율})$$

$$Ah_t = \rho_A Ah_{t-1} + \varepsilon_t, \qquad (\varepsilon_t\text{: white noise})$$

여기서 Ah_t는 (기술)충격효과를 나타낸다.

변동에 대해 가지는 설명력이 아주 낮음을 보였다. 전종규(2001)는 RBC 모형에 신용시장(credit market)을 도입하여 부정적 충격(negative shock)이 신용경색에 의해 GDP증가율을 추가적으로 감소시킴을 시뮬레이션을 통해 보여주었다. 김영식 외(2004)는 산업간 연관성을 고려한 다부문 모형을 통해 TFP충격, 교역조건충격 및 수출충격을 고려하여 제조업 부문 간 동조성(comovement)을 설명하였다. 기존의 RBC 모형을 더욱 발전시켜 경기순환(침체)의 원인을 영구적 충격인 기술충격뿐만 아니라 일시적인 수요충격에서도 찾는 실물경기변동이론의 관점을 우리 경제에 직접 적용시키며 이를 통해 외생적 기술충격의 파급효과를 정량적으로 분석하기 위하여 한국의 연간(annual) 자료를 이용한다.

13) Prescott, 1986; Christiano and Eichenbaum, 1992; Campbell, 1994.

14) Ah_t는 기술충격의 효과를 반영한다.

▶ 계량경제 심화: ARDL, partial adjustment, expectation

필립스곡선은 실업률과 물가상승률 간 관계를 나타내는 곡선으로 거시경제의 공급측면을 묘사하는 중요한 관계이다. 오쿤의 법칙(ΔY, u)과 총공급곡선(π, Y)에 대한 정보가 있으면 GDP 증가율, 실업률, 인플레이션율 간 관계 특히, 희생률(sacrifice ratio) 등을 계산할 수 있다.

▼ 〈그림 3-9〉 필립스곡선(Phillips Curve), 이준구외, 2008)

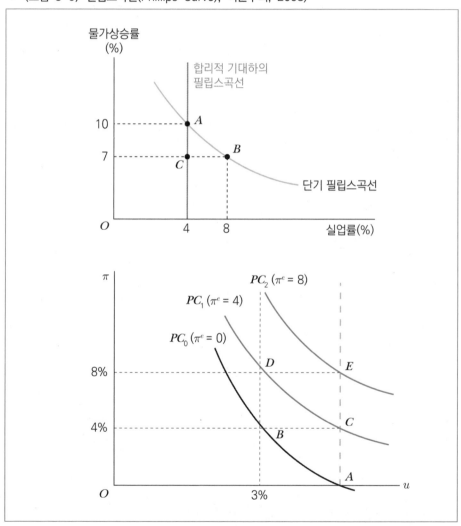

일반적으로 단기 필립스곡선은 명목임금이 고정된 경우나 근로자의 기대 인플레이션이 일정한 경우에 도출된다. 최적정책의 동태적 비일관성 또는 희생률 등을 고려할 때 주로 후자를 고려한다.

두 번째 그림은 장기 필립스곡선이 도출되는 과정을 보여준다. A점에서 정부가 실업률이 높다고 판단하여 확장적 금융정책을 실시하면 단기적으로 B점으로 이동한다. 이는 근로자가 적응적 기대방식을 취하므로 물가상승을 인지하는데 시간이 소요되기 때문이다. 즉, 물가상승으로 명목임금이 상승하였으나 이를 인지하지 못하고 실질임금이 상승하므로 노동공급을 늘린다. 기업은 실질임금이 하락하였으므로 고용을 늘린다.

한편 경제정책론에서 논의되는 정책의 비일치성은 일단 경제주체가 정부를 신뢰하여 기대 인플레이션을 4%에서 0%로 낮추면 정부는 B점으로 이동할 유인을 가짐을 의미한다.

현대적인 케인지안 필립스곡선 또는 총공급함수는 다음과 같다(Romer, 2006):

$$\pi = \pi^* + h(u - u_N) + \varepsilon, \ h < 0$$

π^*: 근원(underlying) 인플레이션 ⋯⋯⋯⋯⋯⋯⋯ (1)

u_N: 자연실업률 ε: 공급충격

만일 근원 인플레이션이 전기의 인플레이션이라면 이는 전형적인 화폐환상(money-illusion)을 고려한 총공급곡선이다.

적응적 기대를 고려하는 기대가 첨가된 필립스곡선(expectations-augmented Phillips)은 다음과 같다. 적응적 기대는 예상치가 지수적 스무딩(exponential smoothing)에 의해 예측됨을 의미한다.

$$\pi = \pi^e + h(u - u_N) + \varepsilon,$$

π^e: 기대(expected) 인플레이션 ⋯⋯⋯⋯⋯⋯⋯ (2)

$$\pi^e = \alpha \pi + (1 - \alpha) \pi^e \ \cdots\cdots\cdots\cdots\cdots\cdots\cdots\cdots (3)$$

한편, 합리적 기대를 고려하면 다음과 같다.

$$\pi^e_{t+1} = Et\left[\pi_{t+1} | I_t\right], \quad I_t: t기의 정보집합$$

▶ 정태적 기대(static expectation)

$$\pi_t = \pi_{t-1} + h(u - u_N) \quad \cdots\cdots\cdots\cdots\cdots\cdots\cdots\cdots \quad (4)$$

Phillips and Lipsey(1958)에 의해 제시된 가속형 필립스곡선이지만 코어 인플레이션이 거시경제 변화에 대응하지 못한다는 단점이 있다.

일반적인 규칙은 실업률 1% 포인트 상승이 인플레이션율을 0.5% 포인트 낮추는 것으로 알려져 있다.

▶ 적응적 기대(adaptive expectation)

y를 인플레이션율이라 하면 적응적 기대는 다음 관계를 상정한다고 볼 수 있다.

$$\hat{y}_{T+1} = \alpha y_T + \alpha(1-\alpha)^1 y_{T-1} + \alpha(1-\alpha)^2 y_{T-2} + L$$
$$(1-\alpha)\hat{y}_T = \alpha(1-\alpha)y_{T-1} + \alpha(1-\alpha)^2 y_{T-2} + \alpha(1-\alpha)^3 y_{T-3} + \cdots$$

이같은 기하시차(geometric lag) 모형을 적응적 기대를 고려한 필립스곡선 추정에 사용할 수 있다.

$$\pi_t = \theta + \pi^{e_{t|t-1}} + h^* u_t + \varepsilon \quad \cdots\cdots\cdots\cdots\cdots\cdots\cdots\cdots \quad (5)$$

$\qquad \theta$: 자연실업률의 함수

기대 인플레이션(with distributed lag)은 과거 인플레이션에 대한 가중치를 기하적으로 감소시킨 식으로 나타난다. 기하시차 모형의 장점은 필립스곡선에서 실업률의 계수추정치에 대한 불편추정치를 구하는 것을 가능하게 한다.[15]

---

15) 근로자들은 정부의 확장정책에 따른 물가상승을 인지하는 데 다소 시차가 소요된다. 그러나, 시간이 지남에 따라 물가상승을 인식하게 되고 이를 명목임금 인상요구에 반영하게 된다. 이가 바로 자연실업률가설이다. 자연실업률은 NAIRU(non-accelerating inflation rate of unemployment)로 불리기도 한다.

$$\pi^e = (1-\lambda)\pi + \lambda\pi^e$$
$$\pi_t = \theta + \beta\pi^{e_{t|t-1}} + h\ u_t + \varepsilon_t$$

이같이 실업률변화가 인플레이션에 미치는 장기효과를 추정할 수 있다.

계량경제학에서 이 같은 기대 모형은 기대(인플레이션)가 과거 데이터와 기대에 영향을 미치는 새로운 정보의 가중합으로 결정된다는 점에서 중요하다. 기대 모형은 이같이 관측불가능한 기대 인플레이션의 효과를 추정가능하게 하는 정점이 있다(Greene, 2008).

두 기대형성방식 차이에 따른 필립스곡선의 차이는 실제 인플레이션 예측에 대해 서로 다른 RMSE를 가지는데, 예상과 같이 적응적 기대(geometric lag) 모형이 우수하다고 볼 수 있다.

연습문제

1. 승수−가속도 모형을 간단히 설명하라(사무엘슨, 1939).
   필요한 경우, 소비함수 $C(t) = a + bY(t-1)$, 자본스톡 요구량 $K^*(t) = cY(t-1)$, 투자함수 $I(t) = K^*(t) - K(t-1) = K^*(t) - bY(t-2)$, 정부지출 G, 국민소득 항등식 $Y(t) = c(t) + I(t) + G(t)$의 모형을 사용하라.

현재 우리 경제가 나타내는 내수(소비＋투자) 침체는 (소득)양극화16)에서 기인한 바가 크다. 부유층의 평균소비성향은 저소득층의 소비성향보다 일반적으로 작기 때문에 균등한 소득분배는 총소비지출의 규모를 증가시킬 수 있다.

▶ 절대소득가설(전통적 견해)

케인즈는 직관에 기초해 국민경제(community)의 소비수준이 가처분소득(disposable income)에 의존한다고 보았다.

$$C = c(Y - T), \quad 0 < c(=상수) < 1$$

이는 이후 루카스 비판의 대상이 된다.

계량경제학에서는 소비함수가 내생성 (또는 simultaneous equations bias) 문제를 논의할 때 드는 대표적인 예이다.

$$C = a + bY + \varepsilon$$
$$Y = C + I$$

어떤 이유로 소비에 대한 우호적인 충격 $\Delta \varepsilon > 0$이 발생했다고 하자. 이는 국민소득 항등관계에서 바로 Y를 증가시키는 요인으로 작용한다. 이같이 소비함수에서는 설명변수인 Y와 교란항 ε 간 (양의) 상관관계가 존재하는데 이를 해결하는 방법이 method of moment(적률법)이다.

모형설정에 대한 가설검정으로 J−검정(Davidson and MacKinnon, 1993)이 있다.

---

16) 주로 ER 지수로 측정한다.

▼ 〈표 3-8〉 소비함수 추정

Dependent Variable: LOG(CONSUMP)

Method: Least Squares

Sample: 1953 2018

Variable	Coefficient	Std. Error	t-Statistic	Prob.
C	2.209175	0.040239	54.90105	0.0000**
LOG(GDPEX)	0.810907	0.003239	250.3212	0.0000**

Dependent Variable: LOG(CONSUMP)

Method: ARMA Maximum Likelihood (OPG−BHHH)

Coefficient covariance computed using outer product of gradients

Variable	Coefficient	Std. Error	t-Statistic	Prob.
C	1.711275	0.131889	12.97514	0.0000**
LOG(GDPEX)	0.630538	0.041522	15.18579	0.0000**
LOG(CONSUMP(−1))	0.223937	0.051197	4.374004	0.0000**
AR(1)	0.749763	0.104897	7.147608	0.0000**
SIGMASQ	0.000381	5.75E−05	6.635735	0.0000**
F−statistic	52622.83	Durbin−Watson stat		2.100581
Prob(F−statistic)	0.000000**			
Inverted AR Roots	.75			

Dependent Variable: LOG(CONSUMP)

Method: Generalized Method of Moments

Instrument specification: LOG(CONSUMP(−1)) LOG(GDPEX(−1)) LOG(GDPEX(−2))

Variable	Coefficient	Std. Error	t-Statistic	Prob.
C	2.243821	0.046214	48.55256	0.0000**
LOG(GDPEX)	0.809129	0.003584	225.7351	0.0000**
Durbin−Watson stat	0.332558	J−statistic		7.749525
Instrument rank	4	Prob(J−statistic)		0.020759**

Dependent Variable: LOG(CONSUMP)

Method: Least Squares (Gauss−Newton / Marquardt steps)

LOG(CONSUMP) = C(1) + C(2)*(GDPEX^C(3) − 1)/C(3)

	Coefficient	Std. Error	t-Statistic	Prob.
C(1)	3.208767	0.354222	9.058643	0.0000**
C(2)	0.649739	0.054706	11.87702	0.0000**
C(3)	0.018233	0.006912	2.637871	0.0105**
F−statistic	34191.70	Durbin−Watson stat		0.345413
Prob(F−statistic)	0.000000**			

Dependent Variable: LOG(CONSUMP)

Method: Least Squares

Variable	Coefficient	Std. Error	t-Statistic	Prob.
C	−0.872831	0.257617	−3.388096	0.0012**
LOG(GDPEX)	0.153567	0.074121	2.071846	0.0425**
LOG(GDPEX(−1))	−0.438251	0.089254	−4.910130	0.0000**
LOG(CS2)	1.356532	0.110295	12.29913	0.0000**
F−statistic	78994.75	Durbin−Watson stat		1.853340
Prob(F−statistic)	0.000000**			

▶ 항상소득가설(생애주기가설) 및 랜덤워크가설

케인즈의 소비함수의 문제점은 소비가 현재소득(또는 예상가능 소득변화)에 대해 지나치게 민감하다고 보는 데 있다(excess sensitivity). 또한, 정책변화 시 한계소비성향이 변화할 수도 있다(루카스 비판).

다음에서 설명하는 미래전망적 소비이론(forward looking)은 현재소비가 예상미래소득에 의해서도 영향을 받음을 강조한다.

다음 식은 현재소비가 항상소득(미래소득의 평균)에 의해 결정되고 그 값도 같은 소비함수의 예를 보여준다.

$$C(t) = (1/T)\,[A(0) + \sum Y(i)]$$

이 식을 통해 일시적인 소득증가는 저축에 사용됨을 보일 수 있다(excess smoothing). 일시적 소득에 대한 한계소비성향은 작다. 이 사실은 루카스비판에서 중요한 예로 사용된다.

미래전망적 소비에는 항상소득가설(permanent income)이외에도 라이프 사이클(life-cycle, 생애주기가설)이 있다.

▼ 〈그림 3-10〉 항상소득가설(이준구외, 2008)

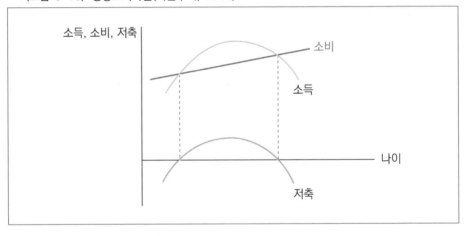

$$Y(t) = Y_0 + gt \text{ for } 0 \le t\,R \text{ and } Y(t) = 0 \text{ for } R \le t \le T$$

다음과 같은 생애주기 소득 Y 흐름을 상정하자.

t는 나이를, R은 저축이 0이 되는 은퇴(retirement) 시점을, T는 사망시점을, g는 연령에 대한 소득의 증가분을 각각 나타낸다(수식과 그래프가 완전히 일치하지 않음).

소득 흐름은 낙타 등 모양(hump shape)으로 나이가 들수록(중년이 될수록) 증가하나 소비는 꾸준히 일정비율로 증가한다. 따라서, 저축패턴도 소득패턴과 유사하게 된다.

이 가설의 핵심은 소비가 현재소득에 크게 반응하지 않고(excess smoothness) 생애주기 소득흐름에 의해 결정된다는 데 있다. 또한 미래전망적 소비자의 소비행태를 보여준다.

계량경제학 심화

➤ 적률추정법

모집단의 평균과 분산(또는 표준편차)을 method of moments로 추정해보자.

$$E(Y^k) = \mu_k = k^{th} \text{moment of } Y$$

적률이란 확률변수의 k 지수승(exponents)에 대한 기댓값이다.

$$var(Y) = \sigma^2 = E(Y - \mu)^2 = E(Y^2) - \mu^2$$

모집단 분산은 확률변수와 평균의 제곱에 대한 기댓값이며 2차 적률에서 모평균을 제곱한 값을 차감한 것과 같다.

Population Moments	Sample Moments
$E(Y) = \mu_1 = \mu$	$\hat{\mu} = \sum y_i / N$
$E(Y^2) = \mu_2$	$\hat{\mu}_2 = \sum y_i^2 / N$

➤ 일반적률법(GMM)

표본적률은 표본평균 또는 표본제곱의 표본평균과 같고 이를 모집단 적률과 같게 둠으로써 파라미터의 추정이 가능해진다.
즉, 다음과 같은 표본평균을

$$\hat{\mu} = \sum y_i / N = \bar{y}$$

$= \mu$로 둠으로써 μ의 추정이 가능해진다.

이는 GMM의 가장 원초적인 형태이다. 즉, 적률추정치를 적률 파라미터와 같게 둠으로써 미지의 파라미터(여기서는 1차적률)를 추정한다는 아이디어이다. 또한 $\hat{\mu}_2 = \sigma^2 + \mu^2$로 둠으로써 분산 및 평균의 제곱을 추정할 수 있다.

다음은 모집단에서 성립할 것으로 추정되는 관계(moment condition)이며 두 번째 조건을 orthogonality 조건이라 한다. 즉, 설명변수와 교란항 간 직교관계가 있다고 본다.

$$E(e_i) = 0 \rightarrow E(y_i - \beta_1 - \beta_2 x_i) = 0$$
$$E(x_i e_i) = 0 \rightarrow E[x_i(y_i - \beta_1 - \beta_2 x_i)] = 0$$

이 같은 관계를 표본에도 그대로 적용하여 파라미터를 추정하는 방법이 GMM이다.

$$\frac{1}{N}\sum(y_i - b_1 - b_2 x_i) = 0$$
$$\frac{1}{N}\sum x_i(y_i - b_1 - b_2 x_i) = 0$$

이 관계는 통상최소자승법 적용 시 도출되는 정규방정식(normal equation)이 동일하다. 따라서, 적률에 대한 좋은 가정(nice assumption)하에서 GMM은 OLS 나 IV와 동일하다.

▶ 경제학에서 투자란?

투자는 기업행위 관점에서 보면 현재의 소비를 희생함으로써 미래 소비를 늘리는 행위이다. 현재 소비를 감소시키는 대신 자본재를 생산 또는 구입한다. 이는 미래에 얻을 수 있는 생산량을 증가시킨다.

▼ 〈그림 3-11〉 거시경제에서 투자와 저축(이준구외, 2008)

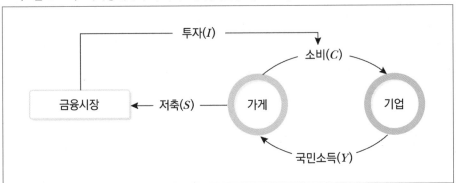

거시경제학에서의 투자개념은 국민소득 흐름도(income flow diagram)로 이해할 수 있다. 분석의 편의를 위해 순환과정의 대상이 대표상품 즉, 식량(corn)이라 하자. 가계는 $(1-c)Y = C$만큼을 소비하고 남는 부분을 금융시장에 저축하게 된다. 이는 거시경제에서 누출(leakage)로 포착된다.

이같이 금융시장으로 흘러들어간 식량(또는 자금)은 투자목적으로 수요되는 지출의 역할을 수행한다. 이를 매개하는 것은 투자된 식량(씨앗, 기계)이 발생시키는 수익률(이자율, 자본의 한계생산)이다.

<그림 3-11>을 통해 알 수 있는 것은 소득이라는 플로우가 투자라는 플로우를 통해 자본이라는 스톡으로 변화한다는 점이다.

우리 경제가 현재 겪고 있는 문제점은 거시경제 전체 규모에 비해 투자지출 규모가 작다는 점이다. 이는 특히, 소비지출 비중축소와 함께 내수부진이라는 이슈로 나타난다.

▌ 정부의 투자촉진제도

➤ 가속상각(accelerated depreciation) 제도

법인세가 부과대상으로 삼는 기업소득은 자본재의 감가상각분이 포함되는 자본지출을 차감한 부분이다. 따라서, 실제보다 더 빠른 감가상각을 허용하는 가속상각제도는 자본재 보유 시 내용기간 중 허용 받는 감가상각공제(depreciation allowance) 혜택의 현재가치를 더 크게 만들어 자본의 사용자비용(user cost of capital ; 자본재 사용의 기회비용)을 하락시켜 투자를 촉진하는 제도이다.

➤ 투자세액공제(investment tax credit) 제도

이는 투자한 금액, 즉 자본재를 구입한 금액의 일정 부분에 해당하는 금액을 법인이 내야 할 세금에서 빼줌으로써 자본의 사용자비용을 하락시켜 투자를 촉진하는 제도이다.

➤ 특정기간조세감면(tax holidays) 제도

일정기간동안 특정산업에 속한 기업에 조세감면의 혜택을 주는 제도이다. 우리나라는 과거 석유, 조선, 철강 등 산업에 3~5년 기간동안 법인세를 전액 면제해주는 조치를 취한 바 있다. 이 제도는 법인세 부담을 줄여 간접적으로 투자를 촉진하는 제도이다.

▶ 감가상각공제(depreciation allowance)

기업의 투자촉진을 위해 세제당국은 기업이 t기에 구매하는 자본재 가격 P_K 중 $t+s$기의 (법인세)과세금액 중 $D(s)$만큼을 공제해준다. $D(s)=(1/T)$ 일 경우 선형감가상각(straight line depreciation)이라 부르며 가속상각과 차이가 있다. 이자율은 i이고 T는 자본재 수명이다.

매기당 공제(allowance)되는 세액의 현재가치를 구한 후, 이자율의 상승효과를 살펴보면, 이는 세액 공제금액의 현재가치를 하락시키고 세후 자본재가격을 상승시키는 효과를 가져온다.

▶ 투자세액공제(investment tax credit)

기업의 자본재에 대한 사용자비용(user cost of capital)은 대부분 기업이 자본재를 구입해서 장기간 사용하지, 직접 자본서비스 시장에서 서비스를 구입하는 경우는 드물기 때문에 계산할 필요성이 나타난다(Hall and Jorgenson, 1967).

$$r(K) = [r+d-\Delta p(K)/p(K)]p(K)$$

r은 실질이자율이고 d는 감가상각률, $p(K)$는 자본재가격이다.
세율이 τ이고 공제율이 f일 경우 사용자비용은 다음과 같다.[17]

$$r(K) = [r+d-\Delta p/p](1-\tau f)p(K)$$

---

17) 홀-조겐슨(Hall-Jorgenson, 1967)은 미국정부가 1954년에 가속상각을 허용하는 정책으로 현저한 투자증가가 발생하였다는 결과를 제시하였다. 가속상각의 허용은 자본의 사용자비용을 9%정도 감소시켰으며 제조업부문에서 설비투자가 17.5%나 증가하였다고 주장하였다.

법인세

➤ 감가상각공제 및 이자지출공제

기업의 이윤은

$\pi = TR - TC = pq - wL - rK$이다.

법인세에서 공제가 지니는 의미는 명시적으로 비용이 아니더라도 이를 비용항목에 넣어 법인세과세대상인 이윤의 규모를 줄여주는 것이다.

감가상각을 실제보다 더 빠르게 허용하는 가속상각(accelerated depreciation)이나 투자세액공제(investment tax credit)과 같이 자본재 구입비용을 사용자비용을 통해 비용처리를 해주는 정책은 투자를 촉진시켜 경기를 부양하거나 성장을 촉진하는 정책이다.

➤ 투자세액공제

자본의 사용자 비용은 다음과 같다.

$r = (i + d - \Delta p/p)pK$

(한계) 법인세율이 t이고 투자세액공제율이 θ라면 사용자 비용은 다음과 같이 줄어든다.

$r' = (i + d - \Delta p/p)(1 - t\theta)pK$

▼ 〈표 3-9〉 설비 및 연구개발 기업투자지원제도(2005년 기준)

구분	방법	지원대상	지원내용
생산성향상 설비	세액공제	모든 사업자(제조업 공정개선, 자동화시설, 제조업 첨단기술설비, ERP설비, 전자상거래설비)	투자액의 3% 세액공제
연구인력개발	세액공제	내국법인의 투자분(2006까지)	평균발생액 40% 초과분 세액공제
연구인력개발 설비투자	세액공제	내국법인의 투자분(2006까지. 연구시험용/직업훈련용 시설, 신기술 기업화를 위한 사업용 자산)	투자액의 7% 세액공제

➤ 베이즈정리

$P(A|B)$의 의미는 B라는 조건 또는 정보가 주어진 경우 A가 발생할 확률이다. $P(A)$라는 사전적 확률은 B라는 사건에 의해 사후적 확률로 변하는데 이같은 업데이트를 규명하는 것이 베이즈정리이다.

그러면 $P(A|B) = P(A \text{ and } B) / P(B)$라는 독립의 경우가 아닌 경우의 곱셈법칙과는 어떻게 다른가? 이 사항을 살펴보자.

$$P(A|B) = P(A) P(B|A) / P(A) P(B|A) + P(Ac) P(B|Ac)$$

이의 의미는 B라는 사건이 발생한 경우 A의 확률을 알고 싶은데 반대로 A인 경우의 B 확률과 A가 아닌 경우의 B 확률로 나누어 그 중 전자의 비중으로 사후적 확률을 삼는다는 것이다. 즉, 조건부 확률의 순서가 뒤바뀐다. 반면, 곱셈법칙은 B라는 사건이 발생한 경우가 새로운 표본공간이 되고 그 중 결합확률의 비중을 계산해 조건부 확률을 구한다는 일종의 정의식이다.

▶ 아파트 가격결정

미국의 경우, 주택구입은 소비항목으로 포착되지만 우리나라의 국민계정에서는 고정투자 항목에 계상된다.

우리나라 강남아파트 가격(PRICE)을 평수(SQRT)와 연령(AGE)에 대해 회귀분석하면 평수에 대해 정의 상관관계를 가지는 것으로 나타난다. 이러한 가격결정이론을 헤도닉(hedonic) 가격결정이라 한다(자료: 류근관, 2006).

▼ 〈표 3-10〉 아파트가격에 대한 회귀분석

Dependent Variable: PRICE

Method: Least Squares

Sample: 1 236

	Coefficient	Std. Error	t-Statistic	Prob.
C	− 20394.15	1798.309	− 11.34073	0.0000**

SQRT	1549.071	40.78484	37.98152	0.0000**
AGE	0.764475	88.16715	0.008671	0.9931
R − squared	0.869480	Mean dependent var		37713.88
F − statistic	776.0868	Durbin − Watson stat		1.013668
Prob(F − statistic)	0.000000**			

연습문제

1. 라이프 사이클 소비가설에 대해 살펴보자.

   생애효용을 $\int_{t=0}^{T} u[C(t)]dt$, 소득흐름을 $Y(0)+gt(0 < t \leq R)$이라 하자.
   T는 사망시점이고 R은 은퇴시점이다. 생애 예산집합과 효용극대화 소비
   경로를 구하고 이 값이 소비행위에 대해 시사하는 바를 설명하라. 한편,
   축적되는 부(wealth)의 시간경로도 구하라.

2. 콥−더글라스 총생산함수(규모수익 불변)를 상정하고 자본 K에 대한 요소수
   요함수를 도출하라(물가 P, 산출 Y, 임금 W, 임대가격 r의 함수로 나타내라).

04 화폐와 금융정책, 재정정책

▶ 총수요 결정에 영향을 미치는 화폐시장

상품시장에서 수요는 IS곡선으로 화폐시장의 균형은 LM으로 각각 나타낼
수 있다. LM곡선은 화폐수요와 공급을 일치시키는 국민소득(Y)과 (실질)이자율
(r)의 조합을 나타낸다. 화폐공급의 변화는 (명목)이자율($r+\pi^e$) 변화를 통해 상품
시장에서의 투자지출을 변화시켜 대표상품에 대한 총수요(Y)를 변화시킨다.[18]

---

18) Romer(2006)는 화폐시장에 대해 다소 상이한 접근법을 취한다. 우선, 중앙은행이 이
   자율결정 규칙을 따른다고 본다: $r = r(Y,\pi)$. 다음으로, 화폐수요는 명목이자율의 함
   수로 파악한다: $M = PL[r(Y,\pi)+\pi^e, Y]$. 그는 이를 MP곡선으로 부른다.

IS곡선

$$E = E(Y, r, G, T)$$

LM곡선

$$M/\overline{P} = L(r, Y)$$

▶ 총수요-총공급

총수요는 화폐수량설에서, 총공급은 예상치 못한 물가가 공급에 영향을 미친다는 루카스 공급곡선에서 도출된다. 이 두 곡선은 물가와 산출을 결정하게 된다. 예상치 못한 통화량의 변동은 예상치 못한 물가 변화를 통해 산출과 고용에 영향을 미칠 수 있게 되어 화폐의 중립성(neutrality of money)이 성립하지 않게 된다.

총공급곡선

$$\pi = \pi(Y)$$

총수요곡선

$$E = E(Y, r, G, T)$$

$$M/\overline{P} = L(r, Y)$$

▶ 총수요함수

$$y = m + v - p$$

통화공급량(로그치: m)과 명목 GDP(로그치: $y+p$) 간의 관계를 나타내는 교환방정식(equation of exchange)을 통해 AD곡선을 도출할 수 있다. 또한, 화폐수요가 미래 현금재화 수요에 의해 결정된다는 화폐선불제약(cash in advance constraint)을 통해 Rotemberg(1987)는 이를 도출하였다. 만일 m이 문자 그대로 (literally) 통화만을 의미한다면 v는 총수요 충격을 나타낸다.

▶ 화폐(money)란 무엇인가?

경제변수에 대해 잘 모르면 우선 기능(function)부터 살펴보고 그 기능을 수행하는 것을 화폐로 간주하면 된다. 자본주의 경제체제는 중세 봉건제(feudalism)로부터 이행해왔다. 그 과도기에는 화폐경제의 본격적 출현이라는 중요한 사건이 있다. 시각은 조금 다르지만 근대 이행기에 화폐혁명이라는 중요한 사건이 나타난다.

일반적인 화폐의 정의는 존재하지 않고 대신 기능을 수행하는 것을 화폐로 정의한다: 교환매개, 지불수단, 가치적도, 가치저장

▶ 화폐수량설(quantity theory of money)

화폐수량설의 본질은 무엇인가?

첫째, 명목국민소득이 어떻게 결정되는가를 설명하는 이론이다. 둘째, 물가수준, 나아가 인플레이션이 통화량과 어떤 관계를 가지는가를 탐구하는 이론이다. 셋째, 화폐수요에 대해 연구하는 분야이다.

이 세 측면은 밀접히 관련되어 있으나 거시경제학에 대해 가장 중요한 시사점을 주는 부분은 첫째와 둘째이다. 화폐수요에 대한 이해는 통화정책의 효과에 대한 정보를 제공한다.

완전고용을 상정하는 고전학파(실질적으로 1870년대 이후 Marshall을 포함하는 신고전학파)의 전통적 화폐수량설은 I. Fisher의 교환방정식에서 출발한다.

$$MV = PQ$$

고전학파에 의하면 유통속도(velocity of money)는 안정적이라 상수로 가정할 수 있으며 총거래액 PQ를 명목국민소득 PY으로 대체할 수 있다. 더욱이 거시경제에는 완전고용이 이루어지므로 $Y = YF$가 성립하여 통화량과 물가 간 1:1(one to one) 관계가 성립한다.

통화주의자들은 이를 계승하여 신화폐수량설을 제시하였다. V는 매우 안정적이어서 예상가능하므로 이자율이나 인플레 등의 영향을 받지 않는다고 봐

도 무방하다는 것이다.

　그러나, 신용카드 등 다양한 금융자산의 개발 및 사용은 V를 불안정하게 하여 신화폐수량설의 타당성에 의문을 가지게 하였다.

▶ 화폐수요 또는 유통속도의 안정성

▼ 〈그림 3-12〉 화폐수요의 안정성(정운찬외, 2008)

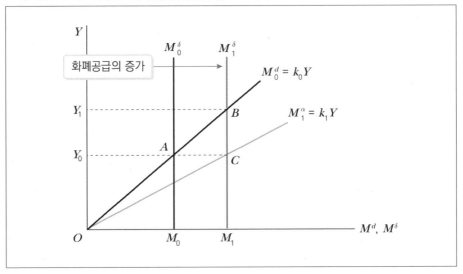

　통화당국은 명목국민소득을 증가시키기 위해 통화량을 M_1으로 증가시킨다. 그러나, 이는 화폐수요가 안정적인 경우에만 타당하다. 만일, 화폐수요가 불안정하면(이자율 등의 영향을 받는다면) $M_1 d$로 수요가 이동하여 통화정책의 효과를 상쇄시킨다. 이 같은 현상은 화폐보유비율을 결정하는 Marshall의 k가 명목이자율의 감소함수인 경우 나타난다.

▶ 통화량이냐 이자율이냐?

통화정책은 수단 — 중간목표 — 최종목표로 구성된다. 과거 한국은행은 통화량을 중간목표로 사용해왔다. 그러나, 이는 이자율 변화를 감수해야 한다는 단점이 있다. 이는 거시경제를 불안정하게 만든다. 따라서, 최근에는 금리중시 통화정책이 선호되고 있으며 한은이 98년 도입한 인플레 타게팅도 콜금리를 운용목표로 하고 있다.

한편, Poole(1970)는 불확실성이 실물부문에서 오는가 아니면, 화폐부문에서 오는가에 따라 중간목표제의 대상이 달라져야 한다고 보았다.

실물부문에서의 충격이 크면 통화량 목표제를, 화폐부문에서의 충격이 크면 이자율 목표제를 채택하면 경제안정화 효과가 크다.

▶ 한국은행의 기준금리제

"기준금리제"란 한은과 금융기관 간 거래의 기준이 되는 금리를 조절함으로써 원하는 통화정책의 목표를 달성하는 방식이다.

과거 한국은행의 '콜금리'에 대한 금통위의 결정에 언론이 많은 관심을 보이는 이유는 무엇인가?

한은의 거시경제 정책기조는 바로 이 단기 명목이자율에 대한 입장으로 잘 나타났다. 콜금리 목표치를 조절함으로써 시장 콜금리가 이 목표치 수준에서 결정되도록 유도하고 궁극적으로 장기 (명목)이자율에 양향을 미치려는 것이다. 이같은 과정을 "interest rate pass through"라 부른다. 즉, 통화정책의 전달기구 (transmission mechanism)의 한 과정으로 볼 수 있다.

▶ 화폐공급의 내생성

일반적으로 통화공급은 중앙은행인 한국은행의 의지에 따라 결정되는 외생변수로 취급된다. 그러나, 현실적으로 통화량은 민간, 은행 등의 경제주체에 의해서도 결정된다. 따라서, 명목이자율에 대해 증가하는 통화공급의 현상이 나타난다. $Ms = Ms(i)$

장기 (명목)금리를 결정하는 데 금융기관 유동성 Lf가 큰 영향을 미칠 수 있다. 이와 같이, 통화공급의 내생성 문제 또는 금리방정식의 교란항과 총유동성 간 상관관계가 존재할 수 있다.

▶ 인플레이션과 통화증가율

인플레이션은 항상 통화적 현상(monetary phenomenon)이라는 프리드만의 주장은 통화증가율과 인플레이션율의 산포도(scatter diagram)를 그려보면 쉽게 확인할 수 있다.

EC 통화방식이란 유통속도 증가율과 성장률이 주어지면 목표 인플레이션만큼 통화공급 증가율을 조정하는 것을 말한다.

$$\Delta M/M + \Delta V/V = \Delta P/P + \Delta y/y$$

▼ 〈표 3-11〉 통화증가율(백분율) 및 인플레이션(INFLA) 간 1계 표본상관계수 추정(2000_01-2009M10)

표본상관계수	INFLA
LOG($M2/M2(-1)$)*100	0.53

다음은 (모) 표준편차를 나타내는 공식이다.

$$p = \frac{cov(X,Y)}{\sqrt{var(X)}\,\sqrt{var(Y)}} = \frac{\sigma_{XY}}{\sigma_X \sigma_Y}$$

▶ 화폐수요이론

실제 우리가 관찰하는 통화량 데이터는 화폐수요와 공급이 만난 교차점 데이터들이다. 만일 화폐수요가 안정적이라면 마치 장님(수직의 화폐공급)이 코끼리(수요)를 돌아가며 만지면서 그를 식별(identify)하듯이 이 데이터를 그대로 화폐수요 데이터로 간주하고 거시계량분석을 시행한다. 아래 그림에서 보듯이 통화량 증가율은 감소추세를 보여 왔다.

이 같은 논의는 케인즈의 유동성 선호이론으로 불린다.

▼ 〈그림 3-13〉 통화증가율(%)

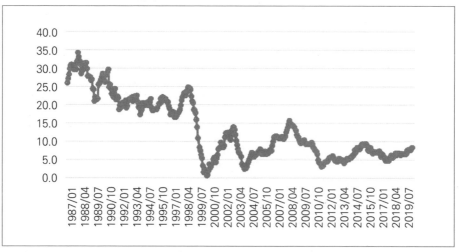

▶ 화폐와 동태적 효율성

Diamond의 중첩세대 모형에서 Samuelson(1958)은 처음으로 저장가능하고 가분적인 화폐를 도입하여 시점 간 효용극대화 과정에서 황금률(최적) 저장을 가능하게 하는 화폐의 역할을 강조하였다.

화폐는 주요 기능상 가치저장(store of value) 기능을 수행하는데, 이러한 과정을 대표적 가계의 예산제약을 통해 살펴보자.

소비자는 A로 주어진 부존자원을 소비 C에 사용하던지 F만큼 저축하여 효용을 극대화한다. M만큼의 부존자원을 역시 저장하여 2기의 소비에 사용할 수 있다.

저장(또는 저축)의 경우 x만큼의 총수익(gross return)이 나온다. 가치저장 수단으로서의 화폐의 도입은 과잉저축과 같은 동태적 비효율성을 해결하여 황금률 수준의 저장이 가능하게 한다는 후생상의 의의에 있다.

$$P_t C_{1t} = P_t A - P_t F_t - M d_t$$
$$P_t C_{2t+1} = P_{t+1} x F_t + M d_t$$

▶ 통화량과 산출

전통적인 케인지안 거시 모형에서는 화폐부문의 변화가 명목변수의 경직성을 통해 산출에 영향을 미칠 수 있다. St. Louis 방정식이라 불리는 회귀식은 Anderson and Jordan(1968)에 의해 추정이 시도되었다. 우리나라 금융기관 총유동성 증가율의 시차변수를 산업생산 지수의 증가율(로그 증가분)에 회귀분석해 보면 대부분 회귀계수가 유의성이 없는 것으로 나타나 St. Louis 방정식 결과와 차이를 보인다. 이의 근거로 통화증가율 시차변수 간 존재하는 다중공선성을 들 수 있다. 그 해결책으로 다항시차분포 모형(polynomial distributed lags; PDL)을 들 수 있다.

▶ 화폐수요 또는 유통속도의 안정성

실질 화폐수요(M/P)는 실질임금 Y와 실질이자율 r 및 인플레이션율 π 그리고 물가수준 등의 변수로 표현할 수 있다.

$$M/P = L(r+\pi,\ Y)$$

기본적인 계량경제모형은 다음과 같다:

$$\ln M_t - \ln P_t = \alpha + \beta_1 \ln Y_t + \beta_2 R_t + \varepsilon_t$$

만일 화폐수요의 소득탄력성이 1이라는 제약을 부과하면 다음과 같다.

$$\ln M_t - \ln P_t - \ln Y_t = \alpha + \beta_1 SR_t + \beta_2 LR_t + \varepsilon_t$$

금융기관 유동성(Lf: liquidity index of financial institution liquidity, M)을 통화지표로 간주한다. 이는 총통화 $M2$뿐만 아니라 2년 이상 예적금 및 보험회사와 같은 비은행금융기관의 준비금 등을 포함한다. 물가수준(P)으로는 CPI를 사용한다. 콜금리를 단기금리(SR)로 회사채금리를 장기금리(LR)로 사용한다. 데이터는 한국은행(BOK)으로부터 구하였고 1965년부터 2009년까지의 월별 데이터이다. 분기별 관측이 용이해 산업생산지수를 실질국민소득(Y)의 대리변수로 사용한다.

▼ 〈표 3-12〉 다항시차분포 모형(PDL) 추정

Dependent Variable: DLOG(IP)

Method: Least Squares

Sample (adjusted): 1997M01 2009M10

	Coefficient	Std. Error	t-Statistic	Prob.
C	0.011482	0.007181	1.599016	0.1121
DLOG(LF)	0.184685	0.381441	0.484176	0.6290
DLOG(LF(−1))	0.208785	0.385893	0.541044	0.5893
DLOG(LF(−2))	−0.055883	0.385982	−0.144780	0.8851
DLOG(LF(−3))	−0.513532	0.401567	−1.278821	0.2031
DLOG(LF(−4))	0.251249	0.400699	0.627027	0.5317
DLOG(LF(−5))	−0.199792	0.403086	−0.495658	0.6209
DLOG(LF(−6))	−0.059754	0.406440	−0.147017	0.8833
DLOG(LF(−7))	−0.650424	0.400906	−1.622386	0.1070
DLOG(LF(−8))	−0.590641	0.399541	−1.478300	0.1416
DLOG(LF(−9))	−0.356639	0.397022	−0.898286	0.3706
DLOG(LF(−10))	0.479006	0.380306	1.259527	0.2099

DLOG(LF(−11))	0.289443	0.386075	0.749708	0.4547
DLOG(LF(−12))	0.224684	0.380227	0.590922	0.5555

로그를 취한 변수를 소문자로 표기한다.

$$m_t - p_t - y_t = \alpha + \beta_1 SR_t + \beta_2 LR_t + \varepsilon_t$$

이 경우 우변은 화폐유통속도의 역수와 교란항으로 간주될 수 있다. <그림 3-14>는 유통속도가 불안정한 양상을 보임을 나타낸다. 케인지안들은 이것이 명목이자율과 같은 방향으로 움직인다고 본다. 이는 Marshall k의 역수로 볼 수 있다.

▼ 〈그림 3-14〉 유통속도(역수)와 추세치 및 조건부 SD

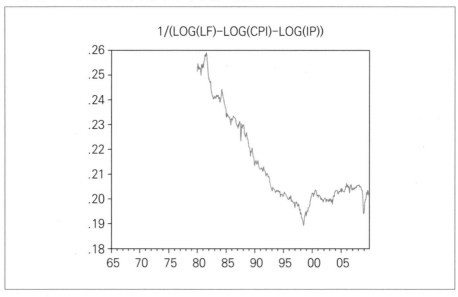

이번에는 유통속도와 장기 및 단기 금리 간 Johansen 공적분검정을 시행하였다. 결과는 음의 관계가 있는 것으로 나타났다. 이에는 고유치(eigenvalue)를 이용하는 방법과 Trace 통계량을 이용하는 것이 있다. 직관적으로 공적분은 변수 간 장기균형 관계를 의미한다.

▼ 〈표 3-13〉 Trace 공적분검정

1) Unrestricted Cointegration Rank Test (Trace)

Hypothesized		Trace	0.05	
No. of CE(s)	Eigenvalue	Statistic	Critical Value	Prob.**
At most 1 *	0.022157	6.027337	3.841466	0.0141

Trace test   indicates 2 cointegrating eqn(s) at the 0.05 level

Normalized   cointegrating coefficients (standard error in parentheses)

V	CBOND			
1.000000	0.001104			
	(0.00070)			

2) Unrestricted Cointegration Rank Test (Trace)

Hypothesized		Trace	0.05	
No. of CE(s)	Eigenvalue	Statistic	Critical Value	Prob.**
At most 1 *	0.028615	6.416217	3.841466	0.0113

Trace test   indicates 2 cointegrating eqn(s) at the 0.05 level

Normalized   cointegrating coefficients (standard error in parentheses)

V	CALL			
1.000000	0.005583			
	(0.00134)			

▶ 인과관계(causality)

실질 화폐수요와 소득(의 대리변수) 및 금리 간 인과관계(exogeneity, 내생성) 검정을 시행하였다.

Engle et al.(1993)은 회귀방정식에서 설명변수의 외생성을 고려하였다. 본 절에서 외생변수는 이자율 변수이다. 쌍방향 Granger causality test를 시행한 결과 단기금리의 오생성이 통계적으로 유의하였다(CALL). 참고로 이와 유사한 검정이 연립방정식 모형에서 사용되는데, 약인과관계(weakly exogenous), 사전결정

(predetermined), 강인과관계(strongly exogenous) 등의 개념을 함께 숙지할 필요가 있다.

구조적 전환(parameter stability)

구조적 전환(structural break)을 검정하기 위해 우선 다음의 화폐수요 방정식을 OLS로 추정한다.

$$\ln M_t - \ln P_t = \alpha + \beta_1 SR_t + \beta_2 LR_t + \beta_3 \ln Y_t + \varepsilon_t$$

축차적 잔차(Recursive residual)는 (EViews 10.0 통계패키지) 다음과 같이 정의된다.

$$w_t = (\text{OLS residual})/(\text{Forecast error Variance})(1/2)$$

파라미터 안정성 검정결과는 대부분의 경우, 1997년 외환위기와 2000년대 후반 유의적인 불안정(또는 정상치로부터의 이탈)이 존재함을 보여준다(예외 CUSUM of squares, Fig.2). 여기서 사용한 방법은 CUSUM of squares, one-step forecast, n-step forecast tests이다.

CUSUM test는 회귀함수의 안정성 테스트에 사용된다. 이는 축차적 잔차에 기초한다. 만일 이가 표준오차영역(SE bands)에서 벗어나면 파라미터 불안정성이 있다고 판단한다.

CUSUM of squares test는 축차적 잔차의 제곱을 사용한다. One-step forecast test는 축차적 잔차, SE와 확률이 15%거나 이하인 점(one step probability)들을 사용한다. N-step forecast test는 Chow forecast test를 연속적으로 시행한다(EViews 10).

또한, Chow's breakpoint, Quandt-Andrews breakpoint, Chow's forecast tests를 사용한다.

다음의 표는 우리 거시경제와 금융시장에 발생한 구조적 변화로 화폐수요함수의 불안정성(instability)에 기여했으리라 짐작되는 사건들이다.[19]

---

19) 일반적으로 신용카드는 새로운 화폐측정 범주에 포함되지만 우리 경제의 경우 사용액 (CCARD)은 유통속도를 줄인 것으로 보인다.

[Recession or Depression]

97 – 98

[Deregulation]

97.12 floating

98.5 stock market liberalize

99.5 call rate

02.4 foreign exchange market reform

04.2 interest rate liberalization

[Monetary Policy]

98.4 Inflation targeting

1) IMF위기(금융위기＝외채＋외환＋은행위기)는 유통속도와 장기금리 간 관계를 변화시켰다는 의미에서 화폐수요의 불안정성을 심화시켰다.

2) 정부는 외환시장에서의 자유변동을 97년 12월 허용하였다. 환율변동에 대한 기대는 금리변동으로 이어지고 이는 화폐시장의 불안정을 가져왔다.

3) 콜시장이 자유화되고 콜금리 결정과정의 규제가 완화되었다.

4) 90년대 중반부터 신용카드 사용과다로 인한 신용불량자 문제로 유동성 제약 및 유통속도의 증가 및 불안정 문제가 나타났다.

5) 97년 7월 수신금리가 자유화되었다.

6) 98년 한은은 인플레 타게팅을 도입하였다.

▶ 화폐공급

이제는 화폐공급으로 분석대상을 전환하자.

일반적으로 통화당국의 의지만으로 통화공급이 외생적으로 결정된다고 본다, 그러나, 통화공급과 그를 구성하는 본원통화(high powered money)는 경제주체의 의사결정과 관련하여 내생성을 지닌다.

$$M = (1/z)H$$

(통화량)＝(통화승수＝1/지급준비율)(본원통화)

(역할) $M = (1/\text{민간} + \text{은행})(\text{중앙은행})$

H: 본원통화(현금 + 지급준비금)

▶ 통화정책의 세가지 수단

1. 재할인율 H
2. 지급준비율 $(1/z)$
3. 공개시장조작 H
: $M = (1/z)H$

1) 재할인율 정책(rediscount loan) [정운찬, 김홍범, 2008]

▼ 〈표 3-15〉 재할인정책의 효과

중앙은행 대차대조표			
자산		부채 및 자본	
상업어음	100,000,000	지준예치	100,000,000

예금은행 대차대조표			
자산		부채 및 자본	
상업어음	-100,000,000	–	
지준예치	100,000,000		

은행이 자금이 부족하면 한국은행에 기업으로부터 받은 상업어음을 담보로 1억 원을 대출받는다. 이때 한은이 수취하는 금리가 재할인율(rediscount rate)이다. 재할인율 정책은 지준예치금과 같이 본원통화를 조절하는 수단이다.

진성어음주의(real bills doctrine)는 이같이 은행이 자금을 조달할 때 민간의 진성어음(실물부문과 밀접한 관련을 가지는 어음)만 할인해서 인플레적 요인을 제거해야 한다는 주의이다.

주로 시장친화적인 공개시장조작정책을 쓰다가 2006년 유동성 조절을 위해 한은이 이를 사용하였다.

2) 공개시장 조작(open market operations)

한은이 공개시장에서 주식이나 (주로) 채권을 매입하면 시중통화량은 증가하게 된다. 이 정책도 본원통화를 조절하는 정책이라 볼 수 있다. 방식에는 단순매매(outright purchases)와 RP(repurchase agreement)의 두 방식이 있다. 후자는 가장 일반적인 수단이다.

2010년 미국 오바마 정부가 취한 '양적완화(QEs)' 정책은 바로 이같이 FRB가 미국국채를 대량 사들인 확장적 통화정책을 나타낸다.

3) 지급준비율 정책(reserve requirements)

예금보호제도의 활성화, 타 금융기관등 간 형평성 문제로 거의 폐지되기에 이르렀다.

▶ 자산시장

1기에 S만큼 주식을 매입하면 d_1만큼의 배당을 얻을 수 있다. 또한, B만큼의 채권을 q_1의 가격으로 매입하여 2기의 이자수익을 얻을 수 있다. 1기에 구입한 S주식은 d_2만큼의 배당과 $(p_2/p_1 - 1)$만큼의 자본이득을 가져다준다.

$$C_1 + q_1 B + p_1 S = Y_1 + B_0 + (d_1 + p_1)S_0$$
$$C_2 = Y_2 + B + (d_2 + p_2)S$$

$\quad$ q_1: 1기 채권의 가격$[1/(1+r)]$, p_1: 1기 주식의 가격,

$\quad$ d_1: 1기 주당 배당금, d_2: 2기 주당 배당금, p_2: 1기 주당 배당금

거시경제의 흐름을 구성하는 소득(income)은 누출(leakage)의 형태로 저축된다. 이는 금융부문에서 이루어지며 플로우로서의 저축은 스톡으로서의 자산으

로 변화한다.

▶ 생산물시장과 화폐시장

　거시경제의 생산물시장에서 총수요－총공급이 물가와 균형 국민소득을 결정한다. 화폐시장에서는 명목이자율이 결정되며 이는 총수요에 영향을 미친다. <그림 3－15>는 통화량 증가가 명목이자율(r) 하락을 통해 총수요를 증가시켜 경기를 진작시키는 경우를 보여준다.

　케인즈는 이같이 화폐가 실물부문에 미치는 영향을 고려하였으며 두 부문이 별개의 것이라는 고전적 이분성(classical dichotomy) 또는 화폐부문이 국민소득, 고용 등 실물부문(real sector)에 영향을 미칠 수 없다는 화폐의 중립성(neutrality of money)을 비판하였다.

▼ 〈그림 3-15〉 통화량 증가의 효과(이준구외, 2008)

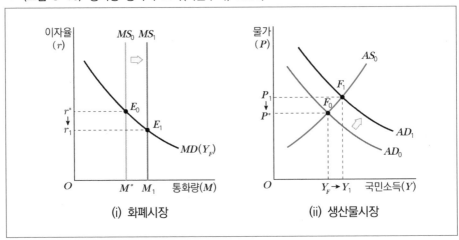

▶ 재정정책

정부는 정부지출 G 또는 조세 T를 변화시켜 총수요에 영향을 미친다.
예산제약식은 다음과 같다.

$$\Delta B = G - T$$

또는

$G + Tr$(이전지출) $+ RB$(부채에 대한 이자지급)
$= T + \Delta M$(통화량 증가) $+ \Delta B$(부채증가: 국공채발행)

한은이 발표하는 통합재정 추이를 보면 2000년대 후반 적자상태로 돌아섰
음을 알 수 있다.

▼ 〈그림 3-16〉 통합재정수지 십억 원

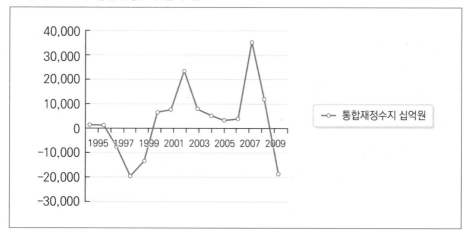

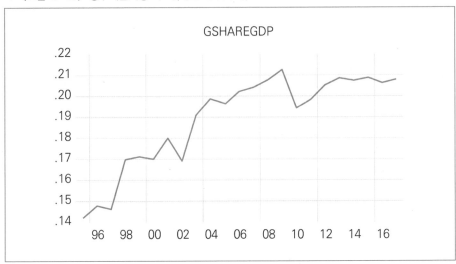

국민소득의 순환변동치와 예산의 시계열자료를 보면 흑자재정($T-G>0$) 시기 이후 경기수축 시기가 대체로 나타남을 알 수 있다.

이번에는 lead–lag 관계 또는 교차상관계수를 살펴보자. 만일, 예산흑자의 후행(lead) 변수가 1~2년의 시차를 두고 양으로 나타나 정부가 호황이 나타나면 경기를 안정화시키기 위해 흑자재정을 썼을 가능성이 있다.

▼ 〈표 3-16〉 정부지출비중 추이(자료: PWT 9)

Sample: 1970 2009

Correlations are asymptotically consistent approximations

YC,BUDGET(−i)	YC,BUDGET(+i)	i	lag	lead
. |******* |	. |******* |	0	0.6687	0.6687
. |** . |	. |* . |	1	0.2084	0.0611
. *| . |	.****| . |	2	−0.1276	−0.4150
. | . |	.****| . |	3	0.0054	−0.3572
. | . |	. ***| . |	4	0.0201	−0.2944
. |* . |	. |** . |	5	0.0846	0.1725
. |* . |	. |* . |	6	0.0506	0.1187
. *| . |	. | . |	7	−0.1276	0.0466
. *| . |	. *| . |	8	−0.1401	−0.1032
. **| . |	.*****| . |	9	−0.1856	−0.4444
. | . |	. |** . |	10	0.0153	0.1737
. |* . |	. |***** |	11	0.1173	0.4874
. |* . |	. | . |	12	0.0558	0.0441

단순 상관계수는 재정흑자가 주로 호황기에 나타남을 시사한다.

	YC	BUDGET
YC	1	
BUDGET	0.66	1

　　호황기에 세수가 많아서 흑자가 나타나는가를 인과관계 검정을 통해 살펴보았으나 일률적으로 판단할 수 없다는 결론을 내리게 된다.

Pairwise Granger   Causality Tests

Sample: 1970 2009

Lags: 4

Null Hypothesis:	Obs	F-Statistic	Prob.
BUDGET does not Granger Cause YC	11	1.14913	0.5145
YC does not Granger Cause BUDGET		1.28369	0.4821

이번에는 공적분관계를 살펴보았고 흑자와 호황이 장기균형관계를 가진다는 사실을 확인할 수 있다.

▼ 〈표 3-17〉 재정수지의 경기순응성 검정

Sample (adjusted):   1997 2009

Trend assumption: Linear deterministic trend

Series: YC   BUDGET

Lags interval (in   first differences): 1 to 1

Unrestricted   Cointegration Rank Test (Trace)

Hypothesized		Trace	0.05	
No. of CE(s)	Eigenvalue	Statistic	Critical Value	Prob.**
None *	0.534650	15.76696	15.49471	0.0455
At most 1 *	0.361018	5.822419	3.841466	0.0158

Trace test   indicates 2 cointegrating eqn(s) at the 0.05 level

* denotes   rejection of the hypothesis at the 0.05 level

**MacKinnon−Haug−Michelis   (1999) p−values

Normalized   cointegrating coefficients (standard error in parentheses)

YC	BUDGET			
1.000000	−0.121379			
	(0.35604)			

경제성장률을 종축에, GDP대비 재정수지를 횡축에 두고 산포도를 그리는 경우, 우상향하는 양의 상관관계가 나타났다고 해서 정부가 재정적자를 경기안

정화 정책의 수단으로 사용했다고 볼 수는 없다.

연습문제

1. 거시경제의 소비(C) 및 투자함수(I)가 다음과 같다.

$C = 10 + 0.7Y$

$I = 50$

균형국민소득수준(Y)을 계산하고 투자승수를 구하라. 이 경제에 새로
정부부문이 도입되어 총지출의 구성요소로 정부지출(G)이라는 항목
이 발생하게 되었다.

또한, 이 거시경제는 화폐시장을 도입하여 운영하게 되었다. 이제 화
폐시장의 움직임이 기업의 투자지출에 영향을 미치도록 다음 관계가
성립한다.

$I = 50 - r$ (이자율)

화폐공급: $M(S) = 10$

화폐수요: $M(D) = 20 + 0.2Y - r$

물가수준: $P = 1$

$G = 8$

1) $IS - LM$ 승수를 구하라.

2) 정부지출이 3만큼 증가하면 구축효과에 의해 국민소득은 얼마나 발생
하는가?

대표적 가계의 노동공급(시점 간 대체)

거시경제학에서 노동공급 분석은 대표적 가계(representative household)의 다기간의 노동공급을 이자율 등 다른 거시변수와 동시에 분석하는 데 있다.

$$R_1 / R_2 = [1/(\delta(1+r)\ ](w_1/w_2)$$
$$(1기여가)/(2기여가) = 1/[할인요인(1+실질이자율)]$$
$$\times\ (2기실질임금)/(1기실질임금)$$

이를 노동공급의 시점 간 대체(intertemporal substitution)라 부르며 기술충격 등 경제의 교란요인이 고용 등 거시변수에 영향을 미치는 전파기구(propagation mechanism)의 중요 부분을 차지한다.

명목임금 경직성: 케인즈, 중첩임금 모형

케인즈경제학파가 보는 노동시장의 특성은 다음과 같다.
1) 만성적인 실업이 가능하다. 즉, 불황으로 물가가 하락하여 실질임금이 상승하면 노동수요가 줄어들어 비자발적 실업이 발생한다. 고전학파가 상정하는 완전고용이 달성되지 못하는 이유는 명목임금이 같이 하락하여 실질임금이 하락해야 하는데 임금의 경직성이 존재하기 때문이다.
2) 실업은 노동시장의 특성에도 기인하지만 주로 상품시장에서 유효수요 (effective demand)의 부족으로 (물가하락을 통해) 발생한다.
3) 노동자의 노동공급은 물가수준에 대한 예상에 의존한다. 이 예상은 주로 정태적(static)이므로 물가변화를 인지하는 데 상당한 시간이 소요된다. 이를 화폐환상(money illusion)이라 한다. 위의 그래프에서는 물가가 변화해도 물가예상 Pe가 불변이어서 노동공급곡선의 변화가 없는 것으로 나타난다.

4) 화폐환상의 정도 또는 명목임금의 경직성은 총공급곡선을 우상향하게 만든다. 즉, 물가가 상승하면 근로자가 실질임금이 하락한 것을 인지하지 못하므로 기업은 공급을 늘릴 유인이 있는 것이다.

▶ 실질임금 경직성(효율임금, 암묵적 계약, 내부자─외부자 모형): 비자발적 실업

기업이 적정 수준보다 높은 실질임금을 근로자에게 지급하는 이유는 다음과 같다.[20]

첫째, 근로자의 영양상태가 좋아진다는 것이다. 이는 개도국(developed countries)에 적용되고 우리 경제에는 잘 맞지 않을 수 있다. 둘째, 기업이 근로자의 노력수준(effort)을 잘 모니터(monitor)할 수 없는 경우 적절한 인센티브를 제공해 도덕적 해이(moral hazard)를 없앨 수 있다. 셋째, Weiss(1980)이 주장한 것으로 유보임금(reservation)이 높은 (기업이 관찰하지 못하는) 우수한 근로자를 유치할 수 있다. 넷째, 근로자의 충성심(loyalty)을 제고하여 높은 수준의 작업노력을 유도할 수 있다. 다섯째, 근로자의 이직(turnover)을 줄여 (기업이 부담하는) 채용 및 훈련비용을 감소시킬 수 있다. 여섯째, 노조를 조직(unionize)할 가능성을 줄인다. 일곱째, 기업이 요구하는 이윤극대화 외에 다른 목표를 추구할 수 있는 경영자(managers)의 효용을 높여 기업이윤 추구에 보다 협조적으로 만들 수 있다.

내부자─외부자 모형에 따르면 기업과 커넥션이 있는 노조가입자 등 내부자(insider)는 임금협상에서 어느 정도의 독점력을 지녀 더 높은 실질임금을 요구한다는 것이다.

암묵적 계약(implicit contracts; Azariadis 1975, Baily 1974, Gorden 1974))이론에 따르면 근로자와 기업 간 장기관계(long─term relationships)가 존재한다. 근로자들은 현재 일자리에서 받는 실질임금의 흐름이 다른 직장에서 받는 것보다 만족스러우면 현재 일자리에 만족한다는 것이다. 많은 일자리는 장기배치(long─term attachments)와 기업특유의 숙련과 관련되어 있다(Akerlof and Main 1981, Hall 1982).

---

20) Romer(2006).

▶ 산업 간 임금격차

일반적으로 산업 간 임금격차(interindustry wage differential)는 세가지 요인에 의해 나타난다고 본다.

첫째, 뒤에서 설명하는 보상적 임금격차(compensated wage differential)이다.
둘째, 임금지급 산업의 시장지배력(market power)이다.
셋째, 동일 업체의 다른 근로자 임금에 의해 격차가 발생한다.

이에 대한 실증연구로 Dickens and Katz(1987) 및 Krueger and Summers (1988)이 있다. 효율임금에 따르면 균형임금보다 실질임금을 높게 지급하는데, 이 근거가 산업마다 동일할 필요는 없다(Romer, 2006).

$$\ln w = \alpha + \sum \beta X(\text{노동자 특성변수}) + \sum \gamma D(\text{산업더미변수}) + \varepsilon$$

그들 연구결과는 더미변수의 효과를 나타내는 γ추정치가 크다는 것이다.

▶ 보상적 임금격차(compensating wage differential)

근로자의 임금에 차이가 나는 것은 첫째, 열악한 근로환경에 대한 보상(hard working condition) 둘째, 인적자본(human capital) 차이에 따른 차이 등 두가지로 설명가능하다.

기업의 이윤이 동일한 한 근로자는 일의 쾌적성(negative of hardness, job amenity)과 임금 간 선택이 가능하고 재해가 발생할 가능성이 큰 일자리의 경우, 높은 임금을 요구한다는 것이다.

인적자본이론에 따르면 임금은 교육연수(years of schooling; EDUC)에 의해 결정된다. 교육에 대한 투자수익률을 r이라 하자.

$$WAGE(t) = WAGE(0)(1+r)^{EDUC}$$
$$\ln WAGE = \alpha + \beta EDUC + \varepsilon$$
$$\beta = \ln(1+r)$$

$$\ln(1+x) \fallingdotseq x$$
$$e^{\beta} = 1 + r$$
$$r = e^{\beta} - 1$$

▶ 실업보험에 대한 구직(실업) 지속기간: 모수적/준모수적 추정방법

여가−일 비중, 성별에 따라 구직기간 차이를 설명할 수 있으며 여기에서는 고용보험(unemployment insurance; 실업보험) 가입여부가 구직 지속기간에 미치는 영향을 분석한다.

근로자가 실직 시 취업기간 중 납입한 보험료의 대가로 보험금(benefits, coverage)을 받는 제도가 고용보험제도이다. 일반적으로, 취업근로자의 임금대비 실업자의 보험금 비율을 대체율(replacement ratio)이라고 하며 영국의 경우, 약 51%, 미국의 경우 약 16% 정도가 된다(1994~1995). 고용보험제도는 사회보험 및 공공부조의 성격을 모두 지니고 있다.

실증 분석결과는 가입되어 있지 않은 근로자일수록 구직기간이 짧아짐을 보여준다.

일반적인 노동시장 모형에서 취업 시의 기대효용과 실업시의 기대효용이 유보임금(reservation wage)을 결정한다고 본다. 실업보험 가입은 실업시의 기대효용 V_u을 상승시켜 근로자의 유보임금을 상승시킴으로써 구직기간을 길어지게 한다.

직관적으로 근로자의 구직기간이 결정되는 원리는 소비자의 가격에 대한 정보탐색행위(search activity)와 동일하다. 소비자는 탐색행위와 관련된 한계편익(MB)과 한계비용(MC)이 일치하는 수준에서 탐색행위 규모를 선택하는데, 근로자도 이러한 원리에 의해 구직기간을 결정한다. 보다 많이 탐색할수록 더 높은 임금을 얻게 되는 한계편익은 감소하지만 기회비용으로서의 근로소득으로 나타나는 한계비용은 증가하거나 불변이다. 근로자의 최적 구직기간은 이러한 원리에 의해 결정되며, 위의 수리 모형에서는 구직제안의 평균빈도 λ와 임금의 누적분포 H( )에 의해 결정된다.

▼ 〈표 3-18〉 한국노동패널(2010)

설문	코드	응답	표본수
(주된 일자리)고용보험가입여부	p__2104	(1) 가입되어 있다	2,604
		(2) 가입되어 있지 않다	1,344
		(3) 잘 모르겠다	35

■ 통계학 심화

➤ 지속기간 및 위험확률

여기에서는 구직 지속기간(duration) 및 위험확률(hazard rate)을 도출한 Cahuc et al.(2004)을 소개한다. 근로자의 횡단면 구직기간 데이터 t_1, t_2, t_3... t_n이 존재하면 각 데이터에서 t기간동안 지속(잡매치가 안되어 구직계속)하였다는 조건하에서 실패(잡매치가 이루어져 지속기간이 정지됨)할 확률은 다음과 같다. 이같이 위험함수 모형에서는 사건(event)의 지속기간(duration) 그 자체보다 어느 시점까지 지속되었다는 조건하에서 그 사건이 끝날 확률에 관심을 집중한다.

$$h(t) = \text{"Pr}(T=t \mid T \geq t)\text{"} = \frac{f(t)}{1-F(t)} \quad\cdots\cdots\cdots\cdots\cdots\cdots (2-1)$$

각 데이터에서 t시점 또는 그 이하시점에서 실패(잡매치가 이루어져 지속기간이 정지됨)할 확률(분포함수)은 다음과 같다.

$$F(t) = \int_0^t f(s)ds \quad\cdots\cdots\cdots\cdots\cdots\cdots\cdots\cdots (2-2)$$

t기간동안 지속(잡매치가 안되어 구직계속)할 확률(생존확률)은 다음과 같다.

$$S(t) = 1 - F(t) = \int_t^\infty f(s)ds \quad\cdots\cdots\cdots\cdots\cdots (2-3)$$

분석결과는 고용보험 가입상태 (1)에서 미가입상태 (2)로 전환 시 구직확률이 0.32(모형 추정계수 −0.32)만큼 줄어든다는 사실을 나타내고 있어 이론 모형에서의 예측과 정반대의 사실을 나타내고 있다. 이는 실업보험의 도덕적 해이가 실업률 증가로 나타나지 않는다는 지은숙(2007)의 실증분석 결과와 일치한다.

이에 대해 다음과 같은 설명을 제시할 수 있다. 즉, 근로자가 낮은 유보임금하에서 조급하게 잘 매치(match)되지 않는 일자리를 구해 얼마 안 있어 다시 실직상태로 들어서는 경우가 많다. 그러나, 실업급여의 혜택을 보면서 자신의 능력과 일자리 간 존재하는 이질성(heterogeneity)을 보다 차분하게 비교하여 분석대상 기간을 넓게 보면, 오히려 구직기간을 평균적으로 줄이고 구직확률을 증가시킨다는 것이다.[21] 즉, 고용보험이 실업을 늘리기보다는 오히려 노동시장에 존재하는 마찰적 실업(frictional unemployment)을 줄이는 것이다. 또한, 고용정보의 제공과 취업알선이 구직지속기간을 단축시키는 효과도 존재한다.[22]

이는 지속기간 모형을 사용하여 미국 또는 영국경제의 실업기간에 미치는 영향을 분석한 기존연구와도 상반된 결과를 보여준다. 본 연구 간 지니는 차이는 Devin et al.(1991)의 결과는 설명변수가 노동시장 전체의 특성을 나타내는 실업보험의 평균적 편익규모를 설명변수로 사용하였으나, 본 연구는 개별 근로자의 보험 가입여부를 설명변수로 사용하였다는 데 있다. 한편, Van den Berg(1990)은 실업보험 편익규모가 실업 지속기간에 미치는 탄력성 자체가 실업기간에 의존함을 보였다.

지속기간 모형(models for duration data)은 계량경제학의 여러 분야에서 사용된다. 건강경제(health economics) 분야에서는 환자에 대한 처리(치료, treatment) 이후 생존기간 또는 재임신간 지속기간 등을 분석하는 데 사용되고 경영학(management) 또는 경제학, 노동경제학(labor economics)에서는 기업부도시까지 기간, 범죄자의 체포 간 기간, 제품 구매부터 품질보증 이의신청까지 기간, 제품 재구매까지 지속기간, 파업의 지속기간 또는 구직기간 등을 분석하는 데 사용된다(Kiefer, 1985). 또한, 전기 및 전자부품의 지속기간(또는 생존수명) 등을 분석하는 엔지니어 및 질병발생 또는 수술 이후의 생존기간을 분석하는 바이오 의학자 등에게도 유용한 분석도구가 된다(Greene, 2008).

일반적으로 근로자의 구직기간 T가 t시점 이상 지속되었다는 조건하에서 일자리에 대한 짝짓기가 이루어져 구직으로부터 탈출(exit, failure)할 확률은 감소할 것으로 예상된다. 즉, 파업(strike)이 장기화될수록 파업이 끝날 확률이 점차 줄어드는 것과 마찬가지로 이해할 수 있다.

---

21) 이만우(2004), 신공공경제학, 율곡출판사.
22) 비경제활동인구로 하여금 실업급여 수혜로 노동시장 참여를 증대시켜 실업률을 줄이는 효과도 존재한다.

▼ 〈표 3-19〉 실업보험이 실업기간에 미치는 영향을 분석한 비례위험 모형의 탄력성 추정결과
(Devine and Kiefer, 1991)

연구	Data	실업보험의 편익에 대한 실업지속기간의 탄력성
Lancaster(1979)	UK	0.43 − 0.6
Narendranathan et al.(1985)	UK(men)	0.08 − 0.65
Katz and Meyer(1990)	US(men)	0.8 − 0.9(youth)

▶ 여성노동공급: 중첩세대 모형

▼ 〈그림 3-18〉 미국 출산율 변화 추이(Weil, 2008)

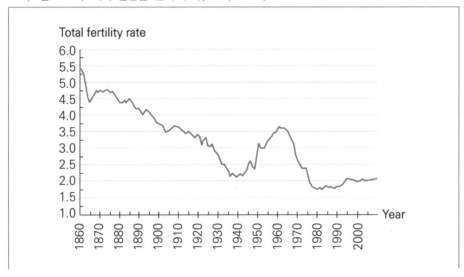

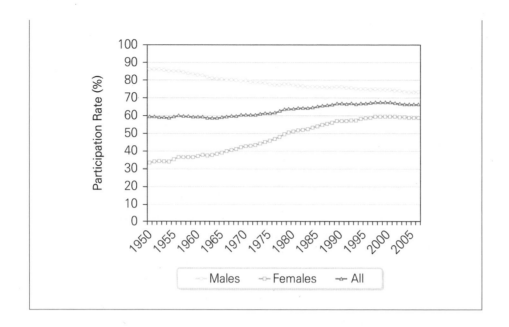

경제성장을 설명하는 다이아몬드(1965) 및 Greenwood et al.(2005)의 중첩세대 모형(overlapping-generations model)을 염두에 두고 출산율, 내구재 기술진보 등 가계(household)의 한 구성원인 여성의 노동 및 인적투자 간 관계를 살펴보자.

원래 다이아몬드의 중첩세대 성장 모형은 경제내로 신규가구(인구)가 지속적으로 유입되는 거시 모형이다. 이는 솔로우(Solow)의 신고전파 성장 모형에 미시경제적 차원에서 경제주체의 의사결정(시점 간 효용극대화)에 의해 집계변수가 결정되도록 변형한 모형이다(D. Romer, 2006). 기본적으로 거시경제의 균형성장경로의 결정요인을 분석하는 데 있어 솔로우 모형과 차이가 없지만 가계의 효용함수를 명시적으로 고려하여 저축률이 외생적으로 주어지는 신고전파 모형과 차이를 보인다.

물론, 효용극대화에 의해 저축률이 내생적으로 결정되는 Ramsey(1928) (-Cass-Koopman) 모형을 사용할 수도 있으나 중첩세대 모형은 인구의 지속적 유입(entry)을 고려하기 때문에 시점에 걸쳐 노동공급과 자녀수를 선택하는 대표적 가계의 극대화문제 분석에 유리하다.

즉, 본 연구에서 이를 사용하는 이유는 대표적 가계가 청년, 중년에 걸쳐 효용을 극대화하면서 자녀수에 대한 최적 선택을 한다고 보기 때문이다. 이같이 자녀수(출산)에 대한 선택이 시점 간 효용극대화에 의해 결정된다고 보는 것은 경제분석상 큰 장점을 지닌다.

Greenwood et al.(2005)는 이 같은 중첩세대 모형을 성장과 가계의 출산 간 관계 분석에 활용하였다. 이하에서 보듯이 이 모형은 1) 기업행위(생산함수) 2) 가계효용함수(목표함수) 3) 가계예산제약 4) 가계생산 5) 자녀양육 비용 6) 인구증가 등으로 구성되어 있다.

한편, 이와 유사하게 Razin and Ben–Zion(1975)는 소규모 개방경제를 고려하며 자녀수가 가계(부모)의 효용함수에 직접 나타나는 중첩세대 모형을 사용하였다. Becker and Barro(1988)은 부모가 자녀수뿐만 아니라 자녀의 효용까지 고려하는 모형을 분석하였다. Greenwood et al.(2005)은 중첩세대 모형을 통해 미국경제의 출산율 하락을 분석하였다. 그들은 자녀의 숙련도(skill level), 청년(부모)의 인적자본(human capital), 2부문 모형(제조업 및 농업) 등을 고려하여 부모의 인적자본이 자녀수에 미치는 영향 등을 분석하였다.

---

1. 기업부문 생산함수:

$$Y_t = F(K_t, A_t L_t)$$

2. 가계선호:

$$[b \ln(c+H) + \beta \, b \ln c' + (1+\beta)(1-b) \ln n]$$

3. 가계소득(예산제약):

$$w \lambda \omega + w \phi \lambda \omega - w(n/z)^{1/(1-\gamma)} + H$$

$$L^* = L + lh$$

4. 가계생산:

$$n = z(lh)^\gamma$$

5. 가계양육 소비비용:

$$tc = w(n/z)^{1/(1-\gamma)}$$

---

6. 인구증가:

$$N_{y,t+1} = nN_{y,t}$$

주 1) 대표적 가계는 3.의 제약하에서 2.를 극대화하는 청년/중년 소비와 자녀수를 결정하
며, 이 과정에서 시장노동공급 L과 가계생산(자녀양육) 노동공급 lh를 $L + lh = L^*$
의 제약하에서 결정

주 2) 대표적 기업은 가계로부터 노동서비스를 제공받아 1.의 생산함수에 따른 시장재 생
산을 통해 이윤을 극대화하며 임금을 지급하고 이는 가계의 소득원천이 됨

원래 중첩세대 모형에서 2기만 생존하는 가계는 1기 소비와 저축 및 2기
소비를 결정하여 소비변수는 시간 t의 함수로 나타나지만 여기서는 시간선호요
인(discount factor)을 사용하여 현재가치 개념으로 최적화의 해를 구하므로 시간
t의 함수임을 나타낼 필요가 없다.

이 모형에서 여성의 자녀수에 대한 결정은 소비와 자녀수 선택에 대한 다
음 관계에 의해 이루어진다.

$$c + H/n = w, \quad (b = 0 \text{ 가정}, MRS_{c+H,n} = w)$$

여성임금 ϕw의 변화는 소득효과 및 대체효과에 의해 자녀수 n 선택에 영
향을 미치고 이는 다시 소비($c + H$)에 영향을 미치게 된다.

경제성장과 신생아수(자녀수)는 일반적으로 다음 관계를 지니게 된다. 성장
에 따르는 소득증대는 소득효과에 의해 더 많은 자녀를 갖는 유인을 제공하지만
대체효과에 의해 (자녀의 기회비용이 상승함으로써) 더 적은 자녀를 갖도록 한다.
이 관계는 다음과 같은 가계 효용극대화의 관점에서 파악할 수 있다.

MU(시장재: market goods)$/MU$(자녀수: child) $= p$(market goods)$/p$(child)

MU: 한계효용, p: 시장가격(또는 기회비용)

대표적 가계가 선택할 수 있는 상품묶음이 자녀와 시장재화 둘로만 구성된
다면 경제성장은 좌변에서 분자부분을 작게 하고 우변에서 마찬가지로 분자부
분을 작게 한다. 또한, 성장은 자녀에 대한 기회비용을 상승시켜 우변의 분모를

크게 하는 영향도 지닌다. 따라서, 효용을 극대화하는 가계는 자녀수를 줄여 경제성장에 따른 환경변화에 대응한다(Greenwood et al., 2005).

이상 살펴본 Greenwood et al.(2005)의 중첩세대 모형의 동태적 해를 동태적 프로그래밍(dynamic programming) 기법에 의해 풀면 가계의 자산축적(저축), 경제활동인구(노동시장) 참가 및 자녀수 결정 등의 가계 의사결정 문제를 분석할 수 있다. 또한, 시장청산조건, 균형성장경로 등 경쟁균형(competitive equilibrium)을 분석할 수 있다.

연습문제

1. 2기간 모형에서 미래임금 변화가 현재노동공급에 미치는 영향의 경로를 직관적으로 설명하고 관련 경기변동이론을 소개하라.
2. 탐색 및 짝짓기 모형에서 실직률의 증가가 유보임금과 장기 실업률에 미치는 영향을 설명하라.

06 경제성장 및 국제경제

현재 경제학분야 중 가장 연구가 활발한 분야 중 하나이다(Weil, 2008). 우리 경제의 경우도 양적 성장이 한계에 달함으로써 지속적 성장을 위한 질적 성장에 관심이 모아지고 있다. 무엇보다도 1인당 소득의 국가 간 차이와 성장률의 차이를 분석하는 데 관심이 있다.

▼ 〈표 3-20〉 각국의 1인당 소득(Weil, 2008)

Rank	Highest GDP per Capita		Largest Economies		Most Populous Countries	
	Country	GDP per Capita ($)	Country	Total GDP ($ trillions)	Country	Population (millions)
1	Luxembourg	52,636	United States	10.91	China	1,305
2	United Arab Emirates	37,834	China	7.77	India	1,095
3	United States	36,806	India	3.77	United States	296
4	Norway	35,397	Japan	3.22	Indonesia	221
5	Hong Kong, China	31,568	Germany	2.13	Brazil	186
6	Singapore	30,099	Russian Federation	1.94	Pakistan	156
7	Ireland	29,911	United Kingdom	1.63	Russian Federation	143
8	Switzerland	29,549	France	1.60	Bangladesh	142
9	Iceland	29,359	Brazil	1.40	Nigeria	132
10	Denmark	29,207	Italy	1.33	Japan	128

경제성장이론에서는 국가 간 소득수준의 차이에 대한 설명에 관심이 있다. 왜 미국과 한국 간 소득격차가 나타나는가? 가장 유력한 답은 저축률 등 경제의 구조파라미터나 기술수준 등이 그 결정요인이라는 것이다.

국민들의 생활수준(standards of living)은 1인당 국민소득으로 측정한다. 최근 세계은행에서는 1인당 GNI(per capita GNI)를 국민들의 생활수준을 나타내는 지표로 사용할 것을 권고한다.

GDP＝생산국민소득＝분배국민소득

GNP＝GDP＋Net Factor Income from the Rest of the World

GNI＝GNP＋교역조건(terms of trade)을 고려한 실질 무역손익

DI＝GNI－(사내유보이윤, 감가상각, 조세)＋(이전지출)

보통 소비이론에서 이야기하는 가처분소득은 바로 국민소득(GNI)에서 간접세(부가가치세 등)를 제외한 소득을 대상으로 하나, 사실 기업이윤 중 주주에게

배당(dividend)으로 배분하지 않고 사내유보(retained earning)로 남기는 부분도 제외해야 한다.

다음으로 국가 간 성장률 격차는 왜 나타나는가? 이는 성장경로상 위치에 의해 결정된다. 이와 관련된 현상이 캐치업(catch up) 및 수렴(convergence)이다. 한편, 개구리점프(leapfrogging)는 산업조직론과 발전론에서 주로 논의되며 추격이 아닌 앞지르기를 의미한다.

▶ 신고전파 성장 모형

Stylized Facts in Economic Growth(N. Kaldor)

1. Sustainable growth in $y = Y/L$
2. Sustainable growth in $k = K/L$
3. Constant rate of return in physical capital $\bar{r} = MP(K)$
4. Constant ratio in capital−output relation $(\overline{(K/Y)})$
5. Constant share of labor and capital incomes $(\overline{wL/Y})$, $(\overline{rK/Y})$
6. Big differences in growth rate of productivity $g = \Delta A/A$

   * rK/Y가 일정하고 K/Y가 일정하면 r이 일정

   ** K/Y가 일정하고 k가 상승하면 y도 상승

경제성장을 설명하는 전형적인 솔로우의 신고전파 성장 모형을 염두에 두고 여기서 경제 간 수렴현상이 발생할 수 있는 요인을 살펴보자.

생산과정에 투입되는 요소는 자본(K), 노동(L), 및 기술(z)이다.[23]

국민경제 생산함수: $Y_t = z_t F(K_t, L_t)$

---

23) 생산함수는 콥−더글라스 형태를 띠며 이 함수는 규모수익불변(constant returns to scale)과 한계수확체감의 성질을 가진다고 가정한다.

이는 다음과 같은 1인당 생산함수로 변환할 수 있다.

$$y_t = z_t F(k_t)$$

균형성장경로(balanced growth path)는 1인당 산출, 자본, 소비 등이 일정률
(constant rate)로 성장하는 상태이다. 이 조건은 다음 식으로 단순화된다.

$$szf(k^*) = (n + \delta)k^*$$

기술진보가 없다면 균형성장경로상에서 1인당 생산의 증가율 즉, 경제성장
률은 0이 된다.

이 경제 모형이 의미하는 바를 직관적으로 생각해보자. 이 모형은 고전파
경제학자 스미스(A. Smith)의 경제성장이론을 솔로우(R. Solow)가 간결하게 모형
화한 것이다. 스미스는 경제성장(Y 증가)이 생산적 노동(L)의 생산성에 의해 결
정되는데 이는 저축[$sf(k)$]에 의해 이루어지는 자본축적(K 증가)에 의해 가능하
다고 보았다.

직관적으로 $Y_t = z_t F(K_t, L_t)$의 총생산함수에서 (Y/L) 즉, 1인당 국민소득
을 지속적으로 증가시키는 것은 (모형에서 설명할 수 없는) 총요소생산성 z_t의 지
속적 증가에 의해 가능하다.

▼ 〈그림 3-19〉 균제상태의 1인당 자본량(정운찬외, 2009)

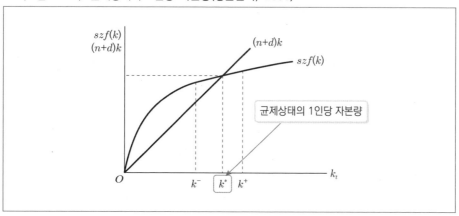

그래프에서 $(n + d)k$를 필요투자(break even investment)로, $szf(k)$를 실제투
자(actual investment)로 부른다. 그래프가 시사하는 바는 1인당 자본 k 및 1인당

소득 y가 steady state로 수렴한다는 사실이다. 만일, 각국의 (1인당) 생산함수가 동일하다면 이가 바로 절대적 수렴가설(absolute convergence)의 내용이 된다. 또한 총요소생산성 z의 증가율이 0이라면 균제상태에서 k 및 y는 증가율이 마찬가지로 0이 되고 자본 K 및 소득 Y는 증가율이 노동증가율 n과 같아진다.

(예를 들어, 외생적 요인으로 인한) 물적자본 K의 증가는 어떤 효과를 가져오는가? 노동 L에 대비한 자본 K의 증가는 1인당 소득을 증가시킨다. 그러나, 이에는 한계가 있다. 1인당 자본 k의 증가는 균형성장경로(balanced growth path)까지의 수렴과정까지만 1인당 소득을 증가시킨다. 일단, 경제가 이 장기균형으로 수렴하고 나면, 1인당 소득은 더 이상 증가하지 않는다. 이같이 y가 증가하는 현상을 전이동학(transition dynamics)이라 부른다.

이 같은 성장과정을 보다 단순한 총생산함수로 설명할 수 있다. Y_0에서 Y_1으로 성장은 노동투입에서, Y_1에서 Y_2는 자본투입, 그리고 Y_2에서 Y_3는 생산성 향상(기술진보)으로 설명할 수 있다. 이같이 성장(률)을 요인별로 분해하는 과정을 성장회계(growth accounting)이라 한다. 반면, 1인당 국민소득의 수준(level)을 요인별로 분해하는 과정을 development accounting이라 하며 인적자본을 고려한 Hall and Jones(1999)와 Klenow et al.(1997)의 연구가 대표적이다.

▼ 〈그림 3-20〉 경제성장 기여도분해(이준구외, 2008)

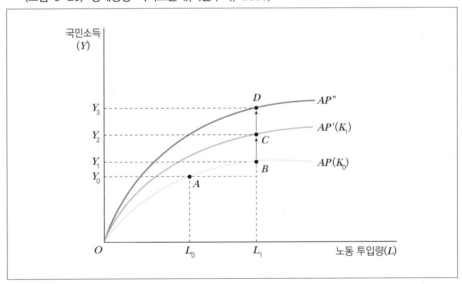

맬더스의 경제학을 우울한 학문이라 부르는 이유는 자본축적과 기술진보를 도외시함으로써 경제가 장기적으로 B에 머무른다는 비관적인 전망을 제시한 데 있다. 그는 인류의 비도덕성(음란)이 노동인구의 기하적 증가를 가져와 산술적 증가를 보이는 식량생산을 앞지르게 되어 궁극적으로 경제가 정체상태(stationary)에 이르게 된다는 비관적인 전망을 제시하였다.

Great Divergence: Pritchett(1997), Pomeranz(2000) 지난 3세기동안 세계 각국의 생활수준이 크게 격차가 남

Great Moderation: Bernanke(2004) 1980년대 초의 불황(recession) 이후 효율적인 통화정책의 집행은 장기호황을 가져왔으며 거시경제의 안정을 가져옴

[자료: 정운찬, 김영식, 2009에서 재인용]

국내연구에 의하면 최근에 들어와 질적성장(TFP)의 비중이 높은 것으로 나타난다. 노동투입이 성장에 기여하는 비중은 증가하는데, 이는 유효노동(effective labor) 또는 인적자본(quality of labor)의 증가에 기인한다.

▶ 물적자본의 적정성: 한국경제의 동태적 효율성

신고전파 성장이론에는 경제의 장기 균형성장률이 자본축적에 의해 영향받지 않는 일종의 중립성(neutrality)이 존재하여 오직 지속적 기술진보만이 지속적 성장률 증가를 가능케 한다(Solow and Swan).

자본축적은 장기 성장경로의 수준(level)만을 결정하고 기술혁신만이 장기 성장률(rate)을 결정한다는 입장을 가진다.

신고전파 성장 모형에서는 자본스톡이 최적수준(golden rule; 황금률)을 초과함으로써 발생하는 동태적 비효율성(dynamic inefficiency)의 문제가 발생할 수 있다.

즉, 과잉축적된 자본스톡을 줄임으로써 모든 구성원의 효용을 증가시킬 여지가 발생할 수 있다.

우리경제가 1인당 소비를 극대화하는 균제상태의 자본축적수준을 지니는가

하는 사회후생상의 문제가 제기될 수 있다. 황금률수준의 자본축적수준은 zf' $(k_{GR}) = n + d$의 조건을 만족하는 1인당 자본수준이며 일반적으로 균제상태에서의 수준과 같지 않다. 황금률수준에서는 1인당생산함수의 기울기가 요구되는 자본량 직선의 기울기와 같을 때 이루어진다.

일반적으로 자본축적의 황금률수준을 벗어나 자본축적이 너무 많으면 자원배분이 동태적으로 비효율적(dynamically inefficient)이라 부른다. 1997년 외환위기가 과잉설비에서 비롯되었다는 점을 고려하면, 우리 경제의 자본축적 수준이 과다한가를 판단하는 것은 성장정책 시행에 중요하다.

안국신·김형진(1998)은 동태적 효율성 조건을 우리 경제에 적용해본 결과, 충분조건을 만족시키지 못함을 확인하였으며, 이에 따르면 우리 경제는 '80년대 말부터 '90년대까지 총투자가 총자본소득보다 많아 자본의 과잉축적 즉, 동태적으로 비효율적 자원배분의 징후를 보인다고 한다.

이는 크루그만이 '종이호랑이'라고 과소평가하는 우리 경제의 양적 성장마저도 한계에 달해있다는 중요한 시사점을 제공할 수 있다.

본 절에서는 경제성장 모형이 시사하는 동태적 효율성 문제를 다룬다.

이를 위해 사회후생을 고려하여 한국경제의 물적자본 스톡수준의 적정성을 검토한다.

▶ 솔로우의 외생적 경제성장 모형

생산과정에 투입되는 요소는 자본(K), 노동(L), 및 기술(A)이며 생산함수는 콥-더글라스 형태를 띠고 t기의 산출은 다음과 같으며 이 함수는 규모수익불변(constant returns to scale)과 한계수확체감의 성질을 가진다고 가정한다.

생산함수
$$Y_t = A_t F(K_t, L_t): \ A_t 기술(수준)$$

▼ 〈그림 3-21〉 솔로우 성장 모형: 황금률 자본축적(정운찬외, 2009)

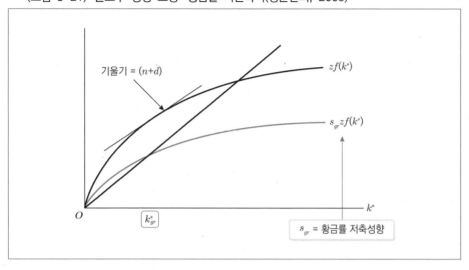

솔로우 모형에서는 실질이자율(r: 자본의 한계생산성)이 경제성장률($=$인구증가율, n)과 같은 경우, 1인당 소비를 극대화하는 최적의 자본스톡의 규모가 형성되었다고 보고 이를 동태적으로 효율적이라고 부른다.

$z =$ (관측된 차이$-$기대된 차이)/관측된 차이의 표준오차

$$= 7.45 - 6.78 / (\sqrt{3.12} / \sqrt{29})^2 + (3.57 / \sqrt{34})^2$$

$$= 7.45 - 6.78 / \sqrt{(0.336) + (0.375)} \approx 0.795$$

과거 40여 년간의 데이터를 사용하여 단순한 복수표본 $z-$검정을 시행한 결과 이자율과 경제성장률 간 통계적으로 유의한 차이를 발견하기 어렵다. 따라서, 우리 경제가 동태적으로 비효율적(자본과잉)이라 주장하기 어렵다.

▌솔로우 성장 모형에서의 동태적 효율성

$f'(k) \equiv r = n$

이같이 실질이자율(1인당 자본 k의 한계생산성)이 균제상태(steady state)에서의 경제성장률($=$인구증가율)과 같은 경우, 1인당 소비를 극대화하는 자본스톡의 규모가 형성되었다고 보고 이 경제를 동태적으로 효율적이라고 부른다: $f(k)$는 1인당 산출량을 나타낸다.

▶ 다이아몬드의 중첩세대 성장 모형

우리경제가 1인당 소비를 극대화하는 균제상태의 자본축적수준을 지니는가 하는 사회후생상의 문제가 제기될 수 있다. 일반적으로 $MP(k^*) = n$ 또는 $MP(k^{**})$ $= n + d$의 조건(1인당 생산함수의 기울기와 break-even investment의 기울기가 같음)을 만족시키면 동태적으로 효율적이다라고 표현하고 실제 자본량이 이를 초과하면 자본이 과잉투자되어 동태적으로 비효율적이다라고 본다.

Abel, Mankiw, Summers and Zeckhauser(1989)은 솔로우 모형에서의 동태적 효율성 조건과 이론적으로 동일하면서 더 실용성 있는 조건을 제시하였다.

즉, 총자본소득(기업이 창출하는 가치)이 항상 총투자(기업이 흡수하는 가치)보다 크거나 같아야 한다는 것이다.

그들은 미국, 영국, 독일, 프랑스 등 선진국의 데이터를 통해 동태적으로 효율적이라는 결론을 도출하였다.

동태적 효율성: 일반적 신고전파 성장 모형에서의 현금흐름 기준

$(D_t / V_t) > 0$

rK가 총자본스톡(K)에 대한 총수입이고 nK는 신규투자(new investment)이므로 $(rK - nK)$는 기업으로부터 유출되는 순현금흐름(cash flow)이다. 따라서, 총배당=순현금흐름 D_t가 항상 양이면, 그 균형은 동태적으로 효율적이다.

---

1) 동태적 효율성 : Abel et al.(1989)의 자본수익률 기준

$(R_t / G_t) > 1$

시장 포트폴리오의 수익률은 $R_{t+1} = (D_{t+1} / V_{t+1} / V_t)$이며 이 자산의 시장가치 증가율은 $G_t = (V_{t+1} / V_t)$일 때, 자본수익률이 자본스톡 증가율보다 크면 동태적으로 효율적(자본수익률로 실질이자율 사용)이다.

$z =$ (관측된 차이 $-$ 기대된 차이)/관측된 차이의 표준오차

$\quad = 8.34 - 7.452/(\sqrt{3.8}/\sqrt{34})^2 + (3.12/\sqrt{34})^2$

$\quad = 8.34 - 7.452/\sqrt{(14.44) + (9.73)} \approx 1$

복수표본 $z -$ 검정을 시행한 결과 이자율(자본수익률)과 자본스톡 증가율 간 통계적으로 유의한 차이를 발견하기 어렵다. 따라서, 우리 경제가 동태적으로 효율적(적정자본)이라 주장하기 어렵다.(비적정자본 추론)

복수표본 $z -$통계량: 모분산이 서로 다른 경우

본 연구에서는 거시경제의 동태적 효율성과 관련하여 실질이자율 등 거시 경제변수의 차이에 관련된 문제들을 살펴보게 된다. 실질이자율과 경제성 장률 간 관계의 경우, 두 집단 간 차이를 알고 싶으면 우선 두 집단별 평균 을 구해 그 차이를 계산한다. 다음으로 그 차이에 대한 표준오차(standard error)를 계산한다. 마지막으로 평균 간의 차이가 그 차이의 표준오차 단위 로 얼마나 되는가를 살펴본다.

일반적으로 두 집단이 독립적이면 두 평균 간 차이의 표준오차는 $\sqrt{a^2 + b^2}$ 이다. 여기서 a는 실질이자율 또는 경제성장률의 평균 표준오차이다. 복수표본 $z -$통 계량(two $-$ sample $z -$ statistic)은 두 집단 간 평균의 차이가 유의한가를 검정하 는 통계량이다.

$z =$ (관측된 차이 $-$ 기대된 차이) / 관측된 차이의 표준오차

두 표본의 크기가 모두 클 때 복수표본 $z -$통계량은 중심극한정리에 의해 표준정규분포를 따르게 된다. 표준정규분포와 관련해 95법칙을 사용하였다. 즉, -2부터 2까지 구간에 속한 분포의 확률은 약 95%이다.

▶ 내생적 성장 모형

로버트 솔로우(Solow, 1956)의 "신고전파 성장이론"에 의해 본격화된 경제성장이론은 이가 내포하고 있는 다소 부정적인 시사점에 기인하여 차츰 경제학계에서 정체하는 이론영역으로 머무르게 된다. 그 시사점이란 다름 아닌 지속적 기술진보(technical progress)만이 지속적인 경제성장을 가져온다는 것이다.

이러한 상황하에서 로머(P. Romer)가 내놓은 두 편의 논문(1986, 1990)은 경제성장 연구에 대한 폭발적인 증가를 가져오게 되고 그와 이론적 맥락을 같이하는 연구자들의 이론은 "내생적 성장이론(endogenous growth theory)"의 호칭으로 불리게 되었다.

김과 라우(Kim and Lau, 1994), 영(Young, 1995) 등은 동아시아 국가들의 경제성장에 대한 실증분석을 통해 각국의 실제 성장데이터가 신고전파 성장 모형으로 대부분 설명될 수 있다고 주장하였다. 이들이 시사하는 바는 단순한 실증분석 결과에 머무르지 않았다. 즉, 신흥공업국은 GDP 측면에서 5% 이상의 고도성장을 겪었지만 생산성 증가율은 그리 크지 않았으며 경제성장 요인비중에서도 생산성 증가율의 비중은 선진국과 달리 상당히 낮았다.

이 결과를 두고 크루그만(Krugman, 1994)은 동아시아 NICS 국가들의 높은 경제성장률은 대부분 요소축적으로 설명되어 마치 '종이호랑이'와 같다고 한 바 있다.

본고에서는 이러한 논란에 대한 대안을 제시한다. 즉, 한국경제 성장이 신고전파 성장 모형에 의해 잘 설명되는 것을 인정하면서도 또 다른 내생성장 모형의 하나인 존스(C. Jones)의 준내생성장 모형을 통해 기술진보가 경제성장에 기여한 바를 추정하여 모형의 설명력을 검정한다. 요약하면, 이 모형은 실제 데이터 패턴을 잘 설명할 뿐만 아니라 초기 내생성장 모형이 설명하지 못하는 한국경제의 안정적인 1인당 소득증가율에 대한 합리적인 근거를 제공하고 있다.

1) 내생적 성장이론과 한국의 경제성장

솔로우의 신고전파 성장 모형에서는 생산과정에서의 1인당 자본량을 증가시키는 어떠한 변화도 일시적으로만 성장을 가져오게 된다. 지속적 경제성장을 설명하기 위해 로머 또는 그로스만과 헬프만(Grossman and Helpman)의 제품 다양화 모형(expanding product variety) 등 내생적 성장이론이 대두되었다.

　　로머 모형은 발명(inventions)으로부터의 이윤 획득을 위해 새로운 지식을 탐색하는 연구자의 행위를 경제모형에 도입하여 기술진보를 경제의 내생적 결과로 파악하였다. 이 모형은 선진국가들(developed countries)의 경제가 지속적 성장(sustained growth)을 보이는 근거를 설명하기 위해 만들어졌다. 또한, 신고전파 성장 모형과 달리 기술진보에 작용하는 경제적 요인을 명시적으로 고려하며 이를 중요시한다.

　　물적자본 및 인적자본의 경우와 마찬가지로 새로운 지식(기술)의 창출은 경제자원의 투자를 필요로 하는데 특히, 산출물이 기술일 경우 이러한 투자를 R&D라 부른다. 기술이라는 상품의 주요한 특성은 비경합성(non-rivalry)과 비배제성(non-excludability)에 있다. 비경합성이 가지는 장점은 신규 지식을 이용하는 사람들이 모두다 그 기술을 창조하는 노력을 들이지 않아도 된다는 점에 있다. 반면, 비배제성이 가지는 단점은 R&D 수행자가 그의 투자로부터 발생하는 모든 이득을 거두는 것이 어렵다는 것이다.

　　이 같은 R&D기반 성장 모형에 기초한 실증분석 모형에 대해 간단히 살펴보자. 분석의 편의를 위해 우리 경제의 생산요소는 노동(L)과 자본(K)으로 구성되며 총생산함수(aggregate production function)는 다음과 같다고 하자.

$$Y = F[K, A(K)L]$$

　　Y는 경제의 총산출 즉, GDP를 나타내며 $F[\ ]$에서 첫째 변수 K는 모든 기업의 민간 자본투입을 나타낸다. 여기까지는 솔로우의 신고전학파 총생산함수와 큰 차이가 없다. 솔로우의 모형도 A를 제외하면 사실 스미스의 국부론에서 유래한다. 그 이전에는 해로드-도마 등 케인즈학파 학자들이 레온티에프형 고정투입비율 생산함수를 통해 자본주의 경제성장의 불안정성과 불완전고용성장의 가능성을 설명하려 했다.

　　두 번째 변수 $A(K)L$은 $A(K)$로 표현되는 유효노동(effective labor)의 총고용량을 나타낸다.

　　이 생산함수는 Arrow(1962)의 학습효과(learning by doing)를 반영한 것이다. 여기서, A는 기술수준(state of technology)을 나타낸다. Romer(1986)는 이와는 다소 상이하게 K를 R&D과정을 통해 창출되는 지식(knowledge)으로 해석하였다.

한편, Shell(1967)은 A의 증가로 표현되는 지식획득 과정을 경제모형 내에서 결정되도록 내생화하였다.

$$\Delta A = F[K_A, \ AL_A]$$

여기 $F[\ ]$에서 첫째 변수 K_A는 R&D부문에서의 자본투입을, 두 번째 변수 L_A은 R&D부문에서의 노동투입을 각각 나타낸다.

Shell 이외에도 내생성장 모형의 선구자는 많다. 우선 해로드-도마의 성장모형은 요소 간 대체가능성을 인정하지 않아 자본주의의 성장경로가 불안정하다는 특성을 지닌다고 주장한다. 솔로우는 이에다 요소가격의 신축적 조정을 통한 대체가능성과 수확체감의 법칙을 도입하여 안정적인 성장경로를 규명하였다.

1990년대 초 Romer(1990) 등에 의해 개발된 내생적 성장이론들에 의하면 경제성장률을 결정하는 생산성 증가율이 R&D 종사자의 수에 비례하는 수준 효과(level effects)가 존재한다.[24] 따라서, R&D 종사자의 수를 늘리는 유인정책을 사용함으로써 장기균형 경제성장률을 높일 수 있다는 정책적 함의가 도출된다.[25]

이들에 따르면, (총요소)생산성 증가율 g_A는 R&D 노동투입 L_A의 증가함수이다.[26] 식 (1)을 살펴보면 R&D 노동투입이 일정하더라도 생산성 증가율은 항상 양(+)의 값을 유지할 수 있다.[27] 이는 상당히 무리한 가정으로서 존스(Jones)에게 선진국 데이터를 통해 비판을 가하게 하는 빌미를 제공하고 있다.

$$g_A = \Delta A / A = \delta L_A \text{[28]}$$

---

24) 내생적 성장이론은 기업이 신규제품이나 신공정을 개발하기 위해 자금을 투자하는 요인을 경제성장 모형 내에서 설명하고 있다.

25) Romer(1986, 1990)의 성장 모형은 전문화가 진행됨에 따라 경제의 생산성이 증대되는 과정을 경제성장의 원동력으로 간주하였다. 즉, 다양한 상품들이 중간재로 사용될 경우 경제 전체(또는 최종재 부문)의 생산성이 향상된다고 본다.

26) R&D 부문에서 지식(new designs)이 창출되는 정도는 총 R&D 투입과 현존 지식스톡(existing number of designs; A)에 의존한다. 자본 축적을 위해 최종재 중 투자되는 부분이 더 많은 물적 자본을 생산하듯이 R&D 인력의 추가투입은 더 많은 신규 지식을 창출한다.

27) 2005년 기준 한국의 R&D인력은 약 22만 명이다. 내생적 성장 모형에 따르면 22만 명의 인력만 유지되면 생산성증가율에서 나아가, 경제성장률은 항상 양(+)의 값을 유지할 수 있다.

28) δ는 R&D 투입이 지식증가율($\Delta A / A$)에 미치는 일종의 효율성(efficiency) 파라미터이다.

$$\Delta A = \delta L_A A$$

한편, Jones(1995) 등은 지식생산함수에 지식스톡의 규모수익체감 개념을 도입함으로써 준내생적 성장이론(semi-endogenous growth theory)을 개발하였다. 그는 제2차 세계대전 후 미국 등 선진국에서 R&D 종사자의 수가 크게 증가했음에도 불구하고 생산성 증가율은 높아지지 않았음을 지적하였다.

이들은 지식생산함수에서 A의 지수(ϕ)가 1보다 작다고 가정하였으며 이를 현실적으로 뒷받침하는 다수의 실증 데이터를 근거로 제시하였다.

$$\Delta A = \delta L_A A^{\phi}, \quad \phi < 1$$

이를 통해 이들은 결국, R&D 종사자 수의 지속적 증가를 뒷받침하는 것은 R&D 종사자 수 증가율을 일정하게 유지시켜 주는 인구증가라는 시사점을 도출하였다.

우리 경제가 1960년대부터 보여 온 성장과정은 선진 국가들의 경제성장에서 나타나는 정형화된 사실을 근사적으로 재현하고 있다.[29] 실질 GDP를 총인구로 나눈 1인당 GDP의 증가율은 기복은 존재하지만 추세(trend)를 보이지 않고 안정적이다. 그런데 우리 경제의 성장 과정은 크루그만의 지적과 같이 요소축적 즉, 투입 생산요소 증가만으로 모두 다 설명할 수 있는 것은 아니다. 우리 경제는 새로운 상품이나 공정을 창출하기 위해 경제자원을 연구개발 부문 즉, R&D 부문에 투입하고 있다. 2006년 기준으로 현재 우리 경제의 R&D 집약도는 3.22%에 달하고 있다. 이러한 혁신노력이 우리 경제성장에 부분적으로 실질적인 기여를 한 사실은 '종이호랑이' 논의와 마찬가지 비중으로 일반에게 받아들여지고 있다.

이같이 내생적 성장이론은 솔로우 모형의 단점인 외생적 기술진보에 대한 단순한 가정을 극복하고 연구개발에 의한 기술진보가 지속적 경제성장(sustained growth)의 핵심 요인으로 작용하도록 이론을 개발하였다.

---

29) 칼도(Kaldor, 1961)는 개별 국민경제의 성장과 관련하여 경제이론이 규명해야 할 정형화된 사실들(stylized facts)을 제시하였는데, 그중에는 다음의 실증적 사실이 포함되어 있다.
"1인당 소득(Y/L)은 지속적으로 증가하며, 생산성 증가율은 감소하지 않는다……."

▶ 최적 R&D 집약도 도출

1) 대표적 가계의 효용극대화 문제: 동태적 최적배분

$$U = \int_0^\infty e^{-pt} u(c) dt$$

가. 최종재 (제조)부문

Romer(1990)은 신규 중간재 생산부문에 진입하기 위해서는 독점지대(monopoly rent)에 의해 보상받는 제품혁신에 대한 고정비용을 중간재 부문 기업이 지불해야 한다고 가정함으로써 자신의 모형(1986)을 확장시켰다.

우리 경제의 생산요소는 노동(L)과 중간재(x)로 구성되며 제조부문의 총생 산함수(aggregate production function)는 다음과 같다고 하자. 이같은 생산함수는 거시경제학에서 Either 생산함수로 알려져 있다.

$$Y = (L)^{(1-a)} \left[\int_0^A x_i^{av} di \right]^{(1/v)}$$

중간재 x의 가치는 국지적인 중간재 독점생산자의 이윤극대화에 의해 결정 된다. 1단위의 자본(capital)이 1단위의 중간재를 생산한다고 가정하면 한계비용 은 이자율 r이 된다. 최종재 제조부문에서 투입하는 중간재의 한계생산이 역수 요함수 $p(x)$와 같게 된다. 직관적으로 중간재는 로봇 또는 인적자본으로 간주 해도 무방하다. 이 같은 로머의 모형은 연구개발이 최종재 생산에 필요한 중간 재의 범위를 확장(expanding variety)하는 경로를 통해 총요소생산성에 영향을 미 친다고 보는 데 특징이 있다.[30]

---

30) 이 경제에는 하나의 시장실패(market failure)가 존재하게 된다. 이는 기업가들이 신제 품을 개발하여 중간재의 제품다양성을 확장시킬 때 소비자에게서 발생하는 (소비자) 잉여를 고려하지 않는 데서 발생한다. 이를 (1) 전유효과(appropriability effect)라 부 른다. 이는 중간재를 생산하는 민간 독점기업이 모든 산출물 흐름에 대해 전유권을 행 사할 수 없음을 반영한다. 이 정의 외부효과는 시장경제에서 R&D에 대해 과소투자를 유발하는 효과를 지닌다. 이는 사실상 부분적 배제가능성에서 발생하는 공공재의 시장 배분에서 발생하는 문제이다. 그러나, 공공재 문제를 소비외부성의 특수한 경우로 보

나. 중간재 부문

중간재 생산기업은 독점적 생산자로 활동하여 한계비용에 대해 $\eta(=1+m)$의 마진(mark-up; 비용할증)을 부과한다. 일반적으로 $m=1/(|\varepsilon|-1)$로 정해지며 $(m+1)=P/MC$의 관계를 지닌다.

$$p(x)=\eta r=(1+m)r$$

이는 (2) 기업강탈 효과(business stealing effect)라 부르는 부의 외부효과를 나타낸다. 즉, 성공적인 중간재 독점사업자는 진부화(obsolete)를 통해 전 세대(previous generation)의 중간재에 귀속되는 (생산자)잉여를 파괴하는 효과를 나타낸다. 슘페터의 "창조적 파괴(creative destruction)"에서 강조되는 구 중간재의 진부화는 기술진보와 경제성장에서 핵심적인 역할을 수행한다.

다. R&D부문

주어진 중간재 투입 x를 생산하는 데 해당 디자인 또는 라이센스의 가격인 고정비용 P_A만큼의 비용이 소요된다고 하자.

R&D부문에서 지식(new designs)이 창출되는 정도는 총 R&D지출과 현존 지식스톡(existing number of designs)에 의존한다. 이 식은 내생성장 모형의 핵심사항을 보여주는 중요한 관계이다. 경제주체자 R&D 투입(노동 또는 GDP)을 사용하는 이유는 총생산함수에 영향을 미치는 생산성 또는 지식(기술)수준을 향상시키는 데 있다는 것이다. 또한, 지식생산의 생산성과 존유효과를 동시에 고려하고 있다. λ라는 파라미터를 통해 R&D 투입의 해로운 외부효과 즉, 중복효과도 고려하고 있다.

$$\Delta A = F[N] = \delta * NA = \delta N^\lambda A^\phi$$

이 지식생산함수는 R&D활동에서 발생하는 (3) 시점 간 파급효과(intertemporal spillovers)라 불리는 정의 외부효과를 반영하고 있다. 기술지식은 비경합재(non-rival good)이므로 모든 연구자는 현존 지식(designs)에 반영된 지식스톡 A를

면, 전유효과도 지식 또는 기술이라는 특수한 상품의 대가없는 사용으로부터 발생하는 후생상 문제 즉, 발명자의 인센티브를 감소시키는 효과로 볼 수 있다.

사용할 수 있다.[31]

ϕ에 대한 추정치와 최적 R&D 집약도는 λ에 대한 특정 값에 의존한다.

$$\phi = 1 - (\lambda \sigma) g_N / g_{TFP}$$

이상에서 본 바와 같이 모형에서 가장 중요한 역할을 하는 파라미터는 λ이다. 일반적으로 중복효과 파라미터인 λ는 TFP증가율을 R&D 집약도에 대해 회귀분석함으로써 얻을 수 있는 R&D의 수익률을 사용하여 구할 수 있고 공적분벡터 추정에 의해 구할 수도 있다.

존스(Jones, 2002)의 준내생적 성장이론에 따르면 각 국민경제의 장기 균형소득은 R&D 집약도에 의해 결정되지만, 균형성장률은 영향을 받지 않는다고 추론할 수 있다.[32]

s_R을 인력기준으로 표현한 R&D 집약도라 가정하면 정상상태에서의 1인당 균형소득수준(수렴대상 장기 균형소득)은 다음과 같이 도출된다.

$$\Delta A/A = \delta s_R L_A / A \quad \cdots\cdots\cdots\cdots\cdots\cdots\cdots\cdots\cdots\cdots\cdots\cdots \text{(2)}$$

$$y^*(t) = (s_K / n + g + d)^{\alpha/1-\alpha} (1 - s_R)(\delta s_R / g_A) L(t)^{[33]} \cdots\cdots \text{(3)}$$

이 식이 의미하는 바는 정상상태에서 1인당 GDP 수준[$y^*(t)$]은 신고전파 모형에서와 같이 지식(기술) 수준 증가율(g_A), 투자율(s_K), 인구증가율(n), 그리고 감가상각률(d) 등에 의해서도 결정되지만 R&D 집약도(s_R) 및 (국민) 경제의 총인구[$L(t)$]에 의해서도 영향 받는다는 점이다.[34]

이는 각 국가의 경제구조가 기술진보의 동태적 전이과정(transition dynamics)

---

31) 한편, 부의 외부효과를 발생시켜 R&D가 과다투자되게 하는 (4) 연구중복효과(발등 찍는 효과; stepping on toes effect)도 존재한다. λ가 0에 가까울수록 이 부의 외부효과는 커지게 된다.

32) 정상상태(steady-state)에서 지식(기술) 수준(A: TFP), 1인당 소득(y), 1인당 자본(k)의 증가율은 다음과 같이 동일하다: $g = g_A = g_y = g_k$, 또한 연구인력의 증가율은 인구증가율 n과 같다: $n = \Delta L_A / L_A$

33) α는 자본소득분배율을 의미한다.

34) 경제성장률을 결정하는 생산성 증가율이 R&D 종사자의 수에 비례하는 수준 효과(level effects)가 적용되지 않고 다만 R&D 종사자의 수가 y^*에만 영향을 미친다는 의미이다.

을 통해 장기균형으로 수렴하는 과정에서 성장률의 차이를 보임을 시사한다.

▶ 무조건부 수렴(unconditional convergence)

솔로우 모형에 따르면 각국의 소득은 동일한 수준을 향해 수렴하게 된다. 초기 소득이 낮은 국가의 수렴속도는 빠르다. 이는 동일한 생산함수(축약형)하에서 자본의 한계생산이 높기 때문이다. 두 경제의 총생산함수가 동일하다면 1인당 자본(또는 1인당 소득)의 어떤 초기치에서 출발하더라도 균형성장경로에서의 장기균형치는 동일하게 된다. 그러나, 투자율, 생산성수준, 인구증가율 등의 차이는 균형소득에 있어 차이가 나게 하므로 각국의 경제는 자신만의 균형소득으로 수렴하게 되는데, 이는 조건부 수렴이다.

▼ 〈그림 3-22〉 무조건부(절대적 수렴)(정운찬외, 2009)

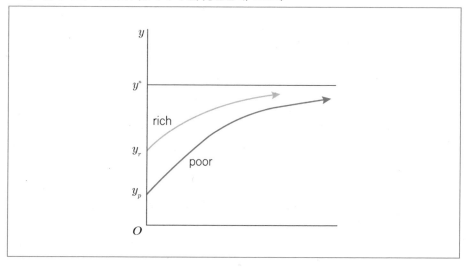

신고전파 성장 모형이 시사하는 수렴(convergence) 현상을 검정하기 위해 보몰(Baumol, 1986)은 다음과 같은 회귀분석을 시행하였다.

[100여년간 1인당 소득증가율]
$= \alpha + \beta$[1인당 소득 초기치]

이는 각국의 경제가 자신의 일정 소득수준에 수렴(converge)하는 현상이 존재한다면 β의 추정치 b는 음의 값을 가지게 됨을 나타낸다. 또한, 균형소득 간 관계를 이용하면 수렴속도도 b로부터 추정(도출)할 수 있다.

한편, 공통의 장기 균형소득수준을 결정하는 요인은 계수 α에 의해 포착된다.

▶ 조건부(conditional) 수렴

이를 응용하면 다음과 같은 회귀분석을 생각할 수 있다.

[1인당 소득증가율]
$= \alpha + \beta$[1인당 소득 초기치] $+ \gamma$[균형성장경로상 1인당 소득수준 $= y^*$][35]

이 식이 의미하는 바는 만일, 조건부 수렴(conditional convergence)이 존재하면, β의 추정치 b는 음의 값을 가지게 되고 초기소득치가 균형성장경로에 가까울수록 소득증가율이 작아지게 된다는 것이다.[36]

이를 각 국민경제에 적용하면 다음과 같다.

[57년간 1인당 국가소득증가율]
$= \alpha + \beta$[1인당 소득 초기치]

$[(1/\text{T}) \; \log(y_{t+T}/y_t)]$
$= \alpha + \beta[\log(y_t)] + \gamma[y^*] \quad\quad (t = 57)$

신고전파 성장이론은 타겟소득 수준에 영향을 미치는 요인으로 자본투자율(s), 인구증가율(n) 등만 고려하여 성장을 분석한 것으로 볼 수 있다. 실증분석 결과에 따르면, 이 경우 회귀계수가 유의하게 추정된다. 그러나, 존스의 준내생적 성장 모형이 시사하는 바대로 R&D집약도(s_R) 또는 R&D 투자금액을 균형소득수준의 설명변수로 추가하여 사용해도 유의한 결과를 얻을 수 있다.[37]

---

35) 실증분석에서는 소득 초기치 대신 전기의 소득 변수를 사용하였다.
36) 또한, 경제가 궁극적으로 수렴하는 타겟(target) 소득수준 즉, 우변의 두 번째 설명변수 y^*가 증가한다면 이의 계수 c가 양의 값을 가지게 된다.

▼ 〈그림 3-23〉 렉시스 도표

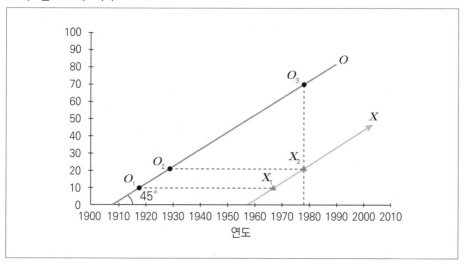

성장회귀식(growth regression)에서는 횡단면 데이터보다 패널데이터가 수렴속도 등을 추정하는 데 더 유리하다. 이는 관측되지 않는 성장률에 대한 개별국가효과를 통제하고 초기소득이 성장률에 미치는 효과를 추정하기 때문이다. 이는 조건부 수렴의 경우 그래프를 통해 이해할 수 있다. O 국가와 X 국가는 예컨대 저축률이 변화해서 성장률이 (전이동학을 통해) 증가할 수 있는데, 단순히 O_3 와 X_2를 비교하면 국가별 이질성이 성장률에 가져오는 효과와 시간변화에 따른 성장률 증가효과가 섞여서 관찰된다. 따라서, O_2, O_3, X_2 등의 종적자료(longitudinal data)가 있으면 이들 효과를 분리해서 파악할 수 있는 장점이 있다.

---

37) 또한, 추정된 계수의 크기도 신고전파 모형에서의 결정요인의 것과 비교해도 크기가 그리 작지 않음을 확인할 수 있다. 이는 세계경제에서 조건부 수렴(conditional convergence) 현상이 존재함을 시사한다. 즉, R&D 활동 등 국민경제에서의 혁신노력의 증가는 국민경제가 수렴하는 미래의 균형성장경로상 1인당 소득수준(y^*)을 지속적으로 상승시킴으로써 실제 1인당 GDP를 상승시키는 요인으로 작용한다는 것이다.

▼ 〈그림 3-24〉 국가 간 성장률 격차(Weil, 2008)

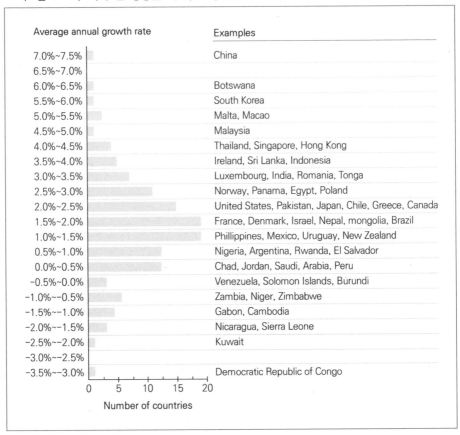

경제성장이론의 또 다른 목표는 각국 간 소득수준의 차이뿐만 아니라 성장률의 격차까지 설명하는 데 있다. 이를 설명하는 좋은 도구는 바로 growth regression이다. 소득수준의 차이는 실제 소득이 균형수준에 있다고 보고 해당 요인과 실제 소득 간 관계를 보지만, 성장률 격차는 주로 초기소득과 균형소득 간 관계를 회귀방정식을 통해 파악한다.

▶ GATT - WTO

1947년부터 관세 및 무역장벽이 완화되기 시작했다.

이는 국제무역기구(ITO)의 설립을 전제로 다자 간 협상에서의 합의내용을 토대로 1948년 협정의 형태로 GATT가 시작되었다. 이는 8차 우루과이라운드로 WTO가 설립됨으로써 해체되었다.

이는 마라케시 각료회의 의결사항을 토대로 1995년 설립되었으며 GATT 와 달리 협정이 아닌 국제기구의 형태로 설립되었다.

▶ 이자율평가설(interest rate parity)

단기적으로 환율결정을 설명하는 모형으로 이자율과 환율 간 관계를 나타낸다.

$$I = I^* + (Ee - E/E)$$

한은이 공개시장조작정책을 통해 금리를 낮추면 자본수지(순자본유입)는 적자를 보인다.

$$CF(i - i^*) < 0$$

외환시장에서 이는 내국민의 해외자산 투자증가로 외환수요의 증가로 나타나 환율이 상승하게 된다.

이는 위의 uncovered interest parity 관계식에서도 확인할 수 있다. 즉, 좌변의 I가 하락하면 예상환율 Ee가 불변인한 명목환율 E는 상승해야 한다.

▶ 수출-수입 모형

중기적으로 환율결정을 설명하며 수출은 외환공급을, 수입은 외환수요의 원인이 된다.

▼ 〈그림 3-25〉 외환시장의 균형(이준구외, 2006)

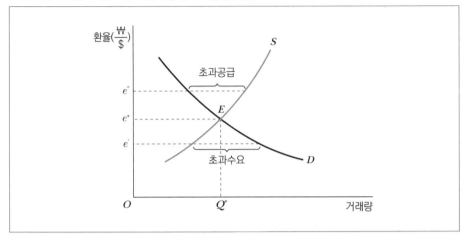

외환수요를 결정하는 것은 국민소득, 물가, 정책변수 등이고 공급을 결정하는 것은 이자율 등이다.

외환시장이 균형을 이루면 항상 다음 관계가 성립한다.

$$CF(i - i^*) + NX(Y, E, T, G) = 0$$

자본수지 + 경상수지 = 0

▶ 구매력평가설(purchasing power parity)

이는 환율결정이론으로 장기적으로 (명목)환율이 양국 간 동일재화의 물가수준 차이에 의해 결정된다는 것이다.

이를 검정하기 위해 빅맥지수가 환율을 설명할 수 있는가를 살펴보자.

수준변수 간에는 유의성이 없지만 로그－로그 모형에서는 유의성이 있다. 이는 이탈치(outlier)의 영향을 완화시키는 데서 얻는 적합도의 향상이다. 또 다른 방법인 분위회귀분석(quantile regression)을 사용하였으나 회귀계수는 설명력이 없다.

▼ 〈그림 3-26〉 외환시장의 균형(이준구외, 2006)

Dependent Variable: E

Method: Least Squares

Included observations:　30

	Coefficient	Std. Error	t-Statistic	Prob.
C	54.34126	238.0816	0.228246	0.8211
BICMAC	41.77479	41.03714	1.017975	0.3174

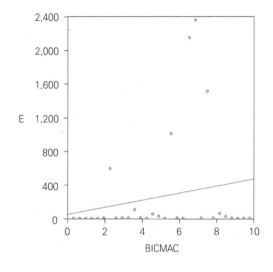

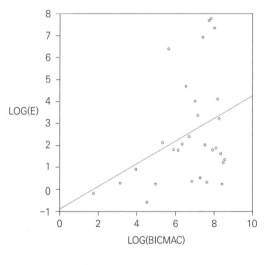

PART 03 거시경제이론　231

아래 표는 빅맥지수에 의해 추정되는(예측되는) 환율과 실제치를 보여준다. 잔차의 크기를 통해 환율이 고평가나 저평가된 정도를 파악할 수 있다.

환율 실제치가 큰 경우 환율이 저평가(under–valued)되어 있다고 본다.

실질환율: $\varepsilon = ep^*/p$

각국 화폐의 고평가 정도

$1/\varepsilon - 1 = p/ep^* - 1$

각국 빅맥의 달러가격

$p^{**} = p/e$

▶ 개방 거시경제: 자본의 완전이동, 환율에 대한 합리적 예상, 환율제도

3요소 불가능성(impossible trinity)이란 고정환율제도, 자본의 완전이동, 독자적 통화정책 중 어느 한가지는 반드시 포기되어야 함을 의미한다.

실질환율에 대한 정태적 기대를 가정하자.

$\varepsilon = ep^*/p$

$\varepsilon(t-1) = \varepsilon e(t)$

이 경우, 자본의 완전이동은 약간의 수익률(금리) 차이만 발생해도 급격한 자본유출입이 생김을 의미한다.

$I = i^*$

환율에 대한 정태적 기대와 합리적 기대를 구분할 필요가 있다. 실질환율에 대한 합리적 기대는 covered interest rate parity를 통한 단기환율 결정이론에 사용된다.

환율이 외환시장에서 자유로이 결정되는 환율제도를 변동환율제도(floating exchange rate system)로, 정부가 개입하는 경우 이를 관리변동환율제도(managed floating)로 표현한다.

▼ 〈그림 3-27〉 고정환율제도(이준구외, 2005)

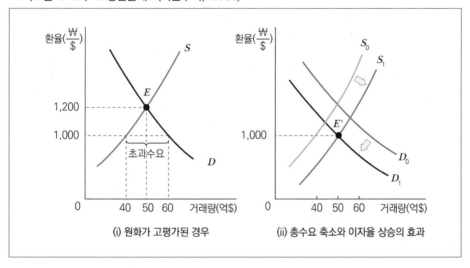

(i) 원화가 고평가된 경우   (ii) 총수요 축소와 이자율 상승의 효과

<그림 3-27>은 고정환율제도의 원리를 보여준다.

원달러환율이 시장에서는 1,200원인데 인플레이션의 우려가 있어 한국은행이
개입하여 달러당 1,000원으로 고정시킨다고 보자. 이를 위해서는 한은이 시장에
달러화를 공급해주어야 하는데 이것이 지속되면 외환보유고(foreign reserves)가 바
닥나게 되어 외채위기(debt crisis)가 발생할 우려가 있다고 하자.

이를 위해 외환당국이 취할 수 있는 수단은 다음과 같다.

1. 긴축정책을 통해 수입에 따른 외환수요를 줄이는 것이다.
2. 특히 통화긴축정책을 통한 이자율 상승으로 순자본유입을 발생시켜 환
   율을 하락시킬 수 있다.

▌정책결합

고정환율제도하에서 재정정책과 금융정책을 각각 대내균형과 대외균형을 달성
하는 데 배정함으로써 종합균형을 달성하는 것을 일반적으로 정책결합의 예로
많이 들고 있다. 또한, 경기안정을 위해 재정정책과 금융정책을 시행하는 경우,
전자로부터 발생하는 구축효과를 상쇄하기 위해 확장적 통화정책을 동시에 사
용할 수 있다.

▶ J-Curve 효과

국제수지에 대한 탄력성 접근방법에 따르면 경상수지는 다음과 같이 명목환율의 함수이다.

$$BP = X(e) - e IM(e)$$
$$dX/de\,(e/X) + dIM/de\,(e/IM) > 1$$
$$(+) \qquad\qquad (-)$$

고정환율제도하에서 자국통화 가치를 하락시키는 환율정책 즉, 평가절하(devaluation)는 정부당국의 의도와는 달리 당장 국제수지 개선을 가져오지 않는다.

그 이유는 수출 X가 늘고 수입 IM은 감소하지만 이를 (본국)화폐 단위로 조정하는 과정에서 수입액 $e IM(e)$은 오히려 늘 수 있기 때문이다.

▶ 오버슈팅(overshooting)

정부가 통화량을 늘리면 물가상승을 통해 환율이 상승한다. 그런데 구매력평가설(PPP: purchasing power parity)이 상정하는 장기균형치 이상으로 상승하면 이를 단기적인 오버슈팅현상이라 한다.

$$i = i^* + (Ee - E/E) \qquad \text{Uncovered interest parity}$$

그 이유를 살펴보자. 본국에서 유동성효과에 의해 명목이자율 i가 하락한다. 이는 이자율평가가 성립하려면 Ee가 하락해야 함을 의미한다. 즉, 수익률이 낮은 국내자산을 보유하려면 앞으로 그 화폐가치가 오를 것이라(환율이 내릴 것이라) 기대해야만 한다.

따라서, 이자율 평가를 위해서는 환율이 상승할 시 기대환율이 고정되어 있는 경우보다 환율이 더 상승해야 한다.[38]

---

[38] 통화공급 충격과 원달러환율 오버슈팅 현상에 대한 구조적 VAR 모형의 실증분석에서는 우리나라에서 오버슈팅이 뚜렷하게 나타나지 않음을 보여준다. 그러나 다항시차분포(PDL) 모형에서는 약하게나마 당해기에 과잉반응 현상이 나타남을 알 수 있다.

▶ 국제통화제도(international monetary system)

전쟁 중인 1944년 New Hampsher의 브레튼우즈에서 각국의 정치인들은 전간기(interwar period)에 겪은 극심한 인플레이션을 방지하고 보호무역 수단없이 대외균형을 달성할 수 있는 방안을 모색하게 된다. 브레튼우즈 체제의 구성은 IMF, GATT, IBRD(World Bank)로 볼 수 있다.

특히 IMF는 단기적인 유동성 문제 해결에 집중한다. 최근 환율전쟁과 관련하여 G20 회의에서 논의되는 경상수지 목표제는 실상 IMF하 고정환율제도에서 각국이 대내균형과 대외균형 달성을 위해 환율정책과 재정정책을 사용한 데서 그 유래가 있다.

한편, 마셜플랜으로 인한 각국의 정부지출 증가는 유효수요를 늘려 인플레이션 압력으로 작용했다.

▶ 금융위기(financial crisis)

1997년 외환위기로 잘 알려진 금융위기는 크게 세가지로 나뉜다.
1. 외환위기(foreign exchange)
2. 은행위기(banking)
3. 외채위기(debt)

외환위기는 외환시장의 불안정으로 자국화폐가치가 폭락하는 사태를 가리킨다.

은행위기는 bank run 현상이 외부로 전염(contagion)되는 상황이다. 통화당국의 미시적 기능은 바로 이같이 금융시장의 안정을 달성하는 기능이다. 국제수지 적자가 항상 부정적인 것은 아니다. 자본재나 지식재(정보재) 등을 수입해서 적자가 발생하면 오히려 우리 경제가 건실하게 성장한다고도 볼 수 있다. 그러나, 이가 지속되면 국가부도의 사태를 겪을 수 있는데 이가 외채위기이다.

뒤에서 보는 국채위기나 여기서의 외채위기는 모두 수지적자라는 플로우 개념이 누적되어 스톡변수에 영향을 미치는 현상이다.

▶ 국가위기(debt crisis)

지속적인 재정적자(budget deficits)는 국채(national debt)의 축적을 야기한다. 이가 심화되면 최근 그리스 정부의 경우에서와 같이 국가위기(debt crisis)가 발생한다. 이는 금융위기의 한 종류인 외채위기(foreign debt)와 그 성격이 다르다.

$T + \Delta D + \Delta M = G + rD + Tr$

조세 + 부채증가 + 화폐발행 = 정부지출 + 부채이자 + 이전지출

$\text{Budget Deficit} = G - T$

재정적자 = 정부지출 − 조세

연습문제

1. 완전자본이동 및 고정환율제에서 중앙은행이 불태화정책을 사용하는 경우 재정정책과 통화정책의 효과를 비교하라.
2. AK 모형에서 T 시점에서의 저축률 증가가 소비의 성장경로에 미치는 영향을 설명하라.
3. 폴 크루그만의 종이호랑이 논의에 대해 논평하라.

기타 경제이론

01 / 서양경제사[1]

▶ 경제사학의 분류[2]

1) 민족주의사학

독일 역사학파의 대표자는 보호무역주의자로 알려진 리스트(F. List)이다. 또한, 쉬몰러, 힐데브란트 등도 많은 기여를 하였다. 독일 역사학파는 민족주의에 바탕을 두었지만 이 이론은 오히려 사회경제사학과 유사한 측면이 많다.

한국의 민족주의 사학은 박은식(한국통사), 신채호(조선사연구초), 정인보(조선사연구), 장지연(영남학회, 시일야방성대곡), 문일평(한미오십년사)이 대표적이다. 박은식, 신채호는 망명생활 속에서도 민족주의 사학이 독립을 앞당기는 길이라 생각하고 연구에 정진하였다.

---

1) 본 절은 김종현(2007), North(and Thomas 1973, 1981)에 많이 의존하였다. 경제사를 아주 쉽게 볼 수 있는 요약본으로 이준구, 이창용(2006)의 경제학 들어가기 마지막 장을 추천한다.
2) 사학분류는 이기백(1991)을 참조하였다.

2) 사회경제사학

일반적으로 마르크스주의 사학으로 알려진 이 분야는 생산양식의 특성에 주목한다. '경제발전 법칙'에 따르면 하부구조(경제)가 상부구조(정치)를 규정하며 하부구조상의 생산력 – 생산관계의 모순으로 역사가 단계적으로 진행된다고 파악한다. 또한, 역사는 지배세력과 민중의 관계가 발전하면서 전개되었다고 보고 그 속에서 연역적인 일정 법칙을 찾으려 한다. 일제하 조선에서 민족운동의 일환으로 전개된 안확(조선문명사), 백남운(조선사회경제사)의 사회역사적 발전연구를 그 사례로 들 수 있다.

3) 실증사학

일반 독자들은 실증적 사회경제사학과 신경제사(계량경제사)의 구분에 주목하여야 한다.

실증적 사회경제사학은 개별 사료, 사건을 중요시한다. 도프슈(Dopsch)에 의한 실증적 사회경제사학은 이러한 특성에 따라 경제학에서보다는 사학에서 보다 발전하게 되었다.

반면, 후자는 Havelmo(1943), Working(1926)[주로, 연립방정식 모형] 등에 의해 시작된 계량경제학을 경제사학에 적용시키는 분야이다.

Econometric History라 불리는 이 분야는 Harvard 등 미국 경제사학의 주류를 이루게 되었다. 그러나, 가장 큰 문제는 검정의 대상이 되는 경제이론이 신고전파 경제학(Samuelson의 신고전파 종합)이라는 데 있다. 예를 들어, 서유럽의 경제성장을 솔로우 성장 모형으로 설명하려 할 때 물적 자본축적 또는 기술진보만으로 설명되지 않는 (장기) 균형소득의 차이의 문제가 발생한다. 이는 다시 서유럽 국가 간 경제성장률의 격차를 가져온다.

이는 노스(D. North) 등 제도사학자들이 제도(institution)의 차이를 강조함으로써 부분적으로 해결할 수 있었다. 한편, 성장이론에서는 Hall and Jones(1998)이 사회하부구조(social infrastructure)를 도입하여 국가 간 성장격차를 설명하였다. 이같이 계량경제사는 주로 미국 남북전쟁(civil war) 이후의 미국경제에 집중되었으나, 중세, 근대 등 분석영역의 확장가능성이 높다.

한편, 경제성장 사학은 약간 다른 방향에서 전개되었다. 이의 대표적인 연구자로 경제발전단계에서 이륙(take off)으로 유명한 로스토우(Rostow)가 있다.

한국의 경우, 실증사학의 대표자로 이병기, 손진태, 이상백, 김신기, 고유섭 등을 들 수 있다. 이 실증사학은 바로 실증적 사회경제사학을 의미하며 계량경제사와 엄격히 구분되어야 한다. 이들은 일제시대 진단학회에서의 진단학보 발간 등으로 활발한 연구활동을 펼쳤다.

4) 식민주의 사관

일본은 제국주의 침략의 일환으로 1937년 중국으로의 군사적 진출을 감행하고 1941년 미국 하와이의 진주만(Pearl Harbor)에 대한 기습공격을 하였다. 이와 함께 조선에 대해 민족말살정책을 시행하고 내선일체를 강요하였다.

이러한 배경에서 식민주의 사관을 주입한다.

첫째, 정체성이론이다. 조선 및 이전 시기에 집권적 왕권국가만 주로 존재하고 자치적인 봉건제가 없었다는 사실과 쌀농사 위주로 사회경제발전이 정체된 사회가 조선이라는 것이다. 그러나, 우리 민족의 역사도 서양역사와 같이 일정 단계들을 거치며 발전해 왔음을 부인할 수 없다. 다만, 근·현대에 세계정세변화에 민첩하게 대응하지 못한 과오가 오늘의 분단현실까지 이른 점은 아쉬운 대목이다.

둘째, 당파성론이다. 특히, 그들이 강조하는 것은 조선의 붕당정치이다. 그러나, 물론, 붕당이 변질되어 벌열, 세도정치가 되는 것은 문제이지만, 헌법상 통치권 구조의 주요 원리가 강조하는 '견제와 균형'의 일정 부분 긍정적 역할을 했음을 부인할 수 없다. 향후 우리나라의 정당정치 발전에 '벌열'정치를 극복하는 발전적 붕당정치(예: 영국, 미국의 양당정치)로의 개선이 필요하다.

셋째, 모방성론이다. 유교 등 외래사상을 그 예로 드는데 이는 어불성설이다. 서유럽의 문화와 역사는 중동의 작은 나라(유대)에서 출발한 예수 및 바울 등 외래종교인 기독교에 뿌리를 들고 있다. 헬레니즘을 계승한 찬란한 로마문화도 4세기에 외래종교인 기독교를 국가에서 공인하게 된다.

넷째, 타율성론이다. 지리(geography)에 근거하여 중국 또는 섬나라에 의해 타율적으로 발전해왔다는 것이다. 여기서 한민족의 민족성을 부인하려는 일본제국주의의 기만성을 엿볼 수 있다.

이같이 일제 식민주의자들은 약간 다른 시각으로 우리 민족의 작은 약점들을 부각시켜 정치적 목적으로 이용하고 한민족을 영원히 없애려는 이데올로기로 작용하였다. 아직까지 우리 사회에 남아있는 이 식민사관은 우리 민족이 반드시 극복해야하는 중장기적 과제이다.

▶ 세계경제의 장기적 성장

세계경제가 성장을 이룩한 것은 시기적으로 최근의 일이다.

Maddison의 홈페이지에서 볼 수 있는 위의 데이터를 보면 산업혁명 후 1820년대부터 소득 성장률이 현저하게 높아짐을 확인할 수 있다. 특히 눈여겨 볼 사항은 미국과 영국의 경제성장인데 1870년대부터 미국의 성장률이 영국의 것을 앞지르게 되었다.

▶ 원시시대(고대; primitive period)3)

인류의 경제생활은 채취(collection) 및 수렵(hunting) 등 구석기시대(paleolithic age)에 시작되었다. 이는 자연상태에 대해 인간의 노동(toil)을 가하는 경제적 진보였다.4) 그 시기는 B.C. 10,000년에 걸친다.

인류의 (정착된) 농경생활은 신석기시대(neolithic age)부터 이루어졌다. 그 시기는 B.C. 8,000~5,000년으로 인식되고 있다. 괭이, 낫 등 생산도구(physical capital)로 경작, 수확한 농작물 등 생산물은 노동(labor)의 결과로 이루어졌다. 남성과 여성 간 분업(division of labor)이 이루어지기 시작했다. 남성은 농사일과 같이 고된 일(toil)을 맡게 되고 육아(childbearing) 등의 일은 여성이 맡게 되었다.

---

3) 고대경제사 부분에는 성서(bible) 또는 기독교(christianity)에 관심 있는 독자들을 위해 관련되는 것으로 추정되는 성서부분을 각주로 인용하였다. 실제 역사적 관련성을 밝히는 것은 향후 많은 연구를 필요로 한다.

4) 너는 네 평생에 수고하여야 그 소산을 먹으리라(... Through painful toil you will eat of it all the days of your life): Genesis 3:17.

North(1990)와 같은 경제사학자는 공동소유권(communal property rights)을 도입한 신석기이후 정착 농경사회가 나타났다고 주장하며 제도의 중요성을 강조하였다.

▶ 고대동양사회(ancient period)

인류문명(civilization)은 동양(orient)에서 출발하였다. 이집트(egypt), 메소포타미아(mesopotamia),5) 중국(china), 인도(india) 문명이 그것이다.

이집트에서는 노모스(nomos)라 불리는 농업공동체가 후에 한 왕국으로 통합되었으며6) 그 수장은 파라오(바로)라 불렸다.7) 신왕국시대는 B.C. 1570~1090년에 걸쳐 진행되었다.

B.C. 2100년경 편찬된 함무라비 법전(code of hammurabi)를 보면, 이미 계약(법)에 대한 상당한 관념이 있었다.8) 국제교역(international trade)이 발달하였으며9) 니느웨(nineveh) 등 대도시 중심으로 교환이 활발하였다.10)

특히, 앗수르(assyria) 등 메소포타미아 지방은 여러 민족 간 전쟁이 치열하였다.11) 구 바빌로니아 및 신바빌로니아 시대로 이어지는 바빌론(babylon) 지방에도 교환경제가 활발히 진행되었다.12) 소아시아 지방(시리아 북부)에는 힛타이

---

5) ...큰 강 유브라데에 결박한 네 천사를 놓아 주라 하매: 묵 9:14.

6) 아브람이 애굽에 거류하려고 그리로 내려갔으니(... Abram went down to Egypt to live there for a while...): Genesis 12:10.

7) 애굽왕에게 범죄한지라. 바로가... 노하여(... the king of Egypt. Pharaoh was angry...): Genesis 40:1－2.

8) 함무라비 법전에는 없다: 야곱이 이르되 형의 장자의 명분을 오늘 내게 팔라(Jacob replied, "First sell me your birthright"): Genesis 25:31(Cooter and Ulen, 2008).

9) 솔로몬: Kings 1.

10) 너는 일어나 저 큰 니느웨로 가서 그것을 향하여 외치라(Go to the great city of Nineveh and preach against it...): Jonah 1:2.

11) 앗수르 왕이 호세아가 배반함을 보고(But the king of Assyria discovered that Hoshea was a traitor...): Kings2 17:4.

12) 아모스의 아들 이사야가 바벨론에 대하여 받은 경고라: 이사야 13:1 ...다윗부터 바벨론으로 사로잡혀 갈 때까지 열네 대요...: 마태 1:17.

트(수도는 현재 터키의 보가즈 쾨이)가 발전하였다. 이들은 광범위한 무역을 행하였으나 가장 중요한 것은 철제무기, 말, 이륜전차였다.

에게해에는 크레타 문명(청동기)이 발전하였다.[13] 수도인 크놋소스에 있는 궁전은 미궁(래브린스)으로 유명하다. 시프러스(당시 살모네)와 함께 발전된 에게 문명은 그리스로 옮아가게 된다.

▶ 그리스(hellenism)

인류는 그리스 도시국가(polis) 시기[14]에 와서 계급제도와 사유재산제가 발생하며 씨족제가 붕괴되는 국면을 맡게 된다.

아테네(athene)와 코린트(corinth)[15]에는 화폐경제가 진행되는 가운데 노예제 수공업이 활발하였다.[16] 전성기의 코린트에서는 인구의 절반이 노예였다고 보고된다. 이 두 도시는 당시 그리스에서 가장 성장하는 도시였으며 해항도시로 유명하였다. 노예관련 상업으로 거부를 축적한 계층도 생겨나고 있었다. 또한, 노예제 농장(올리브 등)도 그리스 경제의 중요한 축을 이루고 있었다. 이 시기와 로마시대 임금은 15C 영국, 17C 프랑스에서의 수준과 유사하다는 보고가 있다 (Lucas 2004, Jones 2001).

고대 그리스에서는 이미 신전과 환전업자를 중심으로 초기 은행업도 진행되고 있었다. "트로이(troy)의 목마"로 유명한 전쟁도 이 시기에 발생한 것으로 추측된다(아킬레스, achilles).[17] 일리아드(iliad)와 오딧세이(odyssey)에 묘사된 (경제) 사회상이 바로 BC 1400~1100년경 (청동기) 마케도니아 지배하 트로이다. 주된 배분(wealth of distribution) 수단은 도적질, 전리품, 선물, 공물 등이었고 무역(및 교환)은 부차적이고 하급적 활동으로 인식되었다.

---

13) 내가 너를 그레데에 남겨둔 이유는...: 디도서 1:5.
14) 유대인은 표적을 구하고 헬라인은 지혜를 찾으나...: 고전 2:22.
15) 당시 코린트는 그리스에서 번영하는 도시 중 하나였으나, 항구도시의 특성상 방탕하고 부패해 있었다.
16) 고린도에 있는 하나님의 교회....: 고전 1:2.
17) 우리가 드로아에서 배로 떠나...: 행 16:11,
   네가 올 때에 내가 드로아 가보의 집에...: 딤후 4:13.

소크라테스-플라톤-아리스토텔레스로 이어지는 철학, 인문학 및 그리스 신화 등 찬란한 희랍문화는 이 같은 초기 경제발전에 기반을 두었다고 볼 수 있다.

현재 그리스(Greece) 국민은 이같이 좋은 기후에서 비롯되는 풍부한 농산물 자원과 화려한 관광자원으로 경제적 생존력을 보유하고 있다. 해상운수업에서 세계적 경쟁력을 보유하는 계기도 노예무역 또는 알렉산더 대왕의 과거 활동에서 그 뿌리를 찾을 수 있다.

B.C. 4세기에 아테네(athenae)-스파르타(sparta) 간 전쟁으로 허약해진 그리스는 북방의 마케도니아(macedonia; B.C. 336~323 재위의 알렉산더 대왕의 본거지)의 침략으로 헬레니즘의 세계로 재편성된다.[18] '헬라어', '헬라인', '헬레니즘' 등의 용어는 결국 알렉산더 대왕의 세계제국에서 그 기원을 찾을 수 있다.[19] 헬라어는 로마, 프랑스, 스페인, 영국 등을 거쳐 라틴어와 함께 현제 국제공용어로 사용되는 영어의 원류가 된다.[20]

이 시기 상품경제는 이집트의 알렉산드리아(alexandria), 시리아의 안디옥(Antioch) 등에서 활발히 나타났다. 알렉산더가 남긴 가장 큰 업적은 로마적/기독교적 보편주의(cosmopolitanism)의 기초를 제공하고 폴리스(polis)적 편견을 없앴다는 데 있다.

▶ 로마(rome)

B.C. 700년경 이탈리아 중서부의 라틴(latin)족 마을이 근간이 되어 도시국가 로마가 형성된다. 로마는 귀족과 평민의 두 계급으로 구분되어 있으며 생산적 기초는 바로 이 평민(또는 전쟁에 의해 확보된 노예)에 의존하였다.

A.D. 200년경까지 로마에 의한 평화(pax romana) 등으로 통일된 세계가 형

---

18) 혹 마게도냐인들이 나와 함께 가서 너희가 준비하지 아니한 것을 보면...: 고후 9:4.
19) ...백부장이 이달리야로 가려 하는 알렉산드리아 배를 만나 우리를 오르게 하니: 행 27:6.
20) 사도 바울(Paul)이 저술한 신약성서의 많은 부분이 당시 국제공용어인 헬라어로 쓰여졌다.

성되기까지 경제적 부는 정복전쟁을 통해 형성되었다.[21] 정복지로부터 각종 공조(수확의 1/10, 인두세, 거래세, 성전세(1/2 세겔), 지세, 관세, 판매세, 상속세 등)를 획득하였다.[22] 그리스 경제가 노예제 소공업 및 농장에 근원을 두었다면 로마경제는 물론 이들이 가능하게 하도록 노예를 공급하는 정복전쟁에 근간을 둔다. 이렇게 공급된 노예는 라티푼디움(직할지 villa—대여지)이라는 영리적 대농장에 투입되었다. 이는 후기에 다시 토지를 소작인(콜로누스)에게 대여하는 콜로나투스(colonatus)로 변형된다. 한편, 라티푼디움은 주로 로마—남 이탈리아—시칠리 섬에서 활발히 경영되었다.[23] 한편, 남부에는 페니키아의 식민지인 카르타고(carthago)가 성장하였다.

정치형태는 도시국가적 공화제에서 실세로 등장한 아우구스투스(Augustus; 가이사, 시저)에 의해 제국적 (군주) 통치형태로 전환되었다.[24] 당시를 제정기 로마라 부르며 라틴문명의 황금기로 볼 수 있다.

이 시기 로마의 인구는 65만에서 120만 명으로 추정된다.[25] 상품교환의 중심지는 단연 수도 로마였다. 엄청난 양의 곡물과 생필품, 사치품, 유리 등 도기 등이 거래되었다. 공업기술은 헬라 지방에서 수입되었으며 로마의 기술은 그리 발전하지 못했음을 주목할 필요가 있다. 그 원인으로 전쟁—노예—농장으로 이어지는 농업이 로마의 주된 생산기반이었고 상업과 공업은 생산활동과 관련되지 못한 채 발전되었기 때문이다. 이는 근대 선대제—매뉴팩츄어와 근본적으로 성격을 달리하며 이 같은 초기 근대 자본주의 발전의 특징을 로마 생산력 정체와 비교함으로써 확인할 수 있다. 또한, 제정말기 상공업자에게 과중한 세금을 부과함으로써 이들이 농촌으로 도피하여 상공업이 위축되는 영향도 있었다. A. D. 100 이후의 콜레기아(collegia)는 세수확보를 위한 강제조직이었으며 대가없는 노동을 강요하였다. 황제에 의한 가격규제에 의한 물가혼란 및 화폐발행의

---

21) 이달리야에서 온 자들도...: 히브리서 13:24.
22) ...너의 선생은 반 세겔(성전세로 바치는 금액)을 내지 아니하느냐...: 마태 17:24. ...시몬아 네 생각은 어떠하냐 세상 임금들이 누구에게 관세와 국세를 받느냐...: 마태 17:25.
23) 그 섬은 멜레데(시칠리 남쪽의 작은 섬)라 하더라: 행 28:1.
24) ...가이사 아구스도가 영을 내려 천하로 다 호적하라 하였으니...: 누가 2:1.
25) 로마에서 하나님의 사랑하심을 받고...: 로마서 1:7.

남발 등도 빈번히 시행되었다.

화폐제도(payment system)가 도입되어 금화 솔리더스와 은화 데나리우스(denarius)가 광범히 유통되었다.[26] 실제 상업의 담당자는 유태인, 시리아인, 아랍인 등 이민족이 많았다. 속주의 하나인 유대에서는 본국 화폐인 데나리온을 성전세 납부 등에 사용하였으나 드라크마와 같은 속주의 화폐도 사용한 것으로 추측된다.

B.C. 123년의 법으로 공조징수권이 경매(auction)로 거래되어 징세청부업자는 속주의 민중을 착취하였다.[27] 로마제국에서 4대지주는 황제, 군대, 관료, 지방자치제였다.[28] 지방자치제는 조세징수에서 중요한 역할을 담당하였다.[29]

A.D. 4세기에 콘스탄티누스 대제(Constantinus)에 의해 기독교가 공인되고 (325) 비잔티움(byzantium)의 콘스탄티노플(constantinople)로 천도가 이루어져 정치중심이 소아시아로 이동하였다.

이후 게르만(german) 민족은 A.D. 4C부터 수백 년 동안 로마쪽으로 민족대이동을 한다. 이는 다시 서게르만 민족과 동게르만 민족으로 나뉜다. B.C. 52년경 시저(caesar)의 갈리아전기에 고게르만 민족에 대한 기록이 있다.[30]

동게르만 민족은 기독교 전통을 흡수하여 게르만 전통으로부터 다소 이탈하게 되었다. 반면, 서게르만 민족은 로마문화를 흡수하면서 프랑크 왕국을 건설하였다. 프랑크 왕국은 독일/프랑스(갈리아), 이탈리아의 전신이다.

로마법은 향후 근대 프랑스 나폴레옹 법전(code napoleon)에 계승되어 대륙시민법(civil law)의 근간이 된다. 세계의 법통(legal origin)에서 대륙법계는 독일과 프랑스로 대표되는 법계로서 로마법계와 게르만법계에 뿌리를 두고 있다. 대

---

26) 세금 낼 돈을 내게 보이라 하시니 데나리온 하나를 가져왔거늘: 마태 22:19, 어떤 여자가 열 드라크마(은전의 명칭)가 있는데...: 누가 15:8.

27) 마태라 하는 사람이 세관에 앉아 있는 것을 보시고...: 마태 9:9, 각각 그 재능대로 한 사람에게는 금 다섯 달란트(금은의 중량)를: 마태 25:15, 삭개오라 이름하는 자가 있으니 세리장이요 또한 부자라...: 누가 19:2.

28) 디베료 황제가 통치한지 열다섯해 곧 본디오 빌라도가 유대의 총독으로...: 누가 3:1, 결박하여 끌고 가서 총독 빌라도에게 넘게 주니라: 27:2.

29) 헤롯 왕 때에 예수께서...: 마태 2:1, ...디베료 황제가 통치한 지 열다섯 해 곧 본디오 빌라도가 유대의 총독으로, 헤롯이 갈릴리의 분봉 왕으로...: 누가 3:1.

30) 가이사에게 세금을 바치는 것이 옳으니이까...: 마태복음 22:17.

류법계는 영미법계의 불문법주의와는 달리 성문법 중심으로 되어 있으며, 추상적인 규범화와 체계화가 잘 이루어져 있다.

로마법은 기원 전 753년 도시국가의 형태로 시작한 로마의 초기부터 기원후 6세기 중엽에 유스티니아누스(Justinianus) 동로마황제가 대입법사업으로 '로마법대전'을 완성하기에 이르기까지의 1300년에 걸쳐 생성·발전된 법이다. 로마경제의 근간이 노예노동에 의한 농장운영에 있다고 보면 로마법 전통이 (역사적으로) 반 성장적 특성을 지녔다고 볼 수 있으나, 구체적 비교는 4~5C 게르만민족 이동에 따른 중세 봉건제(프랑크 왕국, 봉건영주-농노관계)하 경제성장과 이루어질 필요가 있다. 게르만법(germanic law, germanisches recht)은 게르만 민족의 고법(古法)을 가리킨다.

▶ 봉건제와 장원(중세; medieval)

봉건제(feudalism)는 유명한 돕(M. Dobb)-스위지(P. Sweezy)의 자본주의 이행 논쟁에서 논의되듯이 사회경제적 관점에서 하나의 생산양식 즉, 영주-농민(농노제)으로 파악할 수 있다(M. Dobb). 사회유형적 인식에서 논의되듯이 봉의 수수를 기반으로 하는 계층적 관계로 볼 수도 있으나 이 관점에서는 토지대여-지대납부의 관계로 맺어지는 봉건영주-농노 간 관계 즉, 농노제를 그 본질로 보는 점에서 차이가 있다. 여기서는 경작농민이라는 직접적 생산담당자와 토지를 대여하는 영주 간 관계의 사회경제적 내용에 초점을 맞춘다.

일반적으로 봉건제는 정치적 개념의 가신제(주종제, vasallitat)와 경제적 개념의 장원제의 결합으로 파악된다. 봉건제는 프레카리움(로마말 탁신제)과 고게르만의 종사제(왕족과 귀족의 충성서약)가 결합해서 이루어졌으며 그 시기는 8~9세기이다. 왕조는 서게르만족이 세운 프랑크 왕국의 메로빙거 말과 카로링거 시기로 알려진다.

이같은 봉건제의 경제적 기반은 장원제(manorial system)에 있다. 다시 반복하면 봉건제는 주군과 가신 간 인격적 주종관계인 가신제(독일어로 vasallitat)와 가신들이 획득한 봉토가 농민에게 대여되어 지대(rent)를 수취하게 되는 장원제

둘을 근간으로 하고 있다. 여기서의 지대는 경제외적 신분적 관계에 의해 납부하는 것으로 근대 자본주의하에서의 지대와 성격이 다르다.

이뮤니타스(immunitas)라는 불수불입의 권리는 프랑크 왕국에서 교회의 특권으로 전환된 것이다. 聖 귀족인 성직자들은 토지와 농노에 대한 조세징수 및 재판에 대한 권리와 사적 토지소유권까지 지녔다. 9세기 프랑스 St. Germain des Pres 수도원과 영국의 Ely 수도원은 광대한 영지를 소유하고 있었다.

일반 대중이 중세 (영국) 봉건사회의 모습을 잘 볼 수 있는 영화는 '로빈훗'으로 볼 수 있다.

장원제의 토지구성은 직영지, 농민보유지, 공유지로 이루어져 있다. 흥미로운 점은 미시경제학에서 외부효과의 예로 드는 공유지의 비극(tragedy of commons)에서 드는 토지 예가 바로 이 장원 촌락에서 삼림공유지 바로 내부에 위치한 목초공유지라는 점이다. 토지 경작방법은 이포제(two field system) 또는 삼포제(three field system)가 보급되었으며 이는 윤작(rotation of crops) 또는 휴한(fallowing)의 경작방법이다.

다음으로 흥미로운 사실은 11세기 이후 농기구의 기술발전이다. 스미스(Smith)라 불리는 대장간 종사자가 증가하면서 특히 쟁기개량기술의 발전이 돌보인다.

봉건사회의 경제윤리는 중세 기독교에 기반한다. 농노에게는 검약이, 영주에게는 시혜가 요구되었다. 스콜라 신학자 아퀴나스(Aquinas, 13C)는 상업의 경우, 공정가격(just price)하에서는 허용된다고 보았다. 헬레니즘하 아리스토텔레스의 징리금지론이 도입되었다. 그러나, 현실적용에 유연성을 지녀 징리명분론으로 변화하였다.

근본윤리는 중세 (로마) 카톨릭이었다. 사회가 개인에 우선하고 영혼이 경제에 우선하였다.

▶ 중세 도시, 수공업과 상업

중세 도시는 영주의 지배하에 있다가 11~13세기까지 독립이 실현되었다. '도시의 공기는 자유롭게 한다'라는 독일 법언과 같이 1년(+1일)을 도시에 거주하면 농노라 할지라도 자유인이 되었다.

고대도시(아테네, 로마): 법적으로 동등한 시민의 지위
중세도시(콘스탄티노플, 베니스, 마르세유, 바르셀로나): 상공업자들의 특권적 자치구역
근대도시(리스본, 안트베르펜, 런던): 중앙권력의 지배에 속함

도시의 시민 경제활동을 위해 상공업활동을 통제하는데, 이가 바로 길드 (gild)이다.

길드제는 상인길드와 공장길드로 구분된다.

중세 상업은 베니스 등 이탈리아 상인들이 중심이 되어 동양(비잔틴하 콘스탄티노플)과 벌인 원격지 상업(long distance trade)이 중심이 되었다.

그러다가, 15세기 포르투갈을 중심으로 희망봉을 돌아 인도에 이르는 항로가 개척되어 기존의 지중해 중심의 무역은 대서양 항로로 대체되었다. 이에는 항해 관련 기술발전과 바스코 다 가마(포르투갈, 희망봉을 경유하는 인도항로) 등 (정부지원) 탐험가의 역할이 컸다.

이후 봉건제는 장원제를 중심으로 성격이 변질되며 붕괴하게 된다. 가장 중요한 것은 농민해방 등 농노해방이다. 봉건영주는 노동지대를 화폐지대로 수취하게 되는 이른바 지대장원 또는 순수장원이 전개되었다.

이들은 대가를 납부하고 신분의 자유를 획득하지만 임금을 받고 노동서비스를 제공하는 향후 자본주의 생산양식 성립에 필수적인 임금노동자가 된다. 특히, 농노해방을 통해 농노들은 영국에서는 화폐지대를 납부하는 관습농(customary tenant)이 되고 프랑스의 경우 연공(cens)을 납부하는 세습보유농민(censier)이 되었다.

프랑스에서 영주직영지의 소작형태는 두가지로 전개되었다. 첫째, 일정금액의 화폐 또는 생산물지대를 납부하는 평소작(fermage, rent)과 둘째, 생산물의

(1/2) 또는 (1/3)을 현물로 납부하는 분익소작(metayage, sharecropping)이었다.

그러나, 역사의 발전에는 언제나 진통이 따르게 마련이어서 봉건반동이 일어나기도 하였다.

독일기사단은 브레멘 등의 동부식민에 종사하였다. 기사령 토지면적은 점차 증가하여 토지압수, 공동지 수탈 등으로 확장해 나갔다.

이에 대해 농민반란이 야기되어 영국 워트 타일러의 반란, 독일농민전쟁 등의 사건이 나타났다.

▶ 상업혁명, 가격혁명, 중상주의: 절대왕정, 르네상스, 종교개혁, 지리상 발견(근대)

유럽 절대왕정은 중상주의(중금주의)를 통한 국가의 강병을 주장하며 상공업자의 특권을 보호한다. 그러나, 경제활동의 자유를 보장하기 위해서는 시민혁명이 필요했다. 즉, 봉건적 제속박으로부터 벗어나기 위해 시민적 자유가 필요했다. 여기서 유래한 정치학/사회학 용어가 '부르조아지'이다. 원래 부르주아라는 용어는 중세도시의 외곽(faubourg)에 거주하는 상공업자를 의미하였다.

이 같은 시민혁명은 봉건제를 뿌리채 흔들어 놓는다. 대한민국이 채택하는 자유민주주의의 뿌리를 찾자면 바로 이 근대 유럽의 시민계급에서 찾을 수 있다.

절대국가는 봉건반동과 부르조아지 발전의 양면성을 지녔다.

1696년 윌리암 3세 영국에서는 창문세(window tax)가, 17세기 후반에는 아궁이세(hearth tax)가 있었다. 스페인 콜롬버스에 의한 신대륙(america) 발견의 직접적인 영향은 귀금속 유입에 의한 가격혁명(price revolution)이다. 이 당시 활발한 탐험(exploration)은 모두 금이나 은과 같은 귀금속 확보에 그 동인이 있다. 이러한 활동은 중상주의(mercantilism)에 의해 지지된다. 이렇게 유입된 귀금속은 유럽대륙에 약 3배(300%) 정도의 인플레이션을 야기했다.[31] 이같은 금, 은 획득은 잉카 및 마야문명 등 원주민에 대한 수탈과 살인과 함께 진행되었다.

그러나, 스미스, 리카아도는 이러한 중상주의와 보호무역주의를 비판하고

---

31) 피셔(I. Fisher)의 화폐수량설(quantity theory of money)에 따르면 관습에 의해 결정되는 화폐 유통속도가 일정하고 완전고용 등의 이유로 총거래량이 일정하면 통화총량과 물가수준 간 1:1의 관계가 존재한다.

노동가치설과 자유무역주의를 주장하였다. 중상주의는 절대왕정하 부국강병의 주요 기조였으며 프랑스에서는 수출품 규제로, 영국에서는 무역촉진책 등의 형태로 나타났다.

▼ 〈그림 4-1〉 1인당 GDP

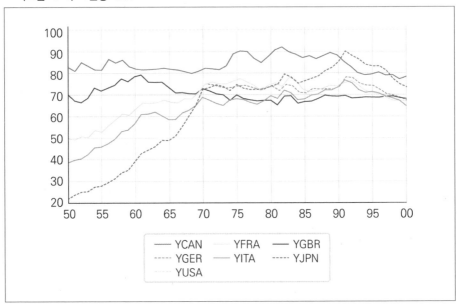

1인당 소득 추이 데이터를 통해 성장회귀식을 추정하면 수렴을 나타내는 파라미터가 통계적으로 유의함을 볼 수 있다(고정효과 모형).

▼ 〈표 4-1〉 1인당 GDP

Dependent Variable: LOG(Y?)				
Method: Pooled Least　Squares				
Sample (adjusted): 1821 1900				
Cross－sections　included: 12				
Variable	Coefficient	Std. Error	t-Statistic	Prob.
C	0.062311	0.043626	1.428297	0.1536
LOG(Y?(−1))	0.993344	0.005794	171.4485	0.0000**
Fixed Effects (Cross)				

▶ 선대제와 매뉴팩츄어

> 선대제 – 매뉴팩츄어(공장제 수공업) – 공장제

상업혁명 등 교환경제의 발달과 상인자본 위주의 가내수공업인 선대제(putting out system) 및 공장제 수공업(manufacture)의 전개는 상업자본주의의 초석을 놓게 된다. 이는 본격적인 산업 자본주의 이행(공장제)으로의 기초환경을 제공하였다. 향후 금융자본주의로의 발전도 16~18세기 상업자본주의 발전에서 비롯된 것이다.

고대 그리스나 로마에서도 교환경제가 활발히 진행되었는데 왜 이 시기의 상업발전은 자본주의와 관계되는가? 이는 상인자본이 점차 생산과 밀접히 관계를 짓게 되고 임노동관계가 부분적으로 나타나기 때문이다.

한편, 수공업자가 상인(물주)으로부터 성과급(piece rate, wage rate)을 지불받는 관계가 나타났으며 이는 실질적으로 임금노동자에 포함되었다.

> 유인설계(incentive systems)
>
> 주인(manufacturer – merchant, principal)이 대리인(수공업생산자)에게 생산노력 x에 정률 임금률을 곱해 결정되는 성과급을 주게 되면 제조업자적 상인이 원하는 산출량 수준을 얻을 수 있다. 즉, 수공업생산자는 스스로 한계생산과 비용이 일치하는 효율적인 노력수준(effort)을 선택한다. 이와 유사한 인센티브가 근대초기에 존재했다고 볼 수 있다.
>
> $s(x) = wx + A$

공장제 수공업의 경우, 스미스가 중요시하는 분업(division of labor)과 특화가 본격적으로 나타난다.

▶ 산업혁명(근대 후기)

인류의 경제생활에서 영국을 시발점으로 진행된 산업혁명(industrial revolution)만큼 큰 영향을 미친 사건은 없다.

일반적으로 학자들은 네가지 유형으로 이 사건을 파악한다.

1. 생산양식의 변화이다. 봉건제하 영주에게 지대를 납부하던 농민 및 상업자본가의 예속하에서 자신의 수공업품을 생산하던 계층은 노동력(노동서비스)을 제공하고 임금을 수취하는 임금근로자 계층으로 전환된다.

2. 경제성장의 관점에서 노동의 증가위주로 이루어지던 생산성 향상이 자본축적 및 기술진보로 비약적 향상을 보인다.

3. 사회학의 연구관점이다. 캘빈의 종교개혁(reformation)이 제공한 근대 자본주의의 정신이 산업자본가에게 하나의 이데올로기를 제공하였다. 금욕적 청교도주의(puritanism)는 축적된 물적자본의 생산적 사용을 촉진시켰다. 또한, 재물획득을 자기충족화(self-fulfilling)하면서 사회적으로 합리화시키는 근거를 제공하였다.

4. 경기변동의 관점에서 보면 GDP와 (총요소)생산성의 급격한 향상으로 볼 수 있다.

산업혁명은 인류 경제생활에 다음과 같은 영향을 미쳤다.

1. 1인당 GDP 그래프에서 보듯이 1600~1822년 기간 중 소득수준은 유럽 각국에서 2배 가까이 상승하였다.

2. 기업조직 형태를 개인소유(proprietorship) – 공동소유(partnership) – 주식회사(corporation)로 분류하면 산업혁명을 통해 소유(ownership)와 경영(control)이 분리된 근대적 대기업 즉, 주식회사 형태로 전환되었다.

▶ 산업혁명의 전제조건

영국 산업혁명의 물질적, 제도적 배경으로 우선, 인클로우저 운동에 따른 농업혁명을 들 수 있다.

무엇보다도 근대적 토지제도가 선행되어야 소유권의 확립이 가능하였다.

이는 개방경제제도에 대한 구획(enclose)에 의해 가능하였으며 자본주의 경제시스템의 선행조건인 생산수단의 사유화를 이루게 된다.

> 휴한-터닙, 클로버 등 작물을 휴한지에 재배-사료증대에 따른 가축증산
> -비료 증가-식량 등 농산물 생산 증가

영국 산업혁명(industrial revolution)기에 기술상의 변화를 집중적으로 수행하면서 근대적 발전을 이룬 공업부문은 면공업과 철강공업이었다. 면공업에서의 기술혁신은 기계를 도입하여 노동절약적(labor-saving) 효과를 올리는 것이었다. 반면, 자본재생산부문 특히, 철강공업의 근대적 변혁을 뒷받침한 기술혁신은 면공업의 경우와는 달리 자본절약적 성격의 것이었다.

산업혁명의 주요한 특징은 경제성장측면에서 생산성이 전례없이 급격하게 향상된 점과 석탄 등 에너지사용의 혁신, 각종 기계의 발달 등 생산기술상의 급격한 변화에 있다.

▶ 생산조직의 변화

이 같은 산업혁명기의 기술혁신에 대응해서 생산조직도 변화하였다. 즉, 종래의 도구에 의한 수공업적 생산조직이 기계적 생산조직인 공장제(factory system)로 대체되었다. 공장제의 성립은 새로운 생산관계의 성립을 의미하였다. 그러한 속에서 고용주와 노동자의 이해관계는 생산물에 대한 분배 등의 문제를 둘러싸고 대립되게 되었다.

이같이 '기술혁신 → 생산조직 → 생산관계 → 소득분배'로 영향을 미치는 전형적인 사례를 영국 산업혁명기의 공업부문에서 찾을 수 있다.

이 같은 산업혁명 과정에서 기업가가 자본주의 경제발전에서 중심적 역할을 한다는 것을 이론적으로 정립한 경제학자는 슘페터(J. Schumpeter)이다. 산업혁명기의 기술혁신이라든가 공장제 도입은 자동적으로 이루어진 것이 아니라 기업가의 혁신적 활동에 의해 수행되었다. 산업혁명기 영국 기업가의 전형은 '공장지휘관(captain of industry)'이었다. "부자가 빈자로 되는 것이 역사상 어느 시대보다 쉬웠다"(J. L. and B. Hammond)고 말해지는 이 시기에 자본은 없지만 노동과 시대에 적합한 경영적 센스를 가지고 출발하여 기업가로 대성한 예가 많다. 이윤(profits)이 이 같은 혁신활동 등 기업가적 노력(entrepreneurial efforts)에 대한 보수라는 관점을 고려하면 이 시기 기술혁신은 기업가가 수취하는 이윤소득의 큰 증가를 가져왔다고 볼 수 있다.

▶ 산업혁명과 노동자, 농민의 지위

한편, 엥겔스(F. Engels)는 '영국노동자계급의 상태'에서 자본가의 이윤추구욕이 노동자를 비참한 상태로 떨어뜨렸다고 비판하였다. 산업혁명 초기 노동자의 경우, 산업재해가 빈발하고 '공장열'이라 불리는 전염병이 발생하며 공장내 도덕적 타락이 일반적으로 발생하였다. 토인비와 해먼드 부부(J. L. and B. Hammond)는 특히 기술혁신과 수반된 산업혁명이 부를 증대시키면서도 분배의 불공평으로 말미암아 노동자의 경제적 지위를 하락시켰다는 '비관론'을 전개하였다.

이에 반해 클레팜(J. H. Clapham)은 수공업과 같은 공장제 보급에 따라 몰락한 일부 노동자를 제외하고 전체적으로 보면 산업혁명기 노동자 지위는 국민소득이 증가하는 속에서 개선되었다는 '낙관론'을 주장하였다. 전후(postwar) 생활수준논쟁에서 이 논쟁은 홉스보움 및 성장사학자들에 의해 계승되었는데 현재 '낙관론'이 우세하다고 볼 수 있다.

노동운동도 일찍부터 나타났는데 정부의 탄압에 대해 노동자의 결사는 공제조합(friendly society)의 형태로 존속되고 노동운동은 러다이트(luddite)와 같이 비밀결사에 의한 기계파괴라는 과격한 형태를 취하기도 하였다. 깡띠용(Caunts de Lyon)과 같이 기술혁신에 대해 근로자가 폭동을 일으킨 사건도 19세기에 나타났다.

미국 농업혁명기에 있어 농민들은 1867년에 시작된 중서부 및 북서부 각 주에서 크게 전개된 그렌저운동(granger movement)을 통해 산업혁명의 전제가 되는 교통수단 기술혁신의 산물인 철도(독점)의 폐해를 공격하고 철도운임의 규제를 요구하였다. 농민의 경제적 조건은 높은 철도운임이라든가 공업제품의 높은 독점가격 등에 의해 불리하게 영향을 받았다.

미국 농업혁명에서 농업기계화는 1860년 이후 본격적으로 시작되었다. 수확작업을 중심으로 한 마아슈 수확기(1858), 트와인 바인더(1878) 등이 그 전형적인 예이다. 농업기계화는 노동자 1인당 생산성을 400%나 증가시켰다. 노동력이 부족한 미국 농업에서 노동절약적인 기계화가 크게 진전되었다. 그러나, 이 과정에서 농민들은 농업기구 및 기계를 구입하기 위해 자금을 조달하지 않으면 안 되었다. 농업기계화가 진전된 북부지방에서의 설비자금은 큰 것이었다. 자금 능력이 없는 농민은 소작농으로 전락될 수밖에 없었다.

전체적으로 산업혁명기 미국노동자의 근로조건은 유럽에 비해 훨씬 양호한 상태에 있었지만 노동조건이 그 자체로서 좋은 것은 아니었다. 미국에서도 영국에서와 같이 기계도입 등 기술혁신활동에 의해 증대된 부의 대부분은 고용주에게 귀속되었다.

▶ 후발국의 산업혁명

독일은 영방단위로 나뉘어 경제생활이 운용되었다. 이 중 19c 절대주의 하에서 크게 발전한 프러시아(prussia)가 정치적 통일의 주도적 역할을 하였고, 프러시아의 경제적 발전은 프리드리히 대왕의 공적에 크게 힘입은 바 크다.

이 같은 후발 공업국인 독일의 자본축적에는 프로이센 국립은행(prussian national bank) 등 정부의 금융규제가 크게 기여하였다.

▶ 세계대전과 경제성장(현대; modern period)

1990년대 후반 동아시아 위기, 2008년 금융위기 등으로 1929년 주가대폭락 (black monday)으로 시작된 대공황에 대한 연구가 활발히 진행되었다.

1929년부터의 미국대공황(great depression)을 목격한 케인즈는 명목임금의 불완전한 조정도 중요하지만 문제의 핵심은 상품시장 즉, 상품이 (소득감소로) 적게 팔려 만성적인 실업을 가져온다는 것이다. 즉, 자본주의 경제는 근본적으로 수요충격(demand shock)에 직면할 수밖에 없는데 이가 실업과 공황을 가져온다는 것이다.

이에 대해 1914~1918년 기간 중 금공급의 감소로 금에 대한 영국 파운드화 가격이 상승하자 긴축정책을 통해 금 가격을 고정시키려 했다. 외환(금)에 대한 균형환율이 고평가(over-valued)된 자국 화폐 가치보다 상승하면 평가절하 (devaluation) 대신 고정환율을 유지하기 위해 외환수요를 줄이는 총수요억제 정책이나 외환공급을 늘리도록 금리를 올리는 (통화)긴축정책을 사용한다.

이는 미국상품에 대한 수요감소에 영향을 미쳤다. 즉, 고정환율제도 유지를 위한 긴축정책이 대공황의 원인이 된 것이다.

또한, 1차 세계대전으로 인한 국제경제의 불안정성도 대공황의 또 다른 원인으로 지적된다.

통화주의자들은 통화량에 대한 긴축정책을 대공황의 원인으로 들고 있다. 한 유태계 은행이 파산하자 이에 통화금융당국이 잘못 대처하면서 혼란을 부추겼다. 또한, 미국정부는 1928~29년간 급등한 주식가격에 대해 시장안정을 꾀하고자 금리를 올렸다. 그리고 대공황 시 주가가 급락하자 1930년 10월부터 1933년 3월간 (1/3) 정도의 은행이 문을 닫는 은행위기(금융위기)가 나타났다.

또한, 과잉생산설비에 따른 초과공급, 자산가격(주식가격, 부동산가격) 폭락에 따른 내수침체 등 이러한 요인들을 통틀어 부채 디플레이션(debt deflation)이라 부른다.

한편, 대공황과 같은 공황(depression)과 통상적인 불황(recession) 간 차이를 파악하는 것도 중요하다.

1933년 독일에서 히틀러(A. Hitler)는 Nazi 정권을 수립하고 민족주의 정권을 출범시킨다.

반 시장적이고 전체주의적인 경제개혁을 통해 1차대전 이후의 독일 경제의 혼란(인플레이션)을 바로잡는다. 이는 과다한 정부지출(군비)에 대한 독일국민의 부담과 좌파세력에 대한 통제하에서 이루어졌다. 특히, 개인의 자유에 대한 침해는 심각한 수준이었다. 미국의 경우, 루스벨트에 의한 테네시 계곡 사업 등 케인즈적 수요팽창정책을 민주주의 전통하에서 실시하였다.

대공황은 이같이 히틀러나 루스벨트와 같이 새로운 정권의 경제정책(팽창재정정책)에 대한 경제주체의 기대심리 회복이 그 극복의 열쇠가 되었다. 다음으로, 각국이 금본위제 고수의지를 포기함에 따라 발생한 확장정책이었다. 마지막으로 2차 세계대전으로 인한 경제체질 정비가 공황회복의 계기가 되었다.

공황 극복과정에서 주목할 사항은 경제적 민족주의(economic nationalism)가 대두되었다는 점이다.

한편, 볼셰비키 혁명으로 정권을 장악한 레닌(1917), 스탈린은 1921년 신경제정책(NEP), 1929년 부농종말선언 등의 경제정책을 시행한다.

모택동은 장개석 국민당 정부를 몰아내고 중국대륙을 사회주의 체제로 통일한다(1949). 중화인민공화국(people's republic of china)은 대약진(great leap forward, 1958), 문화혁명(cultural revolution, 1965) 등의 정책변화를 겪는다. 김일성은 스탈린 소련정부의 지원하에 북한권력을 독점하고 조선민주주의인민공화국(1948)을 세운다.

이후 1950년대에 들어서 선진자본주의 경제는 지속적인 성장과정으로 접어들었다. 경제규모가 확대되는 속에서 노동생산성은 전반적으로 향상되었으며 그 정도는 특히 제조업에서 높았다. 기술혁신을 위한 투자가 확대되고 그것이 높은 성장을 뒷받침하는 중요한 요인으로 작용하였으며 국민소득은 증대하였다. 임금상승에 있어 노동생산성의 향상은 부익부·빈익빈 현상을 상쇄하며 노동자의 소득수준을 향상시켰다. 기술혁신에 따르는 다양한 내구재 및 일반소비재의 저렴한 공급은 국민대중의 소비생활수준을 향상시켰다. 특히, 중화학 공업화에 따른 자동차 및 전기제품 등 각종 내구소비재의 대중화는 선진 자본주의국으로 하여금 로스토우(W.W. Rostow)가 말하는 '고도 대중소비의 단계'에 도달하게 하였다.[32] 이는 사회의식에도 반영되어 노동자의 무산자 계급의식은 약해지고 중산계급의식이 커지게 되었다.

이 시기 자본축적과 교육의 보급은 보다 많은 자원을 R&D에 투입하게 함으로써 비약적인 기술진보를 가져왔다. 1950년대 이후의 성장과정에서 가장 두드러진 기술진보는 중화학공업 및 유기합성화학공업에서 이루어졌다. 특히, 50년대초 컴퓨터의 개발과 확산은 은행, 보험, 항공, 전자기기 등의 발전에 광범위한 영향을 미쳤다. 이 같은 기술진보가 미친 중요한 공헌은 자동화(automation)로 불리는 일련의 노동절약적 공정을 가능케 하였다는 점이다.

2차 세계대전 이후 미국은 기술우위를 바탕으로 세계적인 경쟁력을 향유해왔다. 특히, 1990년대 들어 2000년까지 미국경제는 장기호황속에서 저물가를 실현하였다. 이는 전통적인 경제학자들의 주장과는 배치되는 현상으로 저물가하의 장기호황을 신경제(new economy)라 부르고 있다. 이 같은 호황을 견인하고 있는 GDP 구성항목 중 주요한 것은 설비 및 SW에 대한 투자였다. 이처럼 설비 및 SW에 대한 투자증가율이 높았던 것은 대부분이 R&D투자와 관련되었기 때문이다. 이러한 요인이 중심이 된 미국의 고도성장은 고용증가와 임금상승으로 이어졌으며 생산성 향상도 동시에 이루어졌다. 특히, 1996년부터는 미국 제조업의 노동생산성 증가율은 4%를 상회하는 높은 증가율을 기록하였다. 더욱 놀라운 것은 고용이 증가되는 가운데서 노동생산성이 높아졌다는 것이다.

이 기간 중 노동생산성 증가를 요인별로 분해해보면 첫째, 단위노동당 자본장비율(K/L)에 크게 의존하고 있다는 특징을 알 수 있다. (K/L)의 비율이 증가하는 자본심화(capital deepening) 현상은 전후 미국경제에서 지속적으로 나타나는 현상이다.

두 번째로 노동생산성에 영향을 미친 요인은 컴퓨터 부문의 총요소생산성이며 세 번째 요인으로 교육수준 향상과 경험증가 등을 반영한 노동자의 질(quality) 향상이다.

---

32) 로스토우는 경제성장 과정을 분석하여 각 국가의 경제는 다음 다섯 단계를 거친다고 주장하였다. 1. 전통사회 2. 이륙 준비 단계 3. 이륙단계 4. 성숙단계 5. 고도 대중소비 단계

02 / 한국경제사[33)]

▶ 원시공동체

신석기 후반에 들어 생산경제로 전환되었다. 즉, 어로와 수렵, 채집에 의존하던 경제생활은 농경 등 생산경제로 전환된다. 그러나, 씨족공동체라 불리는 이들은 아직 교환경제로까지는 이어지지 못하는 자급자족(autarky)의 독립체였다.

▶ 연맹왕국

평화로운 자급자족 씨족공동체(신석기) 시기는 경제적 잉여(surplus)의 발생과 전쟁의 승리에 따른 전리품으로 인한 특권계층의 등장으로 끝이 나게 된다. 이 특권층은 청동기를 특권의 상징으로 사용하였다.

▶ 중앙집권국가

삼국시대는 기본적으로 귀족국가였다. 또한, 토지에 관한 권한 역시 왕토사상의 지배하에 있었다.

그러나, 자영농의 비중은 컸고 대부분 자영지를 경작하였다.

A.D. 6~7세기에 귀족국가가 발전되는 가운데 생산양식의 형태를 서양의 봉건제와 비교하면 상당한 차이가 존재한다. 삼국시대의 경우, 농민은 신분상 양인이었고 자신들의 토지를 경작하는 대신 국가에 조세, 공부, 역역을 납부한 반면, 서양 장원제하에서 영주−농민 간 관계는 영주 토지를 대여 받은 농민이 생산물의 일부를 지대로 영주에게 납부하는 지대수취 메커니즘으로 볼 수 있다.[34)]

---

33) 본 절은 이기백(한국사신론, 1990), 장시원 외(한국경제사, 2009), 특히, 시기구분은 이기백(1990)이 정치사회적 주도세력의 변화과정에 주안을 둔 독자적 구분을 따랐다.
34) 드라마 '선덕여왕'에서 나타나는 삼국시대 신라에는 촌주(지방거주 토착인)가 있었고

▶ 전제왕권과 호족

통일신라 신문왕은 전국에 5소경을 두어 지방귀족들로 하여금 거주하게 하였는데 이때 서원경(청주) 및 중원경(충주)이 각각 지방 중소도시로 성장하게 되었다.

중앙귀족이 일반자유민인 농민으로부터 거두어들이는 세 징수의 효율성을 높이기 위하여 장적을 작성하였다. 인구는 연령에 의하여 6등급으로 나누었고 (장)정의 수(또는 재산)에 따라 9등급으로 나누어 부역징수의 대상으로 삼았다. 또한, 농민들은 다양한 토지를 경작하였고 그 산출은 국가 또는 촌주 및 농민의 수입이 되었다. 장적에 토지면적 및 나무의 그루수가 나타난 것을 보면 신라의 귀족들은 이를 통해 세징수의 효율성을 높이려 한 것으로 보인다.

▶ 귀족문벌사회

문신귀족 또는 관리에 대한 반대급부는 전시과에 따른 과전이었다. 전시과 제도는 왕토사상하에서 국유지의 성격을 지녔고 문벌귀족 전체의 경제기반으로서의 성격을 지녔다.

▶ 무인정권

그들의 경제기반은 진주지방의 식읍이었다. 특히 최씨정권은 그로부터의 조세수입을 독점하여 쌀을 축적하였다. 몽고항쟁기 강화로 이주한 최씨귀족들은 역시 해상을 통한 조운으로 조세를 징수할 수 있어 사치스러운 속에서 대몽항쟁을 벌였다.

진촌주 및 차촌주로 구분되어 신분상 특권을 누렸다.

▶ 고려말과 신흥사대부

개경거주 지주들은 전국에 농장을 소유하고 있었다. 새로 건국된 조선의 토지제도도 왕토사상에 기반해 과전법에 의해 운영되었다. 고려 전시과 간 차이는 전시과의 과전은 관리가 사망 후 국가에 반납하게 되었으나 조선 과전은 세습되었다.

고려 말 농업기술의 발전이 진행되었다. 중국 강남농법의 영향을 받아 시비법이 개발되고 연작법이 적용되었다. 저수지도 만들어졌으며 목면이 재배되기 시작하였다.

▶ 조선 양반사회와 사림세력

조선 과전과 고려 전시과 간 차이는 전자의 경우 여러 가지 명목으로 실질적으로 세습되는 경향이 많았다는 점이다. 관리들이 직접 조(세)를 수취할 수 있었다. 이는 후의 농장으로 발전하게 된다.

농민들이 납부하는 전조는 그 수확량 비율이 변화를 겪었다.

```
과전(1391, 1/10) 답험손실법
공법(1444, 1/20) 정액수조법(연분9등 전분6등)
```

농업기술도 발전되는데, 휴한단계를 벗어나 연작, 이앙법, 견종법 등으로 옮아가고 있었다. 이는 유럽에서 산업혁명의 전제조건으로 발생한 농업혁명 시 클로버 재배 및 가축사료로 휴한이 극복되는 과정과 유사하다. 다만, 조선의 경우 주로 비료기술의 발전에 힘입은 바 크다.

이같이 세습되는 국가소유 과전이 전환된 15~16C 권문세족이 보유한 농장 확대는 농민들로 하여금 전조, 군역, 환곡 등으로 큰 부담을 지게 하였다.

▶ 광작과 도고

농민들이 현실적 권익을 지키고 사회적 역할을 조직화한 것이 계였다. 제언계, 군포계, 우계, 농구계 등의 유형이 있었다. 중세 유럽의 식량문제를 해결한 것이 감자(potato)인데 우리의 경우 청으로부터 19세기에 들어왔다. 조선의 기후에 적합하였으며 특히, 북저라는 이름으로 불리었다.

이 시기 생산을 담당하던 계층(가난, 무지 계층)에 파고든 문화가 있으니 이는 구교(로마 카톨릭)였다.

이 시기 실학의 발달에는 서학(구교)의 기여가 컸다. 이승훈, 정약용 등 남인들을 중심으로 신앙운동이 일어났다. 중인 신분인 김범우도 이 신자모임에 참여하였다. 김범우의 집에서 명례방 집회가 열렸는데 이 자리가 바로 현재 서울의 명동성당 자리이다.

1801년 신유사옥에서 신자 이승훈과 중국신부 주문모가 순교한 바 있다. 이 시기에 황사영 백서사건이 발생했다.[35]

1836년 1명, 1837년 2명의 프랑스 신부가 들어왔다. 3년에 걸친 그들의 활동은 성공적이었다. 로마 카톨릭에 대한 조선 교구에 대한 정비였다. 이는 당시 세도정치의 주도권이 안동김씨 김조순 시파에 있었기 때문에 가능했다.

1839년 모방(Maubant), 샤스땅(Chastan), 앙베르(Imbert) 등 3명의 프랑스 신부가 풍양조씨 벽파에 의해 탄압받아 조선 땅에서 순교하게 된다. 홍콩 인접국가인 마카오에서 신학교를 졸업하고 활동하던 한국인 최초 신부 김대건도 1845년 이후 선교활동 후 순교한다.

구교(카톨릭)가 도시를 중심으로 전파되었다면 동학은 지방 농촌을 중심으로 퍼져갔다. 동학의 교리는 천주교 내에서도 받아들여졌다. 1864년 동학교주 최제우는 결국 사형을 당하였다.

과학기술 측면에서 정약용의 수원성 기중기가 눈길을 끈다. 지동설, 개량력 등의 진전도 있었다.

---

35) 한국 기독교사에서 가장 아쉬운 사건중 하나이다. 백서에는 서양신부로 하여금 무력을 사용해 조선정부를 압박해달라는 요청이 적혀있었다. 노론 벽파는 이에 자극을 받아 탄압의 강도를 높이게 된다.

▶ 개항과 개화운동

운요호사건으로 강화도조약(1876)이 맺어졌다. 일본은 미국 페리제독에 의해 미국과 화친조약을 맺은 그 방법을 그대로 조선에 적용하였다. 두가지 사항이 큰 이슈로 대두된다. 첫째는 인천과 원산의 개항이었다. 문제는 이들 개항장에 설치된 조차지였다. 여기에 사는 일본인들은 치외법권의 특권을 누렸으므로 인천, 원산에는 조선의 통치권이 미치지 않는 영역이 되어버렸다. 둘째는 강화도조약이 불평등조약이었다는 점이다.

1894년 발생한 동학운동 중 나타난 개혁요강을 보면 외국상인의 침투에 대한 정부의 대응을 요구하는 항목이 눈을 끈다. 이러한 긴장은 개항 이후 상륙한 외국상인들의 활동에서 시작된다.

숙박 및 초기금융업무를 주로 하던 객주와 여각은 이에 대해 상사회사를 조직하여 대응한다. 우리가 들어본 적 있는 장춘사(술), 광인사(인쇄) 등이 그것이다.

▶ 일본 제국주의의 침략과 민족운동

1910년에 조선은 나라를 통째로 일본 제국주의에 내주게 된다. 이후의 백성들 특히, 민중의 수탈과 착취 나아가 우리 민족의 고난을 예고했다.

우선, 제국주의는 조선의 금융계를 지배하였다. 제일은행의 한국지점(출장소)은 정부 대출, 금은 매입, 관세수납 등 업무를 장악하였다.

특히 눈에 띄는 것은 조선정부가 이로부터 받는 차관이다.

막대한 차관은 대구에서 시작된 국채보상운동의 도화선이 되었다.

　　병참기지화 정책을 시행한 일본 제국주의의 영향으로 해방시기 한국 경제는 군수산업 위주의 비정상적 산업구조를 지녔다.

　　일본은 철수기간 중 당시 총 잔고 50억 엔 중 새로 36억 엔을 발행해 화폐경제에 큰 혼란을 야기했다.

03 경제학설사[36]

D. Ricardo

1. 비교우위이론: 무역이론
2. 노동가치설: 사회주의
3. 대등정리: 거시이론, 재정학
4. 지대이론: 미시이론

P. Samuelson

1. 현시선호: 미시이론
2. 승수–가속도: 거시이론
3. 스톨퍼–사무엘슨 정리: 무역이론
4. 중첩세대 모형: 거시, 화폐이론
5. 최적 공공재 배분: 미시, 재정학
6. 필립스곡선: 거시이론
7. Bergson–Samuelson 후생함수: 미시이론

---

36) 본 절은 Backhouse(1985, 2002)에 많이 의존하였다.

M. Friedman

1. 신화폐수량설
2. 통화주의
3. 이자율 정책

G. Becker

1. human capital, returns to education
2. crime and punishment
3. intrafamily decision

W. Baumol

1. human capital, returns to education
2. crime and punishment
3. intrafamily decision

J. Tobin

1. human capital, returns to education
2. crime and punishment
3. intrafamily decision

▶ 호머 – 헤시오드 – 탈레스 – 피타고라스 – 제노폰

호머는 일반적으로 헬라인에게 삶의 가치를 제공했다고 주장된다(플라톤).

고대 그리스에서는 이미 신전과 환전업자를 중심으로 초기 은행업도 진행되고 있었으며 노예제 농장과 무역도 진행되었다. "트로이(troy)의 목마"로 유명한 전쟁(그리고 '트로이'라는 영화)도 이 시기에 발생한 것으로 추측된다(영화에서 주인공이 발목근육에 화살을 맞고 지게 되는데 여기서 '아킬레스, achilles'라는 말이 출발한다). 헥터－아킬레스－트로이－오디세우스의 여행 이야기는 오늘날에도 서양문명의 일부분을 차지한다.

일리아드(iliad)와 오딧세이(odyssey)에 묘사된 경제상이 바로 BC 1400~1100년경 (청동기) 마케도니아 세계이다. 무역활동은 부차적이고 하급적 활동으로 인식되었다.

시인 헤시오드는 '판도라의 상자'와 'Works Days'라는 저서에서의 경제적 내용을 담고 있는 것으로 유명하다.

탈레스는 이 세상이 물(水, water)로 이루어져 있다고 보았고 피타고라스는 영혼을 정화시키는 수단에 관심이 있었다.

Okinomokos라는 제노폰의 개념은 경제이론의 출발점으로 볼 수 있다.

▶ 소크라테스 – 플라톤 – 아리스토텔레스

아리스토텔레스에 의하면 '화폐는 화폐를 낳을 수 없다.'라는 사상에서 고리대금 또는 대부업을 통한 이자징수는 비난되었다. 또한, 그는 계약의 공정성은 교환시 등가교환에 의해 담보된다고 보았다.

이하에서는 특히 기술진보 및 경제성장에 따라 경제주체 간 소득분배에 어떤 변화가 발생한다고 보았는가를 경제학설사(history of economic theory)적 관점에서 살펴본다.

▶ 정치경제학(political economy)

아담 스미스(A. Smith)는 생산적 노동의 생산성이 경제성장률을 결정한다고 보았다. 노동의 생산성은 개량(improvements)37)에 의해 향상되는데 이로 인한 경제성장은 장기적으로 이윤을 감소시키고 임금과 지대를 증가시킨다고 보았다. 즉, 산업에서 발생하는 개량은 제조업부문의 가격을 하락시켜 지대의 실질가치를 증가시키게 된다.

리카아도(D. Ricardo)의 분배이론을 요약하면 농업부문에서의 수확체감(diminishing returns)이 경제전체의 이윤율(rate of profit)을 규정한다. 또한, 이윤 감소하에서만 임금이 증가하는 임금과 이윤 간 상충관계(inverse relationship)가 존재한다. 리카아도는 장기적으로 인구가 증가하면 지대의 몫은 계속 증가하고 임금은 생존수준에 머무르기 때문에 이윤 몫은 점차 줄어들 것으로 보았다. 그 결과 자본축적은 쇠퇴하고 자본주의의 장래는 성장이 정지된 정상상태(stationary state)에 빠질 것으로 비관하였다. 이러한 리카아도이론에 대한 가장 강력한 비판은 기술진보(technical progress)가 없다고 가정하여 비관적 결론에 도달하였다는 데 있다.

▶ 신고전파 경제학(neoclassical economics)

한계혁명(marginal revolution)을 주도했던 왈라스(L. Warlas), 멩거(K. Menger), 제본스(W.S. Jevons)의 뒤를 이어 베리(Berry)와 에지워스(Edgeworth)는 한계생산성이론(marginal productivity theory of distribution)을 더 발전시켰다.

클라크(J. B. Clark)도 위에서 본 바와 같은 소득분배에 대한 한계생산이론을 정립하였다. 그의 이론 중 무엇보다 주목할 점은 경제의 동태적 변화(dynamics)를 설명하면서 혁신(innovation)을 강조하였다는 데 있다. 그에 의하면, (기술)혁신이 기업가 이윤(entrepreneurial profits)을 창출하면서 경제가 균형에서 이탈하게 된다. 동시에, 기술혁신이 균형임금율을 상승시키게 됨에 따라 정태적 균형

---

37) 아담 스미스의 개량 개념은 현재 사용하는 기술혁신과 유사한 것으로 판단된다.

은 변화하게 된다. 따라서, 시간이 경과함에 따라 임금은 상승하고 이윤은 감소하게 된다. 시간이 충분히 주어진다면 이윤은 0에 수렴하지만 기술혁신이 지속적으로 이루어지기 때문에 이런 현상은 현실에서는 발생하지 않는다. 이와 같이 클라크는 경제를 스스로 변화하면서 균형을 향해 지속적으로 수렴하는 것으로 인식하였다. 클라크에 있어서 기업가 이윤은 동태경제의 주요 특징이며 균형이 아닌 불균형의 특징이다. 그럼에도 불구하고 이윤은 기술혁신을 유발(stimulate)하는 주요한 인센티브(lure)이므로 그 중요성은 여전히 남아있다.

이와 유사한 견해를 슘페터(J. Schumpeter)도 제시하고 있다. 경제발전론(1912)에서 그는 기술혁신과 기술변화가 없다면 경제는 궁극적으로 미래에 대한 불확실성이 전혀 없는 정상상태(stationary state)에 빠질 것으로 보았다. 이같이 그에게 이러한 시나리오를 교란시키며 이윤에 대한 예기치 않은 기회를 제공하는 것은 바로 혁신(innovations)이었다. 더 나아가 그는 독점적 시장구조(market structure)가 기술혁신에 도움이 되는 분위기를 조성한다는 견해를 가졌다. 그는 특히 완전경쟁체제하에서 아무런 경제적 이윤도 얻지 못하고 있는 기업은 과감한 R&D투자를 행할 능력을 결여하고 있음을 지적했다. 충분한 독점이윤을 얻는 기업만이 장래가 불투명한 R&D투자에 손댈 수 있으며 나아가 모든 기술혁신의 기본적 동인은 독점이윤을 획득하고자 하는 욕망이라고 보았다.[38]

▶ 피구 – 에지워스 – 피셔 – 파레토

소비자잉여의 개념은 피구에게로 거슬러 올라간다. 재정학의 발전에 그가 기여한 바도 많다. 에지워스는 공리주의적인 공평한 소득분배를 처음으로 설명하였다. 일반균형이론에서 자주 사용되는 에지워스 상자도 그로부터 비롯되었다.

피셔의 대표적인 업적은 시점 간 자원배분 문제를 체계화한 데 있다. 그는 거시이론에서 화폐수량설의 발전에도 기여하였다. 파레토는 효율성의 정의와 관련하여 파레토 개선 등의 개념을 제시하였다.

---

38) 이 같은 견해를 일반적으로 '슘페터 가설'이라 부르며 이의 한국경제에의 타당성을 실증분석한 것으로 이원영 외(1985) 등이 있다.

▶ 마르크스 경제학

사회주의 사상의 경제이론을 제시한 마르크스(K. Marx)의 견해를 간단히 살펴보자. 그의 이론체계의 중심을 차지하고 있는 것은 착취이론(theory of exploitation)이다. 자본가와 노동자 간의 (생산)관계를 통해 잉여가치(surplus value)가 발생한다고 보았다. 노동자에 의해 생산되는 상품의 가치가 노동력의 가치(value of labour power)보다 크기 때문에 자본가는 잉여를 획득할 수 있게 된다.

기술혁신과 분배에 관한 그의 견해는 자본주의 체계의 미래를 전망한 소위 '이윤율 저하의 법칙(tendency towards a declining rate of profit)'에 잘 나타나있다. 그에 의하면, 자본의 유기적 구성(organic composition of capital; 자본집약도와 유사한 개념)이 증가하여 노동을 점차 자본이 대체하게 된다. 이의 가장 주요한 효과는 (만일, 착취율이 동일한 양만큼 증가하지 않으면) 이윤율을 감소시키는 데 있다. 그러나, 이 같은 이윤율 저하를 상쇄시키는 주요한 요인 중 하나로 불변자본(constant capital)을 증가시키지 않고서 생산성을 향상시키는 자본가의 기술혁신(innovations) 도입을 들 수 있다. 그러나, 마르크스는 이 같은 기술혁신을 단지 일시적인(temporary) 상쇄요인으로만 보고 있다.

▶ 케인즈 경제학(힉스) 및 분배이론

이후 케인즈이론의 대두와 함께 로빈슨, 칼도어, 파시네티 등은 소위 '케인즈 소득분배이론(Keynesian theory of income distribution)'을 정립시키게 된다. 이의 전형적인 모형은 칼도어(Kaldor, 1956)의 것에서 찾을 수 있다.

영국 케임브리지 대학의 칼도어가 제시한 모형의 기본가정은 첫째, 한계자본계수(자본집약도와 유사한 개념)가 일정하다는 것, 둘째, 이윤에서의 저축률이 임금에서의 것보다 높다는 것, 셋째, 경제성장률이 일정하다는 등 세가지로 구성되어 있다.

칼도어의 기본방정식에 의하면 이윤분배율은 임금소득자 및 이윤소득자의 저축성향과 투자율에 의존한다는 것이다. 이것이 시사하는 바는 자본가들이 지출(소비 및 투자)을 많이 할수록 결국 자신의 소득분배율이 높아진다는 것이다. 이는 케인즈가 화폐론(A Treatise on Money)에서 전개하였던 '과부의 항아리(widow's cruse)'모델과 같은 함축을 지니고 있다. 더 나아가 기업가가 R&D지출을 많이 하면 할수록 자신의 이윤분배율이 높아진다는 시사점을 내포하고 있다.

▶ 자본이론

> J. Robinson
> 1. 자본논쟁 — 미시경제
> 2. 불완전경쟁, 독점적 경쟁 — 미시경제, 산업조직론

로빈슨(J. Robinson)은 솔로우의 신고전파 성장 모형에 대한 비판을 가한다. 자본이론과 관련해 스라파의 역할이 돋보인다.

결합생산(joint production)을 고려하여 리카도/마르크스의 가치이론(value theory)이 직면한 자본측정(capital measurement) 문제에 대한 관심을 다시 불러 일으켰다.

일반적인 자본측정 문제는 다음과 같다. 자본스톡(여기서는 서비스)의 가격 결정이론이 소득분배이론이다. 쉽게 말해, 주어진 생산물을 자본소유자와 노동력 소유자가 얼마만큼 가져가야 하는가?

그러면, 임대가격(rental rate, rent) 결정은 다시 수요 — 공급분석에 의해 이루어진다.

하지만 한 경제에 존재하는 자본스톡을 K로 나타낼 때 도대체 이를 어떻게 측정할 것인가? 연필과 국수 뽑는 기계를 어떻게 하나의 자본단위로 표현하는가?

여기서 경제학자들은 트릭(trick)을 사용한다.

$$p_{K1}K1 + p_{K2}K2 = K$$

바로 이 문제에 대해 영국 Cambridge 대학교수들과 미국 Cambridge 주 대학교수들(Harvard, MIT) 간 그 유명한 자본논쟁이 벌어진다. 이 트릭을 비판하는

입장은 이것이 순환논리라는 것이다. 자본량을 물리적으로 측정한 다음 이를 토대로 그 가격을 결정하는 과정에서 이미 p_{K1}, p_{K2}라는 (시장)가격을 사용하는 것이다.

한편, 자본이론의 내적 일치성과 관련해서 논쟁이 있다. 한계생산의 가격 가중치가 총생산가치보다 클 수도 있고 작을 수도 있다. 이는 1차 동차함수 (homogeneous function)의 경우 문제가 해결된다(Wicksteed).

$$(p_C C_{I1} + p_K K_K + \text{w} L_K)(1+r) = p_K K$$

$$(p_C C_{I2} + p_K K_C + \text{w} L_C)(1+r) = p_C C_O$$

C_{I1}, C_{I2}: 투입으로 사용되는 (곡물)생산량, K_C: 자본재 생산에 사용되는 자본스톡, L_C: 최종재 생산에 소요되는 노동량, C_O: 산출 (곡물)생산량

스라파의 가격방정식 체계는 일반적으로 다음과 같다.

$$P = (1+r)PA + wl$$

스라파(1960)는 이윤율 r과 임금 w가 거시경제적 차원(또는 계급역학)에서 우선 결정된 다음 상품가격 P가 결정된다고 보았다. 이는 미시이론의 일반균형 이론에서 상정하는 균형결정과 성격이 아주 다름에 주목해야 한다. 미시이론에 서는 수요─공급을 결정하도록 경매자가 최후로 제시하는 가격과 함께 요소의 한계생산 즉, 임금과 임대료가 결정된다. 오히려, 그의 이론은 모든 가치평가에 적용되는 노동으로부터 창출되는 Value(가치)를 강조하는 마르크스─엥겔스의 이론에 가깝다.

그는 파레토(V. Pareto)와 같이 이탈리아인으로서 Cambridge 대학 교수 중 진보적 성향을 지닌 교수였으며 정년퇴임 후에도 도서관 사서(librarian)로 다시 취직해서 일했다는 사실은 존경할 만 하다. 그의 일생에 걸친 연구업적은 (단) 하나의 얇은 저서 'Production of Commodities by Means of Commodities(1960)' 에 담겨있다.

다시 한 번 스라파의 가격결정이론을 일반균형 모형과 비교하면 다음과 같다.

아래 2×2×2 일반균형 모형에서는 사회무차별곡선에 의해 x와 y 간 상대

가격이 결정되면 이에 적합한 노동－자본 비율과 A와 B 간 상품묶음이 결정된다. 노동－자본 비율이 결정된다는 것은 임금－이자율(한계생산 비율) 비율이 결정된다는 것을 의미한다.

오히려, 상대가격이 분배를 결정하는 모형이라 볼 수 있다.

반면, 스라파의 분배－배분 모형은 생산가능성 곡선상의 한 점(즉, 노동－자본 비율이 결정된다는 것은 임금－이자율(한계생산 비율)이 결정되면 그에 맞게 상대가격과 배분이 결정된다는 것이다.

재전환(reswitching) 현상은 사무엘슨(1966)에 의해 제시되었다. 신고전학파의 총생산함수(또는 축약형)에 대한 1부문 모형이 문제가 있다는 것이다. 즉, 실질이자율이 하락함에 따라 경제는 보다 자본집약적인 생산기법을 선택하게 되고 이는 1인당 소득을 증가시킨다는 것이다. 그러나, 이자율이 어느 수준에 이르면 오히려 다시 노동집약적 생산기법(production technique)이 채택되어 소득수준이 감소한다는 것이다.

▶ 경제성장이론

1) 해로드－도마이론

$$min\{aK, bL\}$$

해로드－도마, 솔로우 등에 의해 전개된 경제성장이론은 자본주의 경제의 안정적 성장경로를 해명하는 데 초점을 맞추고 있다. 그러나, 이 이론들은 또한 경제성장과 생산요소의 기능적 소득분배 간 관계 및 국가 간 소득격차에 대해 부분적이나마 시사점을 제공하고 있다.

해로드 도마의 성장이론은 자본과 노동 간 대체가능성을 인정하지 않아 불완전고용균형 성장과 불안정적 성장경로의 가능성을 도출하였다. 신고전파 성장이론에서는 요소가격의 신축적 조정과 생산기술상의 신축성을 인정하여 안정적 경제성장이 자본주의 체제하에서 가능함을 설명하였다.

2) 신고전파 성장 모형

솔로우(R. M. Solow)의 신고전학파적 성장 모형(neoclassical growth model)에 의하면 경제를 안정적 성장경로로 이끄는 내재적인 힘이 존재하는데 이가 바로 자본과 노동 간의 기술적 대체가능성과 생산요소가격의 신축적 조정이다. 즉, 그는 요소 간 대체가능성과 한계수확체감의 법칙이라는 신고전학파적 전제를 수용하여 경제성장을 요소가격의 신축적 조정에 따른 완전고용균형성장의 결과로 설명하였다.

무엇보다도 솔로우 모형은 성장의 동인으로서 기술진보에 대해 다음과 같은 견해를 가진다. 자본에 대한 한계수확체감의 법칙 때문에 1인당 자본량을 증가시키는 어떠한 변화도 일시적으로만 성장을 가져오게 된다. 기술진보의 경우 역시, 일회적(one-time) 기술진보에 의한 성장의 가능성도 회의적일 수밖에 없다. 반면, 기술수준이 장기적으로 매기 일정률 상승하는 경우, 균형성장경로(balanced growth path)상에서의 1인당 자본량이 기술진보율에 비례하여 지속적으로 증가한다. 결론적으로 솔로우 모형에서는 오직 지속적 기술진보만이 지속적 성장을 가져올 수 있다.

3) 무한지평 모형(infinite horizon model)

Ramsey-Cass-Koopmans의 모형은 일종의 경제성장 모형이다. 다만 신고전파 모형과의 큰 차이는 저축률이 대표적 가계의 효용함수로부터 도출되는 내생변수로서의 역할을 한다는 데 있다. 이를 통해 경제성장률이 결정되면 실제 성장률은 이로부터 도출되는 추세주위로 변동한다고 본다.

4) 케인지안 성장 모형

이후 케인즈이론의 대두와 함께 로빈슨, 칼도어, 파시네티 등은 소위 '케인즈 소득분배이론(Keynesian theory of income distribution)'을 정립시키게 된다. 이의 전형적인 모형은 칼도어(Kaldor, 1956)의 것에서 찾을 수 있다.

영국 케임브리지 대학의 칼도어가 제시한 모형의 기본가정은 첫째, 한계자본계수(자본집약도와 유사한 개념)가 일정하다, 둘째, 이윤에서의 저축률이 임금에서의 것보다 높다, 셋째, 경제성장률이 일정하다 등 세가지로 구성되어 있다.

칼도어의 기본방정식에 의하면 이윤분배율은 임금소득자 및 이윤소득자의 저축성향과 투자율에 의존한다는 것이다. 이것이 시사하는 바는 자본가들이 지출(소비 및 투자)을 많이 할수록 결국 자신의 소득분배율이 높아진다는 것이다. 이는 케인즈가 화폐론(A Treatise on Money)에서 전개하였던 '과부의 항아리(widow's cruse)'모델과 같은 함축을 지니고 있다. 더 나아가 기업가가 R&D지출을 많이 하면 할수록 자신의 이윤분배율이 높아진다는 시사점을 내포하고 있다.

5) 내생성장 모형

마지막으로, 솔로우 모형이 시사하는 또 다른 주요한 사실로 부유한 국가의 1인당 소득과 가난한 국가의 1인당 소득이 장기적으로 수렴(convergence)한다는 사실을 들 수 있다. 즉, 자본축적 정도가 상이한 두 국가도 생산함수가 한계수확 체감의 법칙을 따른다면 1인당 자본축적 과정을 통해 결국 정상상태에서 동일한 1인당 자본량과 소득을 가지게 될 것이라는 결론이 도출된다. 그러나, 이러한 수렴성은 부유한 국가들의 1인당 소득의 수렴은 잘 설명하는 반면 가난한 국가들의 수렴은 잘 설명하지 못한다.

이를 설명하기 위해 루카스(R. Lucas)의 인적자본 모형(human capital model)과 같은 내생적 성장이론(endogenous growth theory)이 대두되기 시작했다. 이는 솔로우 모형과 같이 성장의 동력으로 자본축적을 인정하되 정상상태에서 한계수확체감이 발생하지 않도록 모형을 구성한 것이다. 수확체감이 발생하지 않도록 하는 방법은 전통적인 실물자본 외에 인적자본을 포함시켜 이들의 동시축적으로 정상상태에서 자본의 한계생산이 체감하지 않도록 하는 것이다. 이와 같이 인적자본 모형은 기존 모형이 설명하지 못했던 국가 간 광범위한 성장률 격차를 설명하는 데 유용하다. 이는 부유한 국가의 노동자 개인 또는 기계에 체화된 기술(embedded technology)을 가난한 국가에서 아무런 대가를 지불하지 않고 채용할 수 없는 자본의 경합성과 배제가능성에서 기인한다.

▶ 노벨경제학상

노벨경제학상이 누구에게 주어지는가를 살펴보면 현대 경제학의 유행이 어느 영역에서 이루어지는가를 파악할 수 있다.

[노벨 경제학상 수상자 해설]

2019	M. Kremer, A. Banerjee, E. Duflo

Kremer(1993)는 경제성장과 관련해 인구수준의 증가가 인구증가율과 양의 관계에 있다고 보았다.[39] 이를 통해, 기술진보와 인구증가율 간의 관계를 분석하였다. 그는 천연자원(토지, land)이 존재하는 성장 모형에서 내생적 지식생산함수에 일정한 가정을 부가하였다.

Banerjee, A., and E. Duflo.(2003)는 경제발전 연구자의 관점에서 성장이론 재검토를 시도하였다. 그들은 부문 간 재분배(sectoral reallocation)를 성장의 엔진으로 보았다.[40]

2009	Elinor Ostrom, Oliver E. Williamson

외부효과 중 '공유지의 비극'이라는 것이 있다. 중세 공유 목초지에서 소(cow; x)를 투입하여 우유(y)를 생산하는 경우, 공유지에서 방목하는 최적 소의 수(x^*)보다 더 많은 소(x')를 방목해서 공유지가 황폐해진다는 것이다. 정치학자 오스트롬은 이를 해결하는 방안으로 rule과 property right을 제시하였다.

윌리암슨은 거래비용이론을 제시하여 미시경제학에서 큰 기여를 하였다. 기존의 가격이론과 대비되는 이론으로 환경적 요인과 인적요인이 결합하여 거래비용에 영향을 미치는 요인을 파악하고 이를 통해 전형적인 기업의 의사결정

39) Kremer, M. (1993). "Population Growth and Technological Change: One Million B.C. to 1990."

40) Banerjee, A., and E. Duflo. (2003). "Inequality and Growth: What Can the Data Say?"

인 'buy or make'의 문제를 분석하였다.

2008	Paul Krugman

신무역이론은 산업내무역을 중심으로 한다. 이는 독점적 경쟁 시장구조를 전제로 한다.

또한, 그의 이론은 향후 수평적, 수직적 기술진보를 무역이론과 결합하는 방향으로 발전하여 내생성장이론의 발전에 기여하였다. 또한, 동아시아 경제성장을 비판하는 주장은 성장회계 및 성장요인과 관련하여 큰 논쟁을 야기하였다.

2007	Leonid Hurwicz, Eric S. Maskin, Roger B. Myerson

최고가격 경매(first bid auction)에서 베이지안(Bayesian) 균형을 찾는 해는 자신의 가치(type, valuation)의 절반에 해당하는 부분을 bid하는 것으로 나타난다. 이 해의 특성과 유일성은 Maskin and Riley(1983)에 잘 소개되어 있으며 Myerson(1979)는 경매전반에 대한 좋은 연구서이다.

2006	Edmund S. Phelps

프리드만−펠프스의 expectation−augmented 필립스곡선은 적응적 기대를 고려하여 장기적으로 수직이라는 자연실업률 가설의 기초가 된다.

$$\pi = \pi e + a(u - un)$$

2005	Robert J.　Aumann, Thomas C.　Schelling

용의자의 딜레마 게임 예를 들어보자.

		용의자 2	
		부인	자백
용의자 1	부인	(8, 8)	(1, 10)
	자백	(10, 1)	(4, 4)

　자백(confess, fink, implicate, defect)이라는 전략은 나에게 4원을 주고 부인 (deny, cooperate)이라는 전략은 상대방에게 8원을 주는 전략과 같다(Aumann, 1987). Games of corordination의 전형적인 예인 games of sex에서 두가지의 내쉬 균형이 존재할 때 이를 결정하는 외부요인을 Shelling 이 제시하였다(focal point).

2004	Finn E.　Kydland, Edward C.　Prescott

　기술충격과 같은 공급충격이 경기변동의 주된 원인이 된다는 실물경기변동 (real business cycle) 모형은 현대 거시경제학 분석의 기본틀로 자리잡았다. Prescott 은 시계열데이터로부터 추세를 추출하는 계량경제 방법에도 기여하였다.

2003	Robert F.　Engle III, Clive　W.J. Granger

　Engle은 통상 시계열분석이 가정하는 고정된 분산을 완화하여 time-varying volatility를 명시적으로 고려하는 ARCH 모형을 분석하였다. Granger는 두 시계열이 공통의 확률추세(stochastic trend)를 공유하는 경우 서로 많이 벗어나지 않는 공적분 (cointegration)관계가 있다고 보았다. 그는 불안정적 시계열이 지니는 spurious regression 해석의 위험성에 대해 지적하였다.

2002	Daniel Kahneman, Vernon L. Smith

행태경제이론(behavioral economics)은 인간의 합리성에 의문을 던진다. 과연, 경제주체가 주어진 경제여건에서 합리적인 선택을 하는가에 대해 다양한 논의를 제시하였다. 이에 선구적인 업적은 카네만과 트버스키에 의해 이루어졌다. Vernon은 무역이론에서 제품수명주기설(product life cycle)을 통해 생산패턴의 국가별 이동을 설명하였다.

2001	George A. Akerlof, A. Michael Spence, Joseph E. Stiglitz

정보경제이론은 Stanford 대학의 Akerlof의 논문으로부터 시작되었다. 역선택에 대한 그의 논문은 비대칭적적보가 어떻게 효율적인 시장기구 작동을 저해하는가를 보여주었다. 정보이론에서 신호에 대해 노동시장에서의 교육을 분석한 대표적인 문헌은 Spence에 의해 이루어졌다. 스티글리츠의 공헌은 위험분석 등 이루 나열하기 어려울 정도이다.

2000	James J. Heckman, Daniel L. McFadden

표본선택(sample selection)의 경우, 선택된 표본에 대해서만 OLS를 적용하면 편의와 비일치성의 문제가 생긴다. 이 경우, Heckit이라는 2단계 추정법을 적용하면 일치추정량을 얻을 수 있다. McFadden은 이산확률변수 모형에서 좋은 파라미터 추정치를 구하는 방법을 제시하였다.

1999	Robert A. Mundell

국제금융 또는 개방거시경제이론에서 그의 업적은 많으며 현재도 활발히 연구활동을 수행하고 있다.

1998	Amartya Sen

인도의 경제학자로서 빈곤지수를 만들었다. 빈곤 측정은 소득분배이론에서 중요한 영역이며 상대적, 절대적, 객관적, 주관적, 정책적 빈곤선의 측정문제와 관련된다.

1997	Robert C. Merton, Myron S. Scholes

이항 모형을 통해 옵션의 가치를 계산할 수 있는데 Ito' lemma와 stochastic differential equation 기법을 사용하면 기간이 연속적인 경우로 일반화할 수 있다. 머튼은 금융이론에서 블랙과 숄즈는 옵션가치 결정 모형으로 큰 기여를 하였다.

1996	James A. Mirrlees, William Vickrey

Vickrey 경매는 봉인(sealed-bid)경매 중 second-price action에 속한다.

1995	Robert E. Lucas Jr.

무엇보다 거시경제학에서 기존 케인즈 모형에 대해 루카스는 비판을 내놓는다. 기존의 직관에 기초한 케인즈 거시경제 모형은 정책변화 시 경제주체의 행태 파라미터가 변할 수 있다는 가능성을 고려하지 않았다.

1988년 세미나에서 발표한 성장이론에 대한 논문은 인적자본이 경제성장에 미치는 효과를 잘 분석하고 있다. 1인당 인적자본 h의 증가율이 경제성장률을 증가시키므로 교육에 투입되는 자원(시간) 비중을 늘리는 경제정책을 통해 성장률을 제고시킬 수 있다.

$$Y = K\alpha(hL)1 - \alpha$$
$$\Delta h = (1 - u)h$$
$$\Delta h/h = g$$

또한, 화폐적 경기변동이론을 통해 경제주체가 예상하지 못한 통화량 변화(또는 물가변화)가 경기변동을 일으킬 수 있음을 제시하였다.

1994	John C. Harsanyi, John F. Nash Jr., Reinhard Selten

우월전략균형보다 더 현실적인 게임의 균형을 설명하는 것이 내쉬균형이다. games of incomplete information에서 하르사니가 기여한 바가 크다.

1992	Gary S. Becker

가계소비－여가 선택에서 가계생산과 남편－아내 소득을 고려하는 가계내 결정 문제를 다루었다. 특히, 가계관점(household perspective)과 다양한 시간사용(multiple uses of time)을 고려하였다.

법경제학에서 추가적 범죄수준의 한계편익과 한계기대비용(체포확률*벌금)이 같도록 합리적 범죄수준을 결정한다는 모형을 제시하였다.

보상임금격차(compensated wage differential)를 설명하면서 인적자본(human capital)을 그 근거로 제시하였다. 또한, 교육에 대한 수익률이 연령증가에 따라 감소한다는 주장을 제시하였다.

1991	Ronald H. Coase

미시경제학/법경제학에서 중요한 Coase 정리를 제시하였다. 재산권(property right)만 잘 확립되어 있으면 외부성에 의한 비효율적인 배분은 당사자 간 자발적인 협상(bargaining, trading)을 통해 해결될 수 있다는 것이다. 단, 조건은 거래비용(transactions cost)이 작아야 한다는 점이다.

시장기구(market mechanism)은 자체적으로 이를 해결할 수 없으므로 다른 사회기구(social institution) 즉, 법률제도(legal system) 또는 정부개입(government intervention)이 필요하다는 일반적인 주장의 근거를 제시한다.

1970	Paul A. Samuelson

20세기 위대한 경제학자를 꼽으라면 사무엘슨과 슘페터를 들 정도로 사무엘슨이 경제학계에 미친 영향은 크다.

2019	M. Kremer, A. Banerjee, E. Duflo	economic growth
2018	W. Nordhaus, P. Romer	economic growth
2017	Richard H. Thaler	behavioral
2016	Oliver Hart and Bengt Holmström	contract
2015	Angus Deaton	welfare
2014	Jean Tirole	industrial organization
2013	Eugene F. Fama, Lars Peter Hansen and Robert J. Shiller	asset pricing(finance)
2012	Alvin E. Roth and Lloyd S. Shapley	microeconomics
2011	Thomas J. Sargent and Christopher A. Sims	macroeconometrics
2010	Peter A. Diamond, Dale T. Mortensen and Christopher A. Pissarides	labor economics

2009	Elinor Ostrom, Oliver E. Williamson	law and economics, microeconomics
2008	Paul Krugman	international economics, growth
2007	Leonid Hurwicz, Eric S. Maskin, Roger B. Myerson	microeconomics
2006	Edmund S. Phelps	macroeconomics, growth
2005	Robert J. Aumann, Thomas C. Schelling	microeconomics, game theory
2004	Finn E. Kydland, Edward C. Prescott	macroeconomics, econometrics
2003	Robert F. Engle III, Clive W.J. Granger	econometrics, time−series
2002	Daniel Kahneman, Vernon L. Smith	microeconomics, behavioral economics
2001	George A. Akerlof, A. Michael Spence, Joseph E. Stiglitz	microeconomics, information economics
2000	James J. Heckman, Daniel L. McFadden	econometrics, cross−section

1999	Robert A. Mundell	international economics
1998	Amartya Sen	income distribution, public finance
1997	Robert C. Merton, Myron S. Scholes	finance
1996	James A. Mirrlees, William Vickrey	microeconomics, auction theory
1995	Robert E. Lucas Jr.	macroeconomics, growth
1994	John C. Harsanyi, John F. Nash Jr., Reinhard Selten	microeconomics, game theory
1993	Robert W. Fogel, Douglass C. North	economic history
1992	Gary S. Becker	microeconomics, labor economics
1991	Ronald H. Coase	law and economics, microeconomics
1990	Harry M. Markowitz, Merton H. Miller, William F. Sharpe	finance

1989	Trygve Haavelmo	econometrics, cross−section
1988	Maurice Allais	finance, microeconomics
1987	Robert M. Solow	macroeconomics, growth
1986	James M. Buchanan Jr.	public finance
1985	Franco Modigliani	macroeconomics, business cycle
1984	Richard Stone	macroeconomics
1983	Gerard Debreu	microeconomics
1982	George J. Stigler	microeconomics, industrial organization
1981	James Tobin	econometrics, cross−section
1980	Lawrence R. Klein	econometrics, cross−section

1979	Theodore W. Schultz, Sir Arthur Lewis	econometrics, development
1978	Herbert A. Simon	microeconomics, industrial organization
1977	Bertil Ohlin, James E. Meade	international economics
1976	Milton Friedman	macroeconomics, business cycle
1975	Leonid Vitaliyevich Kantorovich, Tjalling C. Koopmans	macroeconomics, growth
1974	Gunnar Myrdal, Friedrich August von Hayek	economic thought
1973	Wassily Leontief	microeconomics, Input Output
1972	John R. Hicks, Kenneth J. Arrow	microeconomics, general equilibrium
1971	Simon Kuznets	macroeconomics, growth
1970	Paul A. Samuelson	economics
1969	Ragnar Frisch, Jan Tinbergen	international economics

저자약력

김병우

서울대 경제학과(학사 및 석사)
서울대 경제학부(박사)
한국전기연구원 선임연구원
과학기술정책연구원 부연구위원
캐나다 Brock대 방문학자(Visiting Scholar)
미 UC Berkerly 방문학자(Visiting Scholar)

現 교통대 교양학부 교수

주요 논문

Applied Economics(2010), Asian Economic Journal(2008), Asian Journal of Technology
  Innovation(2007) 등

경제학이론
-EViews 활용 계량경제 연습-

초판발행	2020년 8월 30일
지은이	김병우
펴낸이	안종만·안상준
편 집	조보나
기획/마케팅	김한유
표지디자인	조아라
제 작	우인도·고철민
펴낸곳	(주) 박영사
	서울특별시 종로구 새문안로3길 36, 1601
	등록 1959. 3. 11. 제300-1959-1호(倫)
전 화	02)733-6771
f a x	02)736-4818
e-mail	pys@pybook.co.kr
homepage	www.pybook.co.kr
ISBN	979-11-303-1030-5 93320

정 가   20,000원